xueer

学而书坊 —— 学而时习之 不亦说乎

The Understanding by Design
Professional Development Workbook

Jay McTighe, Grant Wiggins

理解为先
单元教学设计实例

教师专业发展工具书

[美] 杰伊·麦克泰
[美] 格兰特·威金斯 著

盛群力 张恩铭
鲍锦霞 王陈烁
褚欣维 盛呈燕 译

宁波出版社
NINGBO PUBLISHING HOUSE

图书在版编目（CIP）数据

理解为先单元教学设计实例：教师专业发展工具书 /（美）杰伊·麦克泰，（美）格兰特·威金斯著；盛群力等译 . — 宁波：宁波出版社，2020.4（2025.9 重印）

（新班级教学译丛）

ISBN 978-7-5526-3796-0

Ⅰ . ①理… Ⅱ . ①杰… ②格… ③盛… Ⅲ . ①教学设计—研究 Ⅳ . ① G42

中国版本图书馆 CIP 数据核字（2020）第 000654 号

Chinese Simplified Translation from the English Language edition:
The Understanding by Design Professional Development Workbook
by Jay McTighe and Grant Wiggins
Copyright © 2004 ASCD
This work is published by Association for Supervision and Curriculum Development Alexandria, Virginia USA

本书简体中文版由 Association for Supervision and Curriculum Development Alexandria, Virginia USA 授权宁波出版社独家翻译出版。未经宁波出版社书面许可，不得以任何方式复制或抄袭本书内容。
版权所有，侵权必究。
版权合同登记号：图字：11-2016-480 号

理解为先单元教学设计实例：教师专业发展工具书
LIJIE WEIXIAN DANYUAN JIAOXUE SHEJI SHILI：JIAOSHI ZHUANYE FAZHAN GONGJUSHU

（美）杰伊·麦克泰，（美）格兰特·威金斯　著
盛群力，张恩铭，王陈烁，鲍锦霞，褚欣维，盛呈燕　译

出版发行	宁波出版社
	（宁波市甬江大道 1 号宁波书城 8 号楼 6 楼　315040）
策划编辑	陈　静
责任编辑	陈　静　邵晶晶
责任校对	虞姬颖
内文排版	金字斋
印　　刷	宁波白云印刷有限公司
开　　本	889mm×1194mm　1/16
印　　张	20.75
字　　数	420 千
版次印次	2020 年 4 月第 1 版　2025 年 9 月第 12 次印刷
标准书号	ISBN 978-7-5526-3796-0
定　　价	58.00 元

如发现缺页或倒装，影响阅读，请与出版社联系调换　电话：0574—87248279

作者简介

About the Authors

杰伊·麦克泰（Jay McTighe）教育经验十分丰富。他在威廉与玛丽学院获得学士学位，在马里兰大学获得硕士学位，而后又在约翰斯·霍普金斯大学完成了博士学位的课程。

杰伊曾被华盛顿教育领导机构选中参与教育政策合作项目，成为国家评估论坛（一个倡导对国家、州和地区的评估政策和实践进行改革的教育和民权组织联盟）的成员；曾参与马里兰州教育局的学校改革项目，担任马里兰州评估协会的主任，致力于开发学区共享绩效评估；除了州一级的工作外，杰伊还在乔治王子郡（马里兰州）担任过任课教师、资源专家以及项目协调员。

杰伊以其优异的思维技能出名。为了提高学生思维品质，他致力于开发全州范围内的教学策略与评估程序，指导开发了教学多媒体数据库。他还在马里兰州天才学生暑期中心担任过主管，这是一个在圣玛丽大学进行的寄宿制培训项目。

杰伊在职业培训方面有着深厚的理论背景，他是国家、州和地区会议及研讨会的常态发言人。迄今为止，他的演讲足迹遍布美国47个州、加拿大7个省以及五大洲18个国家。

杰伊与其他作者合作编著了较多图书，其中就包括与格兰特·威金斯共同编写的、销量最高的"设计促进理解"系列。他还在美国视导与课程发展学会（ASCD）和全国人事发展议事会（National Staff Development Council）等机构创办的核心杂志上发表多篇文章。

联系方式：Jay McTighe, 6581 River Run, Columbia, MD 21044-6066, USA.

电子邮件：jmctigh@aol.com

　　格兰特·威金斯(Grant Wiggins, 1950—2015),哈佛大学教育学博士。曾是新泽西"真实综合教育"的负责人,为学校、学区和教育部门提供关于各种改革问题的咨询服务,组织研讨会等等。他的工作得到皮尤慈善信托基金会、杰拉尔丁·R.道奇基金会以及美国国家科学基金会的支持。

　　格兰特的评估改革工作为人们所熟知。他曾参与一些重大教育改革项目,包括佛蒙特州的档案袋系统和精英学校联盟。他建立了一个教育共同体,专注于教育评估改革。他还为北卡罗来纳州和新泽西州设计了一套以学生表现为基础、由教师实施的档案袋评估模型。

　　格兰特著有《教育性评估》(*Educative Assessment*)和《评估学生表现》(*Assessing Student Performance*)(两本书均由乔希巴斯出版社出版)。他的文章也在《教育领导》(*Educational Leadership*)和《卡潘》(*Phi Delta Kappan*)等杂志中发表。

　　他与杰伊·麦克泰共同编写的《理解为先教学》(*Understanding by Design*)屡获殊荣。他也是培生出版公司十几种 UbD 理论改编教材计划的共同作者。

© 2004 ASCD 版权所有／授权宁波出版社独家翻译出版

理解为先教学设计模式[*]

吴新静 盛群力

"理解为先教学设计模式"是处于世纪之交的美国教育界涌现出的一种理论和实践,由美国的课程专家格兰特·威金斯和杰伊·麦克泰(Grant Wiggins & Jay McTighe)于1998年创立,并逐渐成形完善的。"理解为先教学设计模式"反映了两个不同观念之间的融合:(1)大量学习和认知研究结果表明,理解是学习和评估的重要追求,即"为理解而教,为理解而评";(2)基于理解的课程设计才能帮助学生习得各个学科中重要的关键概念和要素,帮助学生获得深入持久的理解,并参与真实的情境性评估,掌握学习迁移的能力。[1]这一教学设计模式提供了清晰的课程设计框架,依照"逆向设计"的三个阶段,从教学目标出发,设置相应的评估方式,再安排相关的教学规划,这样的前后顺序有效确保了整个教学环节始终围绕学科的教学重点,既确保单元设计的协调一致性,又提高了教与学的有效性。本文将首先说明"理解为先教学设计模式"的基本思想,如"理解"的具体含义及其六个维度,然后具体介绍逆向设计的三个阶段,并给出一些实际的操作方法和建议,以期帮助广大教育工作者深入了解这一教学设计模式。

一、"理解"是什么

(一)理解的含义和特征

谈及理解,有众多含义。当教师希望学生"理解"学习内容而并非只是简单地"知

---

[*] 原载《当代教师教育》2017年6月第10卷第2期,原题为《理解为先促进设计模式》,本书收录时统一为"理解为先教学设计模式"。收录时略有删改。

道"时,这两者之间有什么区别？有些人认为"理解"即建构观点和事实之间的联系,并加以细化和精致化,形成概念知识结构化的表征或心智模式;[2]也有人认为,"理解"即能够将所学的针对某个主题的知识和技能去创造性地思考和行动,以灵活的方式有效应用到新的情境当中。其实,"理解"这一术语的含义是多方面的,"理解"不同于单纯的"知",因此"理解"所涉及的教学和评估比单纯地对知识和技能的学习和检测要复杂得多。

过去的大量研究一再表明："许多课程总是强调记忆,而不是理解。"[3]诚然,我们不能因为强调理解就否认知识记忆的价值,但"在今天的知识经济时代,仅仅记忆事实性知识和程序性知识远远不够,重要的是能对复杂概念形成深刻的概念性理解,并能基于这些理解生成新的观点、新的理论、新的产品和新的知识"[4]。而本文理解为先教学设计模式强调的"理解"主要有两个表现：一是"意义建构活动",即学生能够主动建构新知与旧知之间的联系,利用已知内容从新信息中创生意义,通过推断和联系获得深层次的理解；二是"学习迁移活动",即学生能够将理解、知识和技能有效运用到新的情境之中,并逐渐减少相应的指导或提示,直到完全不需要他人的扶持。

因此,此处的"理解"有以下两个特征：一是以"完整的陈述句"形式呈现,学习者能够对学科的重要观点得出概括性的结论,也就是说,教师希望学习者能够理解某个观点背后的具体意义,例如,"我想让学习者明白,一个成文的宪法和编码的法规是人民民主权利的基本保障"；二是这里的"理解"只能通过有指导的推断获得,即辅助学习者推断并验证自己的结论,而不是简单地对其进行机械的灌输。"理解"本质上是抽象的,通常是不明显的,不能直接获得,且容易被学习者误解,所以简单的"传输"内容并不能保证学生会真正"接收"。

（二）理解的六个维度

提及认知过程的"理解",不禁让人联想到布卢姆教育目标分类的升级版——布卢姆认知目标新分类,其修订的二维框架包括了从具体到抽象的四种知识(事实、概念、程序和元认知)和从低级到高级的六个认知过程(记忆、理解、应用、分析、评价和创造)。[5]这里的六个认知过程根据思维水平的难易程度层层递进,由记忆层面逐渐向创生层面转变。这种不同知识维和认知过程维的每一个具体组合为教师依据教育目标指导教学实践提供了清晰的标准参照,同时为教师评判学生的学业表现提供了良好的量表模型。

而美国课程专家威金斯和麦克泰创设的理解为先教学设计模式将理解分为六个维度——解释、释义、应用、洞察、移情和自知。这里的六个维度不同于布卢姆认知目标新分类的认知维度，其并不是环环相扣，所有的维度都必须包含在内容的学习之中的。下文将对理解的六个维度进行简要的概括和总结：

1. 解释。解释主要回答"是什么，为什么，应如何"一类问题，指学习者能够对某一问题进行完善、合理的论证和说明，能够使用恰当的类比，清晰明确地讲解给他人[6]。解释并不只是简单地讲述事物的具体内容，而是强调学生能够明白产生某种结果的原因，能够对现象进行因果分析，知晓事件的来龙去脉。

2. 释义。释义主要回答"意义是什么，为什么重要，与自己有什么联系"一类问题，指通过有意义的阐释、叙述来揭示事物的意义，特别强调用自己的语言来讲述和解释。释义的目的不是为了解释而是理解，即释义内容并不是向别人介绍是什么，而是以讲述的方式发表自己对内容的理解。[7]

3. 应用。应用主要回答"怎么应用这些知识和技能，什么时候用，怎么调整理论和行为适应新的情境"一类问题，指熟练掌握基本的知识和技能，能够灵活、恰当地将其应用到新的情境中或者解决新的问题。

4. 洞察。洞察主要回答"这个观点的立场是什么，有什么局限性，是否有不同的观察角度"一类问题，指学习者能够批判性地看待某一问题，能够从不同的角度，应用不同的方法，脱离个人主观因素，全方位地分析某一个观点，学会质疑、探究和论证。

5. 移情。移情主要回答"我怎么看待这个问题；如果是我，我会选择怎么做；我不理解的东西，别人是如何获得的"一类问题，指一种能深入体会他人的情感和观点的能力。能够从他人的角度剖析其理解形成的原因和过程，与自身的认知过程形成对比，加以借鉴和完善。

6. 自知。自知主要回答"我已经理解什么，还有哪些不足，我是如何获得理解的"一类问题，指学习者对自己的认知过程和学习情况有一个清晰的认识，明了自己的优势与不足，对此进一步调整和改进，逐渐完善自身的一个过程。

二、理解为先教学设计模式的逻辑思路
—— 逆向设计

(一)什么是逆向设计

教学只是达到教育目标的一种方式,计划应先于教学。也就是说,教师应将设置教育目标置于规划学习活动之前,利用教育目标开发相应的教学活动。理解为先教学设计模式为单元课程设计提供了一个有效的设计方法,即逆向设计。为什么单元课程设计要"逆向"进行呢?传统的教学设计过程中,教师往往依据教科书的内容安排规划教学活动,这也许能够将教科书上的全部学习内容传授给学生,但内容过于宽泛零散,有广度却没有深度,学生的学习常常是浅尝辄止,学习效果反而不尽如人意。而逆向设计主张单元课程设计应先确定预期的学习结果,再依据结果设置合理的评估方式,用于考核学生是否已真正获得理解,最后再综合考虑学习结果和评估方式来规划相关的教学活动。下方的图1是逆向教学设计过程的三个步骤。

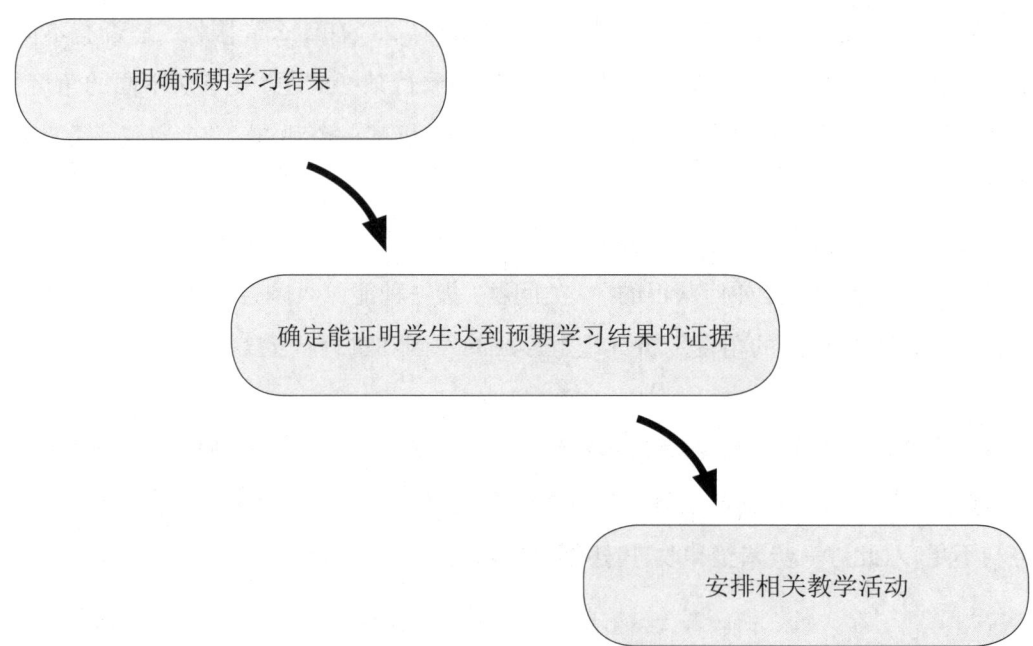

图1 逆向教学设计过程的三个步骤[8]

（二）逆向设计的具体过程1：明确预期学习结果

预期的学习结果指依据课程标准和需要深入持久理解的内容，预测学生在单元教学结束之后应该知道什么，能够做什么，什么内容需要深入持久的理解。这一环节对整个逆向教学设计的过程起着至关重要的作用，是后续两个设计阶段的前提和基础，起着根本的导向性作用。在这一环节，教师需要确定以下三个方面的内容：①学习迁移；②意义建构；③掌握知能。

1. 确定学习迁移的能力

鉴于检测学习者是否真正获得理解，主要观察其是否能够成功迁移所学，因此，此环节将迁移目标放在首位。一方面，迁移目标强调学习者在学完相关内容之后可以将获得的理解、知识和技能有效应用到真实情境之中，或者可以和现实生活相联系，用以解决现实生活中的具体问题；另一方面，迁移目标强调学习者能够独立自主地运用所学解决具体问题，在接受他人帮助的过程中逐步探究，经过推断和论证获得深入的理解，之后可以逐渐减少他人给予的扶持，直到其最终能够完全独立自主地进行学习迁移，合理高效地解决真实问题。所以，确定学习迁移的预期结果常常以"学生能自主地将所学运用到……"的句式开头。

2. 确定意义建构的内容

意义建构指学生能够激活长时记忆中的相关旧知，与当前面临的新知在工作记忆中建立联系，进行补充或修改整合，在大脑中形成系统化的知识结构，便于以后的提取利用或者进一步的合并或整合。在这一环节，意义建构分为以下两部分内容：一是确定深入持久理解的内容；二是确定基本问题。

（1）确定深入持久理解的内容

确定什么是需要深入持久理解的内容，对于单元课程的设计者来说是极其重要的。虽然课程标准已经规定了要求学生掌握的知识范围，但内容过于宽泛零散，远远超过学生在有限的时间里面能够牢靠掌握的接受范围，所以我们有必要对学习内容进行一定的筛选，确定哪些是最核心、最需要持久理解的内容。图2是课程内容层次优选示意图。

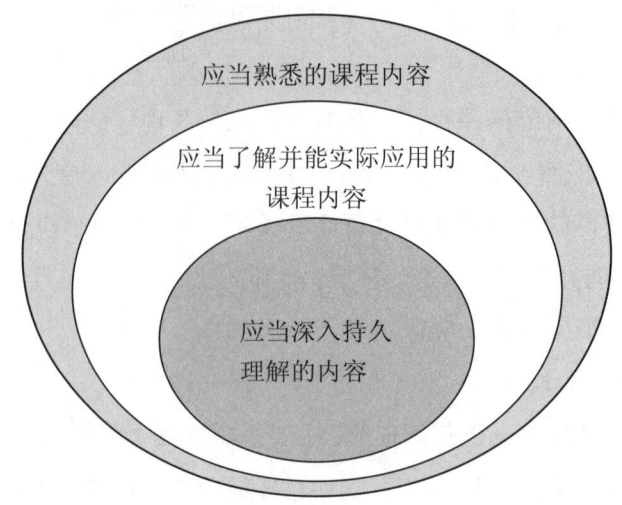

图2 课程内容层次优选示意图[9]

图中的整个圆圈指课程可能涉及的所有知识范围。最外层的圆圈涵盖了学生学习某个学科需要宽泛了解的内容,这些内容的学习不需要通过阅读、倾听、回顾、研究的方式加以深入细致地探讨,只需大概了解即可,相对来说不是十分重要;中间层的圆圈指学习某门学科需要掌握的重点知识(概念、原理、事实)和技能(方法、策略、过程),学生不掌握这些知识和技能就无法真正理解这门学科,也就是说,学生要想成功地进行学习迁移,必须获得这些前提性的知识和技能;最里面的圆圈是学科的核心内容,也是最本质、最重要的部分,学生必须获得深入持久的理解,要能够领会这些重要观点的实质和灵魂,即便无法记住细节,也要理解这些内容的基本思路和基本框架。[10]

那么,如何在具体的单元课程设计中筛选出这些深入持久的内容呢?威金斯和麦克泰提供了以下四条筛选标准:[11]

首先,需要我们深入持久理解的,应该是可以被迁移的重要内容,它具有超越课堂本身的价值。一般来说,值得深入理解的内容超越了孤立、零散的事实或技能,主要是那些关键性的,能被应用于新的情境中的概念、原理和过程。

其次,它是位于学科中心的重要观点和核心过程。

再次,它是那些抽象的、非直观性的、容易被误解的,需要我们去揭示的重要观点。

最后,它还是融入了重要观点的事实、技能和学习活动,有利于激发学生的兴趣和潜能。

(2)确定基本问题

学生在经历真正的理解性学习时,经常会不断地提出质疑,实际上,理解性学习和提问这两者的关系是相互作用、相辅相成的。学生一旦以理解作为最终目标开展学习，那么他在学习的过程中一定会不断地产生疑问，寻找答案并加以论证；而这种不断质询和探索的过程则进一步加深了学生对内容的理解，无形中促进了理解性学习的发生。因此，理解为先教学设计模式认为在进行单元设计时，需要围绕单元或学科的重要思想确立一些基本问题。那么，基本问题的特征有哪些呢？大概总结为如下几条：

首先，它是围绕学科或单元的重要观点提出的，即这些问题可以引导学生探讨需要深入持久理解的内容。

其次，它是引人深思的问题，没有固定的答案，学生需要提取并筛选先前的学习经验或个人的经历，与当前的学习建立联系，寻找问题的答案。

再次，它能够激起学生从不同角度看待问题的意识，并权衡论证来支撑自己的观点。

最后，它可以给学生提供学习迁移的机会，即能够将所学应用到新的情境中。

3. 确定需要掌握的知识和技能

掌握一定的相关知识和技能是实现意义建构和学习迁移的前提。没有相关的知识和技能作支撑，学生就无法做到知识间的融会贯通，也没有进行学习迁移的可能性，并且这些重要的知识和技能与单元的核心内容紧密相关，所以教师还需要明确学生应该掌握的重要知能，帮助学生获得达到真正的理解性学习的"入场券"。由于我们的传统教学大多重点关注知识和技能的习得，这方面的效果也十分显著，所以在此就不再赘述。

（三）逆向设计的具体过程2：确定达标证据

确定阶段1的预期目标之后，设计者经常习惯性地跳过阶段2，直接规划阶段3的相关教学活动，但这容易导致教学活动偏离"为理解而教"的教学目标，教师无法有效监控学生是否已经获得真正的理解或者已经达到怎样的理解程度，因此，鉴于逆向设计要求的协调一致性，规划教学活动之前，教师首先要确定能够证明学生已经获得理解的有效证据，每个学习单元设置一定的评估标准，利用这些评估反馈了解学生的学习情况，并进一步指导自身的教学。这个阶段教师需要完成以下三个任务：①选择合适的评估方式；②设计真实的情境任务；③制定评分量规。

1. 选择合适的评估方式

教师在收集有效的证明方式时，需要考虑多种多样的评估方法，包括非正式的评估方式,如口头提问、课堂观察、课堂讨论、自我评估、同伴评估等;传统的正式纸笔测试,如随堂测验、学期考核、开放式问答等;真实情境任务和项目等等。这些不同的评估方式在难易程度、时间跨度、情景设置等方面各有不同,因为阶段 1 的教学目标的多元化,所以需要针对不同的教学目标采取相应的评估方式,使得证明方式更加科学且更具说服力,确保不同风格的学习者都能够通过适合自己的评估方式展现自己的学习成果。

此外,由上文的阶段 1 可知,教师在确定意义建构的内容时,将教学内容依据需要理解的程度分为三种不同类型,而评估方式的选取以阶段 1 的预期学习结果为参考,所以教师还可依据不同层次的课程内容选择合适的评估方式。例如,传统的考查和考试适合于检验知识和技能等前提性知识,而需要深入持久理解的内容则要根据实际需要采用开放、多样且更加复杂的方式加以检验,教师在具体操作时可以参考图 3 课程内容层级筛选与评价类型关系示意图。

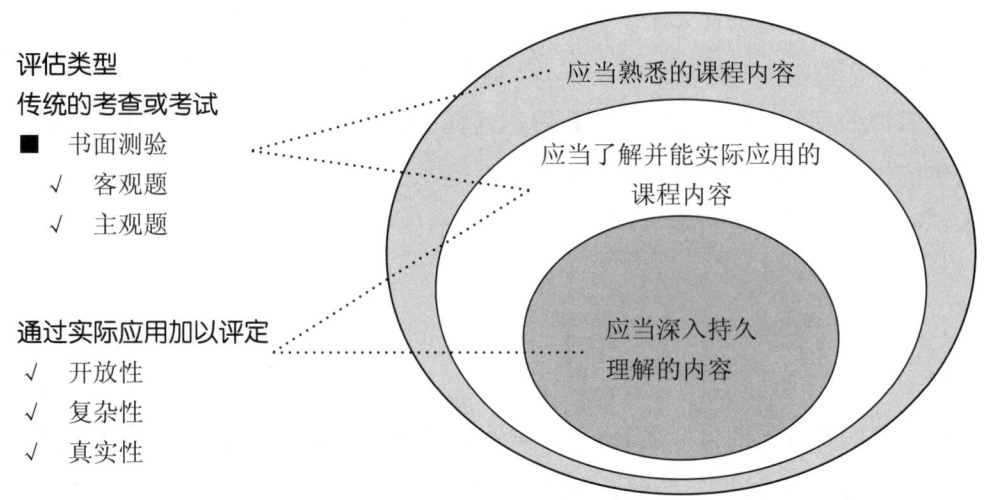

图3　课程内容层级筛选与评价类型关系示意图[12]

2. 设计真实的情境任务

理解并不只是要求学习者对知识和技能的准确重复或者熟练操作,其更强调学习者在面对现实问题时,能够独立判断使用什么、怎样使用以及为什么使用这些知识,怎样能够最快速最高效地解决当前面临的问题。因此,对理解的评判,需要采取更具挑战性,要求运用多种能力并使学习者置于不同真实情境下的评估方式,即真实情境任务。真实情境任务不同于传统的考查或测试,传统的纸笔测试大多以答案单一的客观题为主,偶尔包含一些要求学生自行判断的主观题,但实质上只是要求学生在给出的两者中做出一个选择,并阐述自己的理由,并没有真正发挥考查学生的批判性思维能力的作用,而是以看似开放、探究的方式进一步考查学生的知识记忆。

那么,真正的真实情境任务应该具备哪些特征呢?威金斯和麦克泰在《理解为先教学设计手册》(The Understanding by Design Handbook)一书中总结了如下几点特征:

(1) 具备真实性。它可以再现或模拟人们在现实生活中面临的真实问题情境,其通常比较混乱、复杂,没有固定的资源或他人的指导来帮助学生完成任务,相反,学生需要自己分析问题,自主筛选需要运用到的知识,自行判断怎样的方法能更合理高效地解决这个问题。

(2) 要求创新性。它要求学生能够合理有效地解决非常规的任务,即在分析问题之后,依据现实情况制订一套解决方案,而不仅仅是重复教师传授的内容,或者完成一套固定的程序或步骤。

(3) 考查学生综合运用知识和技能解决复杂问题的能力。大多数传统的考试主要通过零散的项目检查学生的学习情况,而真实情境任务需要学生综合运用多项知识、技能或策略,如问题分析能力、人际沟通能力、信息筛选能力、协同合作能力等等。

(4) 为学生实践学习经验、获得学习反馈、优化学习表现等提供机会。真实情境任务给学生提供了践行所学的机会,将学习内容和现实生活建立联系,并通过教师给出的评估反馈,发现自己的不足并加以修改完善。[13]

接下来教师需要考虑的则是究竟如何设计真实情境任务,或者说应该从哪些角度考虑。GRASPS 为任务的设计提供了一整套有效的思考方式,可以帮助教师设计出全面、真实、有挑战性的学业表现任务:[14]

G——目标(Goal),即表现任务的目标,需要告诉学生任务是什么,要解决哪些问题或者克服哪些困难;

R——角色(Role),即表现任务需要你扮演怎样的角色,你的工作职责是什么,需要以什么身份完成这个任务;

A——受众(Audience),即表现任务服务的对象,你的目标观众是谁或者说你需要使哪些人信服;

S——情境(Situation),即表现任务的发生情境,在此情境中你需要处理哪些问题;

P——成果或学业表现(Product, Performance),即表现任务的最终成果,需要向学生阐明最终需要获得怎样的成果或者学业表现；

S——标准（Standards for Success），即表现任务的评估标准，任务开始之前，学生需要明确该任务有哪些要求，由谁来评估，及评估标准是什么。

3. 制定评分量规

学业评价是教学设计中必不可少的一个重要环节，其以教育教学目标为依据，运用恰当有效的工具和途径，对学生的学业表现进行评价，同时，明确的评估标准和及时的评估反馈既可以帮助教师了解学生的学习情况，从而调整教学计划，也使学生清晰地了解学习目标，及时改善自己学习中的不足。因此，教师和学生之间共同制定一份评分量规成为优化教学设计、提高教学和学习效率的重要举措。

评分量规一般由评分指标、评分等级、评分描述这三部分组成。评分指标指从哪些维度对学生的表现进行评价，如面试者在参加面试时，评分指标可以从衣着举止、交流沟通、专业知识等角度着手；评分等级指评估分值，可以采用等级计分或点计分；评分描述指用言语描述表现特征，即不同评分等级之下学生应该有哪些具体表现，其为评估者进行评分提供详细的参照。此外，评分量规还分为整体性量规和分析性量规，整体性量规把学生的表现看作一个整体，给表现和结果（作品）判定一个单一的得分；而分析性量规则要求评估者对描述的每一条评分指标的质量做出判断，最后将各个指标的得分进行汇总，得出最终评分。表1是一种整体性量规示意。

表1 小学三年级数字常识的量表[15]

4.0分	除了达到3.0的各项要求之外，能够超越课内所学，进行深入推断和运用。
3.5分	除了达到3.0的各项要求之外，能够超越课内所学，进行部分深入推断和运用。
3.0分	学生通过以下的方式展示自己的数学常识： ◇排列和比较整数（百万）、小数（千分数）和同分母分数。 ◇在分数、小数和整数之间进行等式转换。 ◇找到并说出100以内的整数的因数和倍数。 学生没有出现大的错误或纰漏。
2.5分	在相对简单的细节和过程上没有大的错误或纰漏，并部分掌握了比较复杂的概念和过程。

续表

2.0分	学生在以下相对简单的细节和过程上没有大的错误或纰漏： ◇基本的术语，如百万、千分数、同分母、因数、倍数。 ◇基本的理解，如 5.15 比 5.005 要大；3/4 等于 0.75；4 是 12 的因数。 但是学生在比较复杂的概念和过程上出现了大的错误或纰漏。
1.5分	正确地掌握了部分相对简单的细节和过程，但在比较复杂的概念和过程上出现了大的错误或纰漏。
1分	在别人的帮助下，对一些相对简单的和复杂的细节、概念和过程有部分理解。
0.5分	在别人的帮助下，能正确地掌握部分相对简单的细节和过程，但难以掌握比较复杂的概念和过程。
0.0分	在别人的帮助下，也一无所获。

(四)逆向设计的具体过程3：安排相关教学活动

这个阶段教师需要安排相关的教学活动和学习体验，使其与前两个阶段的预期目标及评估方式保持一致，确保学生通过设计的一系列教学活动获得真正的理解。但是，在设计教学活动之前，教师首先需要注意避免两个比较常见的误区：一是"活动导向"，二是"覆盖教材"。

1. 避免"活动导向"和"覆盖教材"

具有吸引力的课堂常常是无数教师追求的重要课堂氛围之一，只有学生的积极性、探究欲等被充分激发，他们才会全力以赴地认真学习，所以教师有时为了打造一个"具有吸引力"的课堂，会刻意在课堂上安排大量的游戏、讨论等活动，希望以活动的方式吸引学生的注意力，提高学生的课堂参与度。但在这种"活动导向"引导的课堂，有时教师并没有围绕核心的教学内容安排活动，只是盲目地将各种活动堆砌在一起，实际上并没有真正激发学生的思考。所以课堂除了要具有吸引力，还要强调有效性，也就是说，设计的课堂活动要能够最大限度地促进学生的学习，使得学生的学业成就最大化，或者至少学生的表现可以向我们充分证明设计的这些教学活动达到了理解的目标。

另一个较为常见的教学误区就是"覆盖教材"，这在应试教育的背景下尤为常见，教师教学完全照搬教科书的内容,教科书有什么教师就教什么。实际上,造成这种现象的主要原因常常是人们误认为,只要将所有的教学内容传授给学生,学生就能够学到更多的知识,但这种教学方式容易导致学生学到的内容过于肤浅表面,学生在学习的过程中并没有将其内化成自己的知识,以便将来能够灵活应用到现实生活中。而且,学生的学习负荷也是有限的,负载过多且缺乏重点的满堂灌输容易导致学生不堪学习的重负,产生强烈的厌学情绪。因此,教师应让学生明白这样的道理:真正的学习不是通过记忆就可以获得的,它需要不断地思考、探究、尝试和再思考,在反复研磨的过程中获得真正的理解,从而转变为自己的知识。

2. 安排合适的教学活动

从前文所说的两个误区,我们不难发现,这个阶段教师最需要注意的就是安排既有吸引力又有效的教学活动,但是具体的理解目标和合理的评估方式并不能保证单元学习具备这两个特征,因为这两者并没有具体阐述教师应该如何教学以及如何安排单元教学内容等,才能使得学生的学习效果最优化。但逆向设计为教师提供了一个具体安排教学活动的操作流程——WHERETO,用以指导教师从以下这些角度出发来确保各个阶段的相互衔接:

W——明确教学目标(Where),指教师需要从学生的角度思考,在开展教学活动之前,使学生清楚他们需要达到的目标,期望完成的任务,所学内容的价值,并安排测试检测学生的学情。

H——激发学习意愿(Hook),指教师在课堂教学活动中安排一些学习体验激发学生的学习兴趣,例如利用和主题有关的主要思想、基本问题或真实情境任务等引导学生积极主动思考,从而提高学生课堂参与度。

E——逐步探究主题(Explore),指教师需要思考能够帮助学生更好地掌握基本思想,探究基本问题,优化学业表现的方法,例如讲授法、课外实践活动、探究性学习等。

R——反思学习过程(Rethink),指教师需要给学生提供反思和再思考的机会,这也是加深理解的重要方式,利用反思进一步改善自己的学习,例如让学生自己总结学习重点,自我完善学业表现和学习成果,培养元认知能力等。

E——展评学习所得(Evaluate),指教师需要给学生提供进行形成性评价及自我评价的机会,例如鼓励学生在学习过程中不断地自我总结学习所得及存在的学习疑问,整理学习内容的层次筛选。

T——设计多元风格(Tailor),指教师需要设计多元的课程内容、学习过程、评估方式等满足不同背景、能力、兴趣、学习风格的学习者,例如教师给学生进行诊断性评价,了解不同学生的学习需求,针对不同需求设计多样的学习方式、考核手段等。

O——组织教学活动(Organize),指教学活动展开的逻辑方式,例如教师可以以学习内容的难易程度或者以"示范—练习—反馈—调整"的顺序等为逻辑主线安排学习活动。

三、结语

理解为先教学设计模式(UbD)是一种新型的、优质的单元教学设计理论,它摒弃了传统设计中所倡导的"以始为终",反其道而为之,推崇一种"以终为始"的逆向设计理念,这一活动设计的新思路给活动设计提供了很大的帮助,真正使学生"有的放矢",真正使活动做到"既不丢芝麻,也不丢西瓜",取得预期的设想目标。另外,理解为先教学设计模式(UbD)还强调教育对理解的追求,它将理解这个抽象的概念变得可操作化,对预期目标进行不同层次的编码。除了要确立知识和技能方面的目标,教师还要明确意义建构和知识迁移这两个更高层次的目标内容,帮助学生实现知识间的融会贯通,使其获得真正的理解。

参考文献

[1] Grant Wiggins & Jay McTighe. Understanding by Design: Guide to Creating High-Quality Units[M]. Alexandria, VA 22311-1714 USA, 2011.

[2] 陈家刚. 促进理解性学习的课程和教学设计原则 [J]. 全球教育展望, 2013(1).

[3] [美] 布兰思福特. 人是如何学习的:大脑、心理、经验及学校 [M]. 程可拉,等译. 上海:华东师范大学出版社, 2002. 转引自陈家刚. 促进理解性学习的课程和教学设计原则 [J]. 全球教育展望, 2013(1).

[4] Sawyer, R. K. The Cambridge Handbook of the Learning Sciences[M]. Cambridge University Press, 2006.

[5] 盛群力,褚献华. 布卢姆认知目标分类修订的二维框架 [J]. 课程·教材·教法, 2004(9).

[6][7][8] 马兰,盛群力. 课堂教学设计——整体化取向[M]. 杭州:浙江教育出版社,2011.

[9][10] 何晔,盛群力. 为促进理解而教——掌握逆向设计[J]. 高校教育管理,2007(2).

[11] [美]格兰特·威金斯,杰伊·麦克泰. 理解力培养与课程设计:一种教学和评价的新实践[M]. 么加利,译. 北京:中国轻工业出版社,2003.

[12] 何晔,盛群力. 为促进理解而教——掌握逆向设计[J]. 高校教育管理,2007(2).

[13] McTighe, J. & Wiggins, G. The Understanding by Design Handbook[M]. Alexandria, VA: Association for Supervision and Curriculum Development,1999.

[14] McTighe, J. & Wiggins, G. Understanding by Design: Professional Development Workbook[M]. Alexandria, VA: Association for Supervision and Curriculum Development,2004.

[15] [美]罗伯特·J. 马扎诺. 教学的艺术与科学——有效教学的综合框架[M]. 盛群力,唐玉霞,曾如刚,译. 福州:福建教育出版社,2014.

目录 Contents

导论 逆向教学设计的逻辑 001

导　论 003
社会学习单元 006
　　活动导向型设计 007
　　逆向教学设计 008
几何单元 010
　　教材导向型设计 010
　　逆向教学设计 011
UbD：逆向设计步骤 012
　　单页模板 013
　　带有设计问题的单页模板 014
一致性：逆向设计的逻辑 015
　　西进扩张和拓荒生活 015
　　设计模板 016
UbD 工作坊的设计实例 017
使用逆向教学设计制订 UbD 行动计划 018
UbD 课程框架：宏观角度 019
保证课程一致性的评估 020
理解的六个维度 021
UbD 设计标准 022
逆向教学设计的常见问题 023

模板　单页、两页、六页（含实例）...... 027

带有设计问题的单页模板 029
单页模板 030
　　科学，5—8 年级 031
　　数学，高中 032
　　英语，高中 033
　　语言艺术，3—5 年级（天才班）.... 034
两页模板 035
　　生命周期——跨学科，2 年级 037
　　历史与摄影，4 年级 039
　　地球与空间科学，9 年级 041
　　美国现代史，11—12 年级 043
六页模板 045
　　营养，5—7 年级 051

阶段 1　预期结果：教学设计工具和实例 057

逆向教学设计：阶段 1 059
阶段 1：关键设计元素提示 060
阶段 1：关键设计元素（网状图）.... 061
阶段 1：关键设计元素 062
　　营养，5—7 年级 062
　　英语，高中 063
知识结构 064
　　阅读 065
知识结构设计工具 066
核心观点（描述）........................ 067
　　贯串设计过程的核心观点 068
　　核心观点的表现形式 069
概念——可迁移的核心观点 070
从话题到核心观点 071
　　营养 071
　　西进运动和拓荒生活 072
从话题到核心观点设计工具 073
发现技能中的核心观点 074
　　议论文写作 074
发现技能中的核心观点设计工具 075

确定优先内容	076
营养，5—7年级	076
统计，高中或大学	077
确定优先内容设计工具	078
明确基本问题和理解	079
科学方法	079
音乐	080
明确基本问题和理解设计工具	081
基于核心观点的初步设计	082
统计	082
阅读	083
历史	084
基于核心观点的初步设计设计工具	085
基本问题的概念获得	086
基本问题实例	087
基本问题（描述）	089
基本问题的类型	090
起草基本问题	091
文学与阅读	091
写作、听力、口语	092
历史与地理	093
政府与政治	094
经济与文化	095
数学	096
科学与化学	097
科学	098
视觉和表现艺术	099
世界语言	100
体育教育与健康	100
媒体与技术	101
教育	101
技能领域的基本问题	102
统计、阅读和体育	102
技能领域的基本问题设计工具	103
使用基本问题的小贴士	104
持续理解的概念获得	105
持续理解实例	106
按学科分类	106
从目标或主题到持续理解	109
西进运动和拓荒生活	109
从目标或主题到持续理解设计工具	110
通过连接核心观点来构建持续理解	111
持续理解的两种类型	112
持续理解（描述）	113
形成理解的小贴士	114
预见误解	115
从技能和观点到理解	116
知识与技能（实例）	117
解析目标（方法1）	118
语言艺术	118
数学	119
解析目标（方法1）设计工具	120
解析目标（方法2）	121
视觉艺术	121
科学进步	122
解析目标（方法2）设计工具	123
教学设计检查单：阶段1	124
待评审的阶段1教学设计草案——移民，4年级	125
阶段1教学设计草案的评审意见——移民，4年级	126
待评审的阶段1教学设计草案——力量训练，高中	127
待评审的阶段1教学设计草案——测量，小学	128
阶段1的常见问题	129
核心观点、理解和基本问题	131

阶段2 评估证据：教学设计工具和实例

133

逆向教学设计：阶段2	135
阶段2：关键设计元素（网状图）	136
一致性：逆向设计的逻辑	137
友谊，小学	137
统计	138
一致性：逆向设计的逻辑设计工具	139
课程内容层级与评估方法	140
从评估中收集各种证据	141
评估证据的来源：自我评估	143
从不同类型的评估中收集证据	144
营养，5—7年级	144
从不同类型的评估中收集证据设计工具	145
收集充足的证据	146

数学, 小学	146
教师的监督	147
收集充足和可接受的证据	148
评估证据的收集	149
营养, 5—6 年级	149
英语, 高中	150
评估证据的收集设计工具	151
目标启发评估	152
视觉艺术	152
美国内战, 高中	153
目标启发评估设计工具	154
理解的六个维度	155
促进理解的问题	156
基于理解的六个维度的表现任务实例	158
按学科分类	158
从预期理解到可能的表现	161
美国历史	161
从预期理解到可能的表现设计工具	162
基于理解的六个维度的表现动词	163
使用理解的六个维度产生评估想法	164
经济	164
评估	165
使用理解的六个维度产生评估想法设计工具	166
使用理解的六个维度收集评估想法	167
电力	167
使用理解的六个维度收集评估想法设计工具	168
表现任务的特征	169
表现任务实例	170
运用 GRASPS 构建表现任务情境	172
数学	172
社会研究	173
运用 GRASPS 构建表现任务情境设计工具	174
学生可能的角色和受众	175
学生可能的产品和表现	176
评估任务蓝图	177
营养	177
评估任务蓝图设计工具	178
有效性检查	179
弗吉尼亚历史	179
有效性检查 —— 分析	180
有效性检查 —— 修正	181

自我检测评估	182
基于标准的表现清单	183
数据图形展示: 表现清单	183
整体性量规	184
数据图形展示: 整体性量规	184
分析 — 特征法量规	185
数据图形展示: 分析 — 特征法量规	185
确定重要的表现特征	186
初步理解与深入理解	187
内战	187
说服	188
初步理解与深入理解设计工具	189
带有两个基本特征的分析性评分量规	190
标准和量规	191
分析性量规框架	193
程度差异的描述性术语	194
针对理解的通用量规	195
在通用量规中增加具体指示	196
议论文写作	196
设计有效评分工具的小贴士	197
为理解而检查量规	198
"重演美国内战"量规	198
设计表现任务草稿的步骤	199
生成表现任务的设计思路	200
拓荒生活	200
科学方法	203
生成表现任务的设计思路设计工具	206
教学设计检查单: 阶段 2	209
阶段 2 的常见问题	210

阶段 3　学习计划: 教学设计工具和实例　213

逆向教学设计: 阶段 3	215
阶段 3: 关键设计元素	216
WHERETO	217
学习计划的关键元素	217
一组 "W" 开头的问题	218
解决 "W" 开头问题的做法实例	219
吸引并保持学生的兴趣 (H)	220
让学生做好准备	221
让学生为表现做好准备	222

历史角色扮演 _____ 223
　　　设计工具 _____ 223
　　　一组"R"开头的问题 _____ 224
　　　解决"R"开头问题的做法实例 _____ 225
　　　鼓励自我评估（E） _____ 226
　　　为不同的学习者调整教学设计（T） _____ 227
　　　组织学习（O） _____ 228
　WHERETO——学习计划排序（清单式） _____ 229
　　　营养 _____ 229
　WHERETO——学习计划排序设计工具（清单式）
　　　_____ 230
　WHERETO——学习计划排序（日历式）
　　　_____ 231
　　　营养 _____ 231
　WHERETO——学习计划排序设计工具（日历式）
　　　_____ 232
　使用理解的六个维度收集学习计划 _____ 233
　　　统计 _____ 233
　　　营养 _____ 234
　使用理解的六个维度收集学习计划设计工具 _____ 235
　三种类型的课堂评估 _____ 236
　　　对理解的非正式检查 _____ 237
　　　评估并消除误解 _____ 238
　　　消除误解：促进学习的评估 _____ 239
　设计逻辑与教学顺序 _____ 240
　教学设计检查单：阶段 3 _____ 241
　阶段 3 的常见问题 _____ 242

同行评审 _____ 243

　UbD 设计标准 _____ 245
　基于设计标准的同行评审 _____ 246
　有效同行评审的小贴士 _____ 248
　同行评审入门 _____ 249
　个人评审表 _____ 250
　小组评审表 _____ 251

练习 _____ 253

　典型的教学设计是什么样的 _____ 255
　最佳教学设计的特征 _____ 257
　深入思考理解和教学设计 _____ 258
　深入思考理解 _____ 259
　反思逆向教学设计 _____ 260
　反思逆向教学设计（版本二） _____ 261
　解析内容标准的一次实践 _____ 262
　深入思考理解 _____ 263
　真正理解的表现 _____ 264
　可视化的"为理解而教" _____ 265
　"为理解而教"的成功表现 _____ 266
　UbD 改革的条件评估：力场分析 _____ 267
　评估人员是否做好准备、是否愿意、是否能胜任
　　　_____ 268
　"是的，但是……"——回应可能出现的担忧
　　　_____ 269
　行动计划表 _____ 270
　开始采取行动 _____ 271
　最佳教学设计的特征 _____ 272
　可视化的"为理解而教" _____ 274

过程单 _____ 277

　UbD 的自我评估表 _____ 279
　参与者的自我评估问卷（1） _____ 280
　参与者的自我评估问卷（2） _____ 281
　UbD 学习的路径图 _____ 282
　教学设计的切入点 _____ 283
　进一步澄清 UbD _____ 284
　相互联系的 UbD 核心观点 _____ 285
　UbD 井字棋 _____ 286
　抛砖引玉 _____ 287
　UbD 和其他理论的比较 _____ 288
　评估你对 UbD 的理解 _____ 289
　反思 UbD 模式（版本一） _____ 290
　反思 UbD 模式（版本二） _____ 291
　反思 UbD 模式（版本三） _____ 292
　整理并合成想法 _____ 293
　行动计划表 _____ 294
　开始采取行动 _____ 295

术语表 _____ 297

致谢 _____ 305

译后记 _____ 307

Introduction
The Logic of Backward Design

导 论
逆向教学设计的逻辑

导　论

《理解为先单元教学设计实例：教师专业发展工具书》主要为参加"理解为先教学（UbD）"工作坊的教师以及本科生、研究生的课程学习提供资源，并支持教育工作者在课程与评估方面做出改革，从而进一步加深学生对重要概念的理解程度。本手册的编写基于《理解为先教学》（*Understanding by Design*）一书的主要观点，更关注教学设计的实际问题。

为了支持学习和应用《理解为先教学》的主要观点，本手册包括以下六个方面的内容。

1. 设计模板——在开发单元或课程学习内容时，基于"逆向设计三阶段"的组织工具，我们提供了单页、两页和六页三种版本的 UbD 模板。

2. 设计标准——这是评价教学设计的标准，也是一种持续改进课程的工具。UbD 标准包括自我评估、同行评审等，同伴之间根据彼此的教学设计互相提供反馈和指导。

3. 练习和过程工具——促进学习者思考的各项活动，以此加强参与者对 UbD 中重要观点的理解。本书列出了一些评阅和反思的工具。

4. 设计工具——各种实用的表格、图示，能够在逆向设计的各个阶段，帮助教学设计人员开展设计工作。

5. 实例——来自不同学科领域和年级的丰富实例，用于说明理解为先教学设计的各种元素。

6. 专业术语——界定重要的名词术语。

我们建议读者登录 UbD 专业网站以了解更多相关信息（http://ubdexchange.org）。该网站提供了电子版逆向教学设计模板，按照 UbD 格式创建的课程单元和评估任务数据库，以及基于设计标准的在线评审。此外，网站上还有很多其他资源，例如一些相关的热门链接、常见问题的回答和专家评论等。

教学设计的产品与过程

使用本书的读者应区分设计成果（体现了三个阶段之间连贯一致的设计产品）与设计过程（设计产品的过程）之间的差异，这一点很重要。要通过类比和比较，并根据两份材料来思考教学设计。一份是完整的 UbD 教学设计模板，另一份是一组反思和回顾教学设计的设计标准，两者都包括使用工具、设计顺序、研究具体实例等过程。读者会发现，本书的教学工具包括字母标识，并将其放在了设计模板的相应区域，这是为了帮助大家理解教学设计过程与设计成果的联系。

本书同时收录了精选的实例、练习和设计工具，毕竟不同情况要区别对待，一个模板不能套用于所有的教学设计。而且，教学设计工作具有特殊性：设计过程中偏好的起始点、设计顺序、设计工具种类非常多，不同的读者或教学设计人员都可能有独一无二的方式，需要根据不同的情况灵活使用。

我们发现，大家达成共识的是：不同的人在各种设计方法和设计工具的选择上，会根据教学内容和自己所青睐的教学风格有所偏好。比如说，阶段1中提供的六种不同的设计工具，都可以用来确定课程的内容优先级，以及值得理解的"核心观点"。尽管每个工具都会在特定的时间有效地作用于特定的群体，但是单一的设计者还是很难应用全部工具。

因此，我们鼓励使用本书的读者寻找适合自己的方法和工具。读者不需要将每一页模板和表格都填写完整。换句话说，读者应将教学设计的最终目的和重要细节牢记在心里，把握教学设计的核心。

教学设计的顺序

教学设计不仅具有特异性，同时也具有迭代性。尽管在教学设计的三个阶段中贯串着一条清晰的逻辑线，但是这个过程不是严格意义上的线性或环环相扣的。因此，读者不应按照刻板的顺序来学习本书。相反，真正成功的设计者会发现自己往往都是通过他人反馈、自我反思、与其他学习者的经验交流等途径，来反复打磨需要修改和重新考虑的教学设计。

因此，进行一个单元、一门课程的教学设计更像是在一张空白画布上进行艺术创作，而不是简单地将数字和元素拼凑起来进行描绘；更像是一次有充足食材的厨艺展示，而不是按照菜谱简单下锅的劳作。教学设计人员就像制定蓝图的建筑设计师。在了解客户需求、考虑建筑风格、研究建筑材料和核算劳动成本等步骤之后，蓝图才能逐渐形成。其间还要充分听取不同意见，获得反馈，将设计理念、现实条件的制约，与客户的愿望结合起来。每个设计理念都是相互影响的，寻求改变的客户会因此而做出新的、可能超出预期的反应。

另一方面，建筑设计存在很多至关重要的给定条件：建筑风格、经费预算和用房数量等。设计的挑战就在于，在确保所有给定的条件都能达到满意的前提下，尽量设想各种可能性。在教学设计中也是同理，教学设计者也可以设想各种可能性。不过，一个关于学习活动的全新想法可能会要求设计者反复思考原先提出的评估计划。此时依然有给定条件的制约，如州内容标准，现实的时间约束与资源限制，学生的成就水平、兴趣爱好等，所有这些都要权衡利弊加以统筹考虑。

因此，本书无法为一个单元、一门课程提供循序渐进的设计过程，但是能够为课程建设提供一张正确无误的蓝图。我们所做的是根据逆向设计的三个阶段组织本书内容，允许设计者在不同的地方切入，之后采用不同的方法和路径实现相同的结果——符合标准且完整的教学设计。

我们并不要求专业发展工作坊或者大学课程学习的参与者一页一页翻看本书。相反，我们将本书作为一个工具库，读者可以按照自己喜好的顺序来阅读，选择自己需要的工具来提高工作效率。

我们希望并且相信，本书提供的练习、实例、模板、设计工具与设计标准，将会改进教学设计——单元和科目将会更加明确地聚焦于值得理解的重要问题和核心观点，更关注学生真正理解的证据，以及学生和教师对学习的积极参与，最后，能够观察并测量到学生在学习和表现方面的进步。

社会学习单元

主 题
主题：西进运动和拓荒生活 社会学习 —— 三年级

活 动

1. 阅读课本中"大草原上的生活"这一部分的内容，并回答课后的相关问题。
2. 阅读和讨论《又丑又高的莎拉》（*Sarah Plain and Tall*）；在填词游戏中，找到故事中涉及开拓者的专业词汇。
3. 制作一个"开拓者生活"的记忆盒子，并在其中放置一些手工制品，以呈现一个孩子去西方旅行或者在大草原上居住的生活状态。
4. 开拓者的日常活动：穿上开拓者的衣服并且完成以下教学任务。
   a. 搅拌黄油
   b. 玩 19 世纪的游戏
   c. 给家中邮寄蜡封信
   d. 玩电脑游戏《打扮开拓者》
   e. 制作一个以玉米皮为材料的娃娃
   f. 缝被子
   g. 穿孔锡罐做装饰品

评 估

1. 测试《又丑又高的莎拉》中的开拓者词汇。
2. 回答课后关于开拓者生活的问题。
3. 展示和讲述记忆盒子中的内容。
4. 七项"开拓者的日常活动"的完成情况。
5. 学生对本单元学习的反馈。

活动导向型设计
（采用逆向设计之前）

阶段 1—— 预期结果

参照目标： G
主题：西进运动和拓荒生活

理解： U	基本问题： Q
学生将理解……	

学生将知道…… K	学生将能够…… S
• 关于草原生活的真实信息 • 开拓者的专业词汇 • 故事：《又丑又高的莎拉》	

阶段 2—— 评估证据

表现任务： T	其他证据： OE
	• 展示和阐述记忆盒子及其内容：你将会在记忆盒子里放什么？为什么？ • 《又丑又高的莎拉》词汇测试 • 根据课本章节回答《又丑又高的莎拉》中的事实性问题 • 单元的书面反思

阶段 3—— 学习计划

学习活动： L

1. 阅读课本中"大草原上的生活"，并回答课后的相关问题。
2. 阅读和讨论《又丑又高的莎拉》；在填词游戏中，找到故事中涉及开拓者的专业词汇。
3. 制作一个"开拓者生活"的记忆盒子，并在其中放置一些手工制品。你将带着这个盒子去旅行，走向新的生活。
4. 开拓者的日常活动：
   a. 搅拌黄油
   b. 玩 19 世纪的游戏
   c. 给家中邮寄蜡封信
   d. 玩电脑游戏《打扮开拓者》
   e. 制作一个以玉米皮为材料的娃娃
   f. 缝被子
   g. 穿孔锡罐做装饰品

逆向教学设计

阶段 1——预期结果

参照目标: G

2D —— 比较移民对边境的幻想和现实,同时解释西部的诱惑性。
5A —— 展示你对美国当前和历史上大规模移民运动的理解。

来源:美国历史课程全国标准

理解: U	基本问题: Q
学生将理解…… • 许多开拓者对于西迁过程中机遇与挑战的想法非常浅显。 • 人们进行移民的理由多种多样,例如为了新的经济机会、更多的自由,或为了逃离一些事。 • 成功的开拓者靠的是勇气、智慧与合作,以克服困难和挑战。	• 为什么人们要移民?为什么开拓者要离开原来生活所在地,不顾一切地奔向西部地区? • 地理和地形在旅行和移民过程中起了哪些作用? • 为什么一些开拓者活下来并且取得了成功,而另一些却没有? • 什么是开拓者?什么是开拓者精神?
学生将知道…… K	学生将能够…… S
• 关于西进运动和开拓者在大草原上生活的重要事实证据。 • 开拓者的专业词汇。 • 基本的地理信息(例如:开拓者的旅行路线和定居之处)。	• 根据上下文找到、定义并使用开拓者的专业词汇。 • 在教师指导下,使用研究技能去发现在车队和大草原上的生活。 • 口头和书面呈现他们的研究结果。

阶段 2——评估证据

表现任务: T	其他证据: OE
• 举办一场博物馆展览,展品包括手工制品、图片和日记册,描述一个移民家庭在草原上一周的生活。(目前,民间对于草原生活和西部定居有哪些普遍的误解?) • 每天给一位回到东部的朋友写一封信(每封信介绍一个月的旅行),描述你在车队和大草原上的生活。告诉他你的希望和梦想,向他介绍你在边境的实际生活(学生可以画出来或者口头表达)。	• 口头或书面回答任意一个基本问题。 • 用绘画的方式展现开拓者的艰难生活。 • 用测试的方式检验学生是否掌握关于西进运动、在大草原上的迁移生活,以及地理学的基础知识。 • 联系上下文使用开拓者的专业词汇。 • 解释记忆盒子里的物品。

阶段 3——学习计划

学习活动: L

- 使用 K-W-L 检测学生的原有知识,然后据此制定本单元的学习目标。
- 调整草原上的日常活动(比如:用"俄勒冈小径 2 号"计算机模拟系统取代《打扮开拓者》,并在模拟时进行记录)。
- 阅读其他小说,这些小说与确定的内容标准或理解有关(例如,《草原上的小房子》(*Little House on the Prairie*)、《井里的小黄油》(*Butter in the Well*))。
- 创作一幅开拓者家庭在西部旅行时的时间轴图。
- 增加非小说的文章资源来满足多种多样的阅读水平,例如《俄勒冈小径的生活》(*Life on the Oregon Trail*)、《先锋女性和南达科塔州的独木舟日记》(*Diaries of Pioneer Women and Dakota Dugout*)。指导学生使用不同的资源来研究这个时期。
- 在学生开始表现任务之前,重温记忆盒子、博物馆展览、书信和日记的评分量规,包括给学生机会去学习这些产品的示例。

逆向教学设计（续）

阶段1—— 预期结果

参照目标： ⓖ

2D —— 学生分析不同群体之间的文化互动（从多种角度出发）。

来源：美国历史课程全国标准 P.108

理解： ⓤ	基本问题： ⓠ
学生将理解…… • 西进开拓运动威胁到了美国本土的原住民部落在大草原上的生活方式和文化。	• 这是谁的"故事"？ • 在西进开拓运动中谁是胜利者，谁是失败者？ • 文化碰撞会带来哪些结果？

学生将知道…… ⓚ	学生将能够…… ⓢ
• 关于在大草原上生活的美国原住民部落，及其与移民者相互影响的重要事实信息。	

阶段2—— 评估证据

表现任务： ⓣ	其他证据： ⓞⓔ
• 想象自己是一位年长的部落成员，你见证了开拓者在大草原上定居的过程。下面，请你给自己8岁的孙女讲一个故事，故事中要展现出移民者给你的生活带来的影响。（口头或书面完成均可）	• 对学生进行测试，内容为关于在大草原上生活的美国原住民部落的事实性知识。

阶段3—— 学习计划

学习活动： ⓛ

• 模拟召开一个在大草原上的部落首领会议，让学生从不同的角度分析问题。
• 讨论：我们在面对移民带来的威胁时，应该做些什么？是战斗，是逃离，还是同意搬到新的居住地？这些行动会对我们的生活带来哪些影响？

几何单元

教材导向型设计
（采用逆向设计之前）

阶段 1—— 预期结果

参照目标：

        主题：表面积和体积（几何）

理解： (U)	基本问题： (Q)
学生将理解……	

学生将知道…… (K)	学生将能够…… (S)
• 如何计算各种立体图形的表面积和体积。 • 卡瓦列里原理。 • 其他体积和表面积公式。	• 运用卡瓦列里原理比较体积。 • 运用其他体积和表面积公式比较形状。

阶段 2—— 评估证据

表现任务： (T)	其他证据： (OE)
	• 复习整章序号为奇数的题目 P.516—519。 • 自我评估 P.515。 • 课后作业：所有小节练习中的第三个问题以及所有的探究题。

阶段 3—— 学习计划

学习活动： (L)

1. 阅读《UCSMP 几何》第十章。
2. P.482 探究题第 22 题
   举例说明：将小容量容器变长或变细，可以让它看起来能装更多东西。
3. P.509 探究题第 25 题
   不像圆锥体或圆柱体，我们不可能做出精确的球体二维展开图。因此，世界地图是扭曲的。墨卡托投影是一种地球的投影方法，其具体做法是什么？

逆向教学设计

阶段1——预期结果

参照目标: ⓖ

IL MATH 7C3b,4b:运用模型和公式求表面积和体积。

IL MATH 9A:建立 2D/3D 模型;制作透视图。

来源:伊利诺伊州数学标准

理解: ⓤ

学生将理解……

- 运用数学模型和数学思维解决现实问题需要谨慎判断,并敏锐地察觉其影响。
- 三维和二维之间转换制图会发生扭曲现象。
- 有时候最好的数学答案并非解决现实问题的最佳方案。

基本问题: ⓠ

- 如何将数学模型运用到现实生活中?
- 什么时候最好的数学答案才是解决现实问题的最佳方案?

学生将知道…… ⓚ

- 如何计算各种立体图形的表面积和体积。
- 卡瓦列里原理。

学生将能够…… ⓢ

- 计算多种立体图形的表面积和体积。
- 使用卡瓦列里原理比较体积。

阶段2——评估证据

表现任务: ⓣ

- 解析问题:如果要以高性价比,通过海运来向商店运送大量散装的 M&M 包裹,那么最理想的运送容器是什么?(注:最好的数学答案并不是解决现实问题的最佳方案)
- 作为一名联合国的顾问,提出一种争议最小的世界平面地图。解释你的数学论证过程。

其他证据: ⓞⓔ

- 复习整章中序号为奇数的题目 P.516—519。
- 自我评估 P.515。
- 课后作业:所有小节练习中的第三个问题以及所有的探究题。

阶段3——学习计划

学习活动: ⓛ

- 研究不同容器表面积和体积的关系(比如:金枪鱼罐头、谷物盒、品客薯片盒、糖果包装盒)。
- 研究不同地图投影方法的精确性(例如,扭曲的程度)。
  a. 阅读《UCSMP 几何》第十章。
  b. P.504 探究题第 22 题。
  c. P.482 探究题第 22 题。
  d. P.509 探究题第 25 题。

UbD：逆向设计步骤

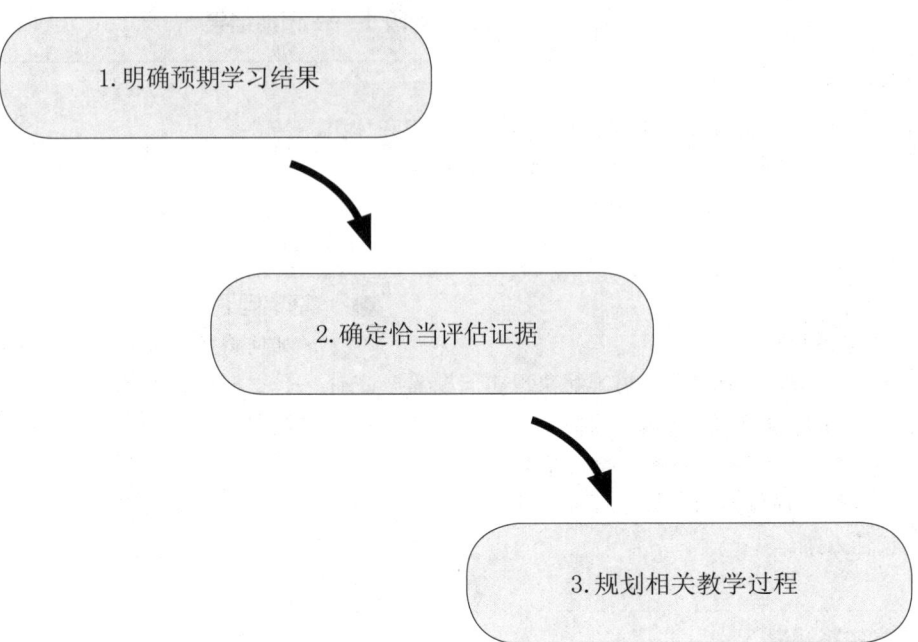

逆向设计的三个步骤：

阶段 1：明确预期学习结果。在阶段 1，我们通常考虑目标。我们的学生需要知道什么，理解什么，又能做什么？哪些隐含在参照目标（比如：内容标准、课程目标）中的核心观点值得学生理解？学生需要持续理解的是什么？哪些具有引导意义的核心问题，值得学生贯串整个单元去思考？哪些知识和技能有助于实现目标并激发有效的表现？

阶段 2：确定恰当评估证据。在阶段 2，我们通常考虑学习的证据。我们如何知道学生已经达到预期结果和内容标准？我们又如何知道学生是否真的理解了核心观点？我们用什么作为熟练的证据？逆向设计认为，我们在设计时需要收集评估证据，这些证据可以证明阶段 1 的预期结果已经实现。

阶段 3：规划相关教学过程。在有了明确的结果和理解的证据之后，我们需要完成一份学习活动计划。我们需要教给学生哪些知识和技能，怎样教才能最好地实现表现目标？如何安排活动的顺序，才能最匹配预期结果？在计划学习活动的时候，我们需要将 WHERETO 元素作为指导原则。总之，这些指导原则就是要回答一个问题：我们要怎么做，才能让学生积极而有效地学习，从而与目标，以及实现目标所需的证据相匹配？

单页模板

阶段 1—— 预期结果
参照目标： **G**
理解： **U** 学生将理解……	基本问题： **Q**
学生将知道…… **K**	学生将能够…… **S**

阶段 2—— 评估证据
表现任务： **T**	其他证据： **OE**

阶段 3—— 学习计划
学习活动： **L**

带有设计问题的单页模板

阶段 1—— 预期结果

参照目标: **Ⓖ**
- 本次设计要实现哪些目标(例如,内容标准、课程目标、学习结果)?

理解: **Ⓤ**	基本问题: **Ⓠ**
学生将理解…… • 什么是核心观点? • 对于核心观点,需要哪些具体理解? • 可能会产生哪些误解?	• 哪些值得深思的问题可以促进学习的探究、理解和迁移?
学生将知道…… **Ⓚ** • 学生学完这个单元以后,将掌握哪些核心知识和技能? • 掌握这些知识和技能后,学生能做什么?	学生将能够…… **Ⓢ**

阶段 2—— 评估证据

表现任务: **Ⓣ**	其他证据: **ⓄⒺ**
• 学生可以通过哪些真实性表现任务,来展示他们对于问题的理解? • 哪些标准可以评判表现中的理解?	• 哪些其他证据可以证明学生实现预期结果?(例如,测试、考试、学习行为、观察、作业、日志) • 学生如何反馈和自我评估?

阶段 3—— 学习计划

学习活动: **Ⓛ**

哪些学习经验和教学过程可以让学生实现预期结果?这个设计将如何:

W= 帮助学生知道本单元的学习何去何从,该期待些什么。帮助教师知道学生的起点(根据原有知识和兴趣)。
H= 吸引并保持学生的兴趣。
E= 让学生做好准备,帮助学生掌握关键概念并探索重要问题。
R= 提供机会,让学生重新思考和修正他们的理解和任务。
E= 允许学生评估自己的学习及其意义。
T= 根据不同学习者的需求、兴趣和能力为其量身定制学习。
O= 将学习的效果和参与度最大化。

一致性：逆向设计的逻辑

西进扩张和拓荒生活
（预期结果意味着什么？）

阶段1	阶段2	阶段3
如果预期结果是让学习者……	那么，你需要证据来证明学生有能力……	之后的学习活动需要……
理解…… Ⓤ • 在西进运动中，许多人都在克服艰难困苦，甚至付出了生命。 • 许多开拓者在面对西进运动中的机遇和挑战时，产生过一些稚嫩的想法。 • 所有开拓者在克服困难的过程中都展示出巨大的创造力、勇气和合作能力。 **认真考虑如下问题…… Ⓠ** • 人们为什么要移民？为什么这些开拓者要离家西进？ • 什么是开拓者？ • 为什么一些开拓者活下来并且成功了，但其他开拓者却没有？	• 分析主要和次要原因，推断为什么开拓者要离家西进，他们过的是怎样的生活。 • 寻找和选择合适的关于西进运动和拓荒生活的信息资源（图书馆或者网络）。 • 在不同情况下，都能准确运用关于开拓者的专业词汇和历史事实。 **评估任务应该包括以下几个方面…… Ⓣ** • 举办一场博物馆展览，展品包括手工制品、图片和日记册，描述一个移民家庭在草原上一周的生活。（今天人们对于草原生活有哪些普遍的误解？） • 每天给一位回到东部的朋友写一封信（每封信介绍一个月的旅行），描述在车队和大草原上的生活。 ⓄⒺ • 通过关于西进运动和拓荒生活的测试。 • 口头或书面回答基本问题。 • 用绘图的方式展示开拓者的生活。	帮助学生 Ⓛ 1. 学习西进运动和拓荒生活。 2. 与开拓者共情，体会他们面对的挑战。 3. 通过以下方式，展示他们学到了什么： • 阅读、查看和讨论主要和次要信息来源。 • 阅读和思考相关的阅读材料，比如《草原上的小房子》。 • 使用电脑模拟技术，比如"俄勒冈小径2号"。 • 通过单元开始的体验活动（例如草原上的一天）生成核心观点，并讨论和反思体验的意义。 • 研究汇总收集到的信息。 • 展示一个有趣和有意义的博物馆的样子。 • 提供写信和写日记的模型和引导性练习。 • 过程中提供对表现和产品的反馈。

设计模板

阶段 1	阶段 2	阶段 3
如果预期结果是让学习者…… →	那么，你需要证据来证明学生有能力…… →	之后的学习活动需要……
理解…… **U**		**L**
认真考虑如下问题…… **Q**	评估任务应该包括以下几个方面…… **T**	
	OE	

UbD 工作坊的设计实例

阶段 1——预期结果

理解： **U**	基本问题： **Q**
学生将理解…… • 有效的教学设计要求从清晰的目标出发，具备逆向思维，并且整个过程有三个阶段。 • UbD 是一种对教学设计更加周全的思考，而不是一个规定的项目。 • 使用设计标准可以提高质量。 • UbD 的过程是非线性和迭代的。 • 基于理解的教学和评估促进了内容标准的学习。	• 为什么最好的教学设计是逆向的？ • 什么是好的设计？如何用 UbD 支持有效的教学设计？ • 如何持续改善教学设计？ • 为什么要"为理解而教"？ • 我们怎样知道学生已经真正理解？ • 理解和知道的区别是什么？
学生将知道…… **K**	学生将能够…… **S**
• 逆向设计的三个阶段。 • 核心观点和基本问题的特征。 • 理解的六个维度和 GRASPS。 • 教学计划中实施部分（WHERETO）元素。 • UbD 的设计标准。	• 建立理解、基本问题和评估证据。 • 在模板中设计单元。 • 根据设计标准评审教学设计。

阶段 2——评估证据

表现任务： **T**	其他证据： **OE**
• 使用 UbD 模板和工具形成设计草稿。 • 参与基于设计标准的同行评审，并为设计者提供反馈。	• 工作坊的前后调查。 • 对参与者理解、问题、误解、困惑的观察。 • 练习和作业单的回答质量。 • 参与者在理解和设计方面的自我评估和反思。 • 口头和书面的反馈。

阶段 3——学习计划

学习活动： **L**
• 学习活动概述；表现目标；角色相似的分在一组活动。
• 练习（基于优秀的教学设计）。
• 在学习设计实例前后研究和讨论。
• 在指导下完成每个阶段的设计工作。
• 观察和讨论相关的视频片段。
• 用"艺廊街"的方式评审参与者的设计。
• 在关键的设计元素和问题上发表意见并讨论。
• 根据设计标准进行同行评审。
• 制订 UbD 的行动计划（课堂、学校或学区）。

使用逆向教学设计制订 UbD 行动计划

阶段 1——预期结果
参照目标: ⓖ 我们的目标是什么(例如,如果所有的设计、教学和评估都基于理解,那么我们希望在课堂、学校、学区看到什么)?

理解: ⓤ 为了实现我们的目标,教师(或官员、政策制定者、父母、学生)需要理解什么?	**基本问题:** ⓠ 哪些基本问题会帮我们聚焦目标,促进我们的对话,并指导我们的行动?

ⓚ ⓢ 为了实现我们的目标,教师(或官员、政策制定者、父母、学生)需要哪些知识和技能?

阶段 2——评估证据
我们成功的证据是什么? ⓔ 我们应该收集哪些基本数据(例如,学生的成就差异;教师的理解、态度和实践;组织能力)? 实现短期和长期进步的主要指标有哪些?

阶段 3——学习计划
行动: ⓛ 什么行为会帮助我们更有效地实现目标? 我们将会采取哪些短期和长期的行动? 谁应该参与、知情、负责? 我们将遇到哪些可预测的问题? 如何解决?

UbD 课程框架：宏观角度

UbD 为单元学习设计提供了逆向设计框架，其中包括三个阶段（微观角度）。同样的过程可以指导更大范围的课程发展，为课程计划大纲服务（宏观角度）。接下来将用可视化的展示过程呈现一个 UbD 课程框架，以形成一个连贯的课程。课程的发展将围绕着核心观点、基本问题和核心评估呈螺旋式上升。

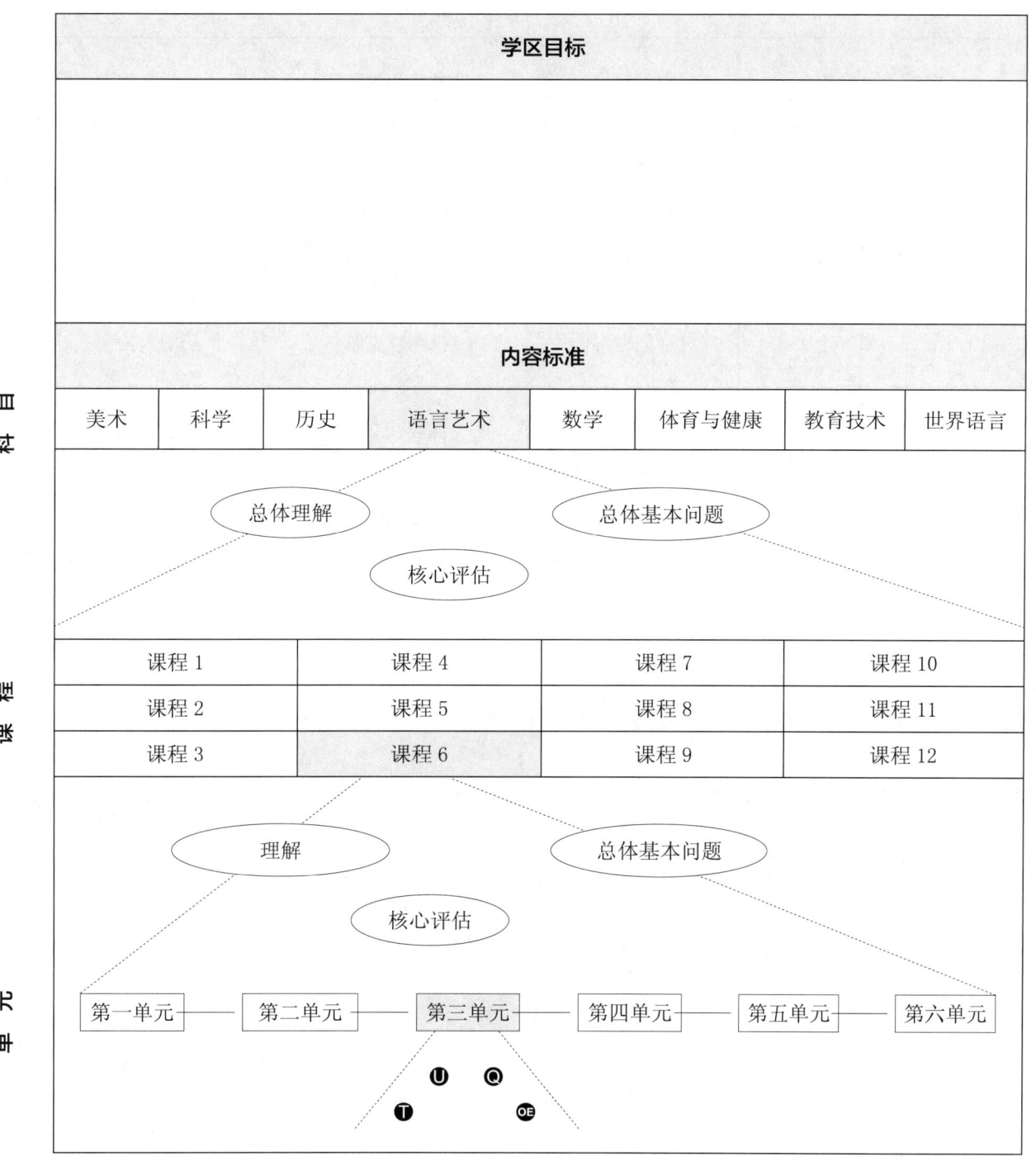

保证课程一致性的评估

季度评估,6—12年级

年级	文体说明	论据	文献分析	创意和表现力
6	研究论文	立场文件	背景或冲突、争斗的文献	原始神话
7	自传	政策评价	人物角色的文献	文学人物
8	研究报告	问题/解决文章	象征主义的文献	叙事小说
9	因果关系文章	社评	多种文献元素的分析	诗歌
10	研究论文	社会问题案例	批判性文献	历史人物
11	概念界定文章	辩论文章	比较性文献	讽刺或模仿
12	研究论文	立场文件	回应批判性文献	讽刺

纽约希腊中央学区提供

理解的六个维度

维度 1—— 解释

缜密而贴切的解释和论断,对事件、行为和观点提出有见识的、合理的说明:为什么会这样?什么能解释这件事?什么导致了这种行为?我们怎么证明?与什么有关?如何起作用?

维度 2—— 释义

表示含义的叙述、翻译、隐喻、比喻、艺术技巧:含义是什么?为什么重要?就算重要又能怎么样?放在人类经验中能说明或阐释什么?与我有什么关系?有什么意义?

维度 3—— 应用

在新颖多变的环境中有效运用所学知识的能力:如何运用所学的知识、技能或方法?用在何处?如何调整自己的思想和行为来适应特殊情境的需要?

维度 4—— 洞察

深刻而批判的观点:站在谁的立场?从哪个角度?需要明确和考虑的前提与假设是什么?证明了什么?是否有充足的证据?是否合理?观点有哪些优缺点?是否可信?有什么局限?有局限又怎样?有哪些新的审视角度?

维度 5—— 移情

深入体会他人的情感和世界观的能力:你如何看待它?什么是别人能看到而你却看不到的?如果我想理解,我需要哪些经验?什么是作者、艺术家或表演者感受到、看到的,想让我感受到、看到的?

维度 6—— 自知

认识到自己无知的智慧,能够理智地认识自己的思维与行为模式以及偏见:我如何形成自己的观点?我的盲点是什么?因为偏见、习惯、行为方式的限制,我容易产生什么误解?如何最好地学习?哪些策略对我有用?

UbD 设计标准

阶段1：教学设计在多大程度上注重目标教学内容的核心观点？

考虑……

- 目标理解是否持久？是否基于可迁移的核心观点？这些核心观点是否处在学科核心，并且是"揭示"需要的？
- 目标理解的组成问题是否能激发有意义的联系、引发真正的探究和深思并鼓励迁移？
- 基本问题是否具有启发性、可辩性，并能引发关于中心观点的探究（而不是一个"熟练的"回答）？
- 是否明确了适当的目标（例如，内容标准、基准、课程目标）？
- 是否明确了有效的、与单元相关的知识和技能？

阶段2：评估在多大程度上为预期结果提供了有效、可靠而充分的测量标准？

考虑：我们是否……

- 要求学生通过真实性表现任务来展示他们的理解？
- 使用基于标准的评分规则来适当地评估学生的产品和表现？
- 为学习的额外证据提供了各种合理的评估方式？
- 用评估为教师和学生提供反馈，并将其用于最终评价？
- 鼓励学生进行自我评估？

阶段3：学习计划在多大程度上是有效的、参与度高的？

考虑：学生是否……

- 知道他们将要去到哪里（学习目标），学习材料为什么重要（学习这些内容的原因），学习的要求是什么（单元目标、表现要求和评价标准）？
- 会被吸引的——深入钻研核心观点（例如，通过调查、研究、解决问题和实验）？
- 有足够的机会探索、体验核心观点，并通过一些指导来更好地达到所要求的表现？
- 在及时反馈的基础上，有充足的机会重新思考、排练、修正和完善其作品？
- 有机会评价自己的作品、反思学习并设立目标？

考虑：学习计划是否……

- 合适、灵活的，能够适应所有学生的兴趣和学习风格？
- 有组织、有顺序的，最有吸引力和有效？

总体设计：整体单元设计在多大程度上是连贯的，三个阶段的设计元素是否一致？

逆向教学设计的常见问题

"三阶段法"确实能够产生一定的教学效果。可是为什么要称之为"逆向"的设计呢?

我们在两个地方使用"逆向"这个词。

首先,在制订计划时,通过弄清你想实现的学习来"明确终点"。也就是,预期学习结果(阶段 1)。然后,思考能够证明学生真正实现预期学习的证据(阶段 2)。最后,设计实现的工具,也就是帮助学生实现目标的教学活动和资源(阶段 3)。我们发现,逆向设计可以同时避开"活动导向"和"覆盖课程计划导向"的弊端。

另外一个使用这个术语的原因是,这种方法相对于其他一些教育者的设计方法是逆向的。多年来,我们发现,设计者通常将课程计划转化为一系列活动(阶段 3),但却只是大体知道预期结果,并且不关注评估证据(阶段 2)。很多教师推荐 UbD 设计模板,认为这些模板具有一定意义,但是他们也有点担心,毕竟这种方法比传统的设计更有挑战性。

其实,逆向设计并不是一个新的概念。早在 1948 年,拉尔夫·泰勒(Ralph Tyler)就提出了类似的教学设计方法。近几年,从结果出发的教育倡导者,例如威廉·斯帕德(William Spady),认为教学需要从预期结果中寻找设计的思路。在最近的畅销书《高效能人士的七个习惯》(*7 Habits of Highly Effective People*)中,史蒂芬·柯维(Stephen Covey)指出,高效能人士在制订计划时,已经在心里考虑好了结果(柯维,1989)。

你是否必须按照给定的模板(从前到后)进行设计?

不,逆向设计不要求严格按照一种顺序。过程本身是非线性的,它有多个入口,最终都指向一个结构化成果。最终的设计通过 UbD 模板呈现为一个有逻辑的格式。虽然最终成果反映的是三阶段法的逻辑,但是设计过程一般是迭代的、不可预测的,并且设计者在心里已经考虑好了结果。想想厨房里正在烹饪的厨师与其最终产品——一个新的食谱之间的不同。厨师们可能会受到启发,从不同的角度开始烹饪:一份新鲜的时令原料,或是一个具体的顾客。他们尝试各种原料、香料、温度和时间的组合,经历了许多次试验和错误。但是最终呈现给他人的成果将是一个有效的流程。类似地,尽管 UbD 模板提供了一种分享最终"食谱"的方式,但是其并没有指定设计的顺序(而且,设计和最终的"食谱"往往都会根据同行评审和学生使用的反馈进行修改)。

当想法涌现时，就用自己的想法填充设计模板。我们发现，很多变量，例如课程领域、主题、教学风格，都会影响设计顺序（可以看原书第 276 页关于这个观点的具体切入点，这将有助于你完成三个阶段的设计）。不管方法如何，设计者都应该完成设计模板，并且按照 UbD 设计标准定期检查，以确保能够获得理想的高质量设计。

UbD 设计是否适合所有年级和科目？

是的。只要目标涉及核心观点，并且值得理解，而非那些仅仅要求训练和回忆知识点（例如触摸输入）。

你是否可以用逆向设计的三个阶段（和 UbD 模板）来制作课程计划？

我们已经选择单元作为设计对象，因为 UbD 的关键设计元素——核心观点，持续理解，基本问题，以及理解的表现——太过于复杂和全面，以至于很难在一堂课当中得到很好解决。例如，基本问题意味着要反复斟酌，而不是在一节课之后给个答案就罢了。

不过，我们发现，更大的单元目标为一堂课提供了设计基础。教师经常向我们反馈，阶段 1 和 2 让他们在设计课程时更有针对性，从而使教学的目的性更强，并促进了学习。

一个单元如何适应整个课程体系或者 k–12 系统？

逆向设计不仅可以应用于独立单元的设计，而且是一个规划连贯课程的有效方法。当我们将逆向设计用于课程示意图制定时，我们先考虑我们的预期结果（包括内容标准以及其他的成果），然后再逆向考虑，以确保所有重要的结果都能得到课程和单元的支持。逆向设计的课程示意图可以明确课程的不足和多余的内容，以及课程所需的修改和增设。

UbD 认为，设计过程是一个螺旋上升的过程：比起简单的观点罗列，UbD 示意图详细说明了课程中需要解决的各个核心观点和基本问题。这个方法有助于确定总体的观点和基本问题，从而为课程提供重要的思考线索。这些线索就是核心观点，是贯穿整个课程的重要思想（不一定非要跨学科）。例如，在社会研究中，总体基本问题可能是"为什么人们要移民？"，这个问题在 3 年级的西进运动课程、5 年级的开拓者课程和 10 年级的移民课程中均有涉及。

此外，我们认为 UbD 示意图需要包括核心评估任务，即所有学生需要展示自己对核心观点和过程的理解（当然，这些评估任务需要评分量规）。我们相信，这样的课程示意图可以让课程的概念更清晰，让课程本身更连贯。

UbD 网站（ubdexchange.org）拥有电子课程示意图制作功能，设计者可以将独立的 UbD 单元与示意图连接起来。此外，网站还支持电子示意图的在线生成、轻松修改、导出 Excel 表格，等等。

Templates

1-, 2- and 6-page Versions with Samples

模　板

单页、两页、六页（含实例）

带有设计问题的单页模板

阶段 1—— 预期结果

参照目标: **G**
- 本次设计要实现哪些目标(例如,内容标准、课程目标、学习结果)?

理解: **U**

学生将理解……
- 什么是核心观点?
- 对于核心观点,需要哪些具体理解?
- 可能会产生哪些误解?

基本问题: **Q**
- 哪些值得深思的问题可以促进学习的探究、理解和迁移?

学生将知道……   **K**
- 学生学完这个单元以后,将掌握哪些核心知识和技能?
- 掌握这些知识和技能后,学生能做什么?

学生将能够……   **S**

阶段 2—— 评估证据

表现任务: **T**
- 学生可以通过哪些真实性表现任务,来展示他们对于问题的理解?
- 哪些标准可以评判表现中的理解?

其他证据: **OE**
- 哪些其他证据可以证明学生实现预期结果?(例如,测试、考试、学习行为、观察、作业、日志)
- 学生如何反馈和自我评估?

阶段 3—— 学习计划

学习活动: **L**

哪些学习经验和教学过程可以让学生实现预期结果?这个设计将如何:

W= 帮助学生知道本单元的学习何去何从,该期待些什么。帮助教师知道学生的起点(根据原有知识和兴趣)。

H= 吸引并保持学生的兴趣。

E= 让学生做好准备,帮助学生掌握关键概念并探索重要问题。

R= 提供机会,让学生重新思考和修正他们的理解和任务。

E= 允许学生评估自己的学习及其意义。

T= 根据不同学习者的需求、兴趣和能力为其量身定制学习。

O= 将学习的效果和参与度最大化。

单页模板

阶段 1——预期结果
参照目标：   **G**

理解： **U**	基本问题： **Q**
学生将理解……	

学生将知道…… **K**	学生将能够…… **S**

阶段 2——评估证据

表现任务： **T**	其他证据： **OE**

阶段 3——学习计划
学习活动： **L**

单页模板

科学，5—8年级

阶段 1—— 预期结果

参照目标： Ⓖ
田纳西州科学标准 4.5c——因为资源有限，所以我们要考虑最需要什么。4.5d：发展时期的人们很少知道科学和技术对于经济的影响。4.6d——在开发新技术或限制现有技术时，必须仔细考虑风险和成本效益。
田纳西州科学课程，由乔伊斯·塔特姆（Joyce Tatum）开发

理解： Ⓤ
学生将理解……
- 环境必须保持平衡，即有干净的空气、新鲜的水以及有生产食物能力的土壤。
- 所有人都有责任维护环境平衡。
- 为了维护干净的水源，必须保护湿地。
- 每个公民都可以采取行动来保证干净水源的供给。

基本问题： Ⓠ
- 为什么环境平衡对接下来的生活是必要的？
- 多少干净的空气和水是足够的？
- 如果自然资源对健康的地球非常重要，为什么保护它会成为一个问题呢？
- 为什么湿地是必要的？
- 我们怎样平衡经济发展和湿地保护？

学生将知道…… Ⓚ
- 水循环各个阶段的重要性和联系；滥用湿地的后果；食物链的相互联系；决策模型。

学生将能够…… Ⓢ
- 分析环境问题的当务之急。
- 在社区和个人层面，讨论环境和经济决策的利弊；比较各种环境网站。

阶段 2—— 评估证据

表现任务： Ⓣ
目标：作为研究小组的成员之一，你要收集有关当地环境问题的证据。
受众：为了得到最高质量的案例研究，大自然保护协会将会召集一个公民小组对其进行审查。
现状：大自然保护协会与研究团队签订合同，由后者汇总各选址地的环境问题和经济发展证据。比尔·盖茨（Bill Gates）已经为该协会捐赠了 2000 万美元，来为选址地的公民和所有美国公民解决当前的经济和环境问题。
参与者将对全国七个环境研究站中的一个进行案例研究，并在最近出版的报纸上刊登关于这次案例研究的文章，包括最新新闻时评，各个社区的陈词和评论，科学数据和对主要经济发展的分析、事件的时间轴以及推荐使用的决策制定模型。（其他任务：田纳西河流域管理局要求成员在当地的环境研究站评估各种影响。给编辑写信表达自己的观点。根据文献研究写作。）

阶段 3—— 学习计划

学习活动： Ⓛ
导入活动：学生阅读和评论最近关于布雷纳德地区洪泛平原治理的五篇文章。学生回答下面几个问题：谁治理？治理什么？何时治理？在哪治理？为什么治理？不治理又怎样？还需要做什么？教师使用"拼图策略"将这些文章在小组间分享，之后小组讨论提出组织好的问题。学生根据文章中的重要时间节点建立时间轴。
杂志回应：这些事件将如何影响你、我以及我们大家？
研究主题：东门购物中心、高尔夫球场的发展，洪泛平原上的东岭小屋，1971 年的洪水。
田纳西河流域管理局和布雷纳德苏格拉底式研讨会。
科学调查。径流：水和沥青会发生什么变化？我们都在下游生活：我们的选择是什么？水和油：它们可以混合吗？从两个角度来回答：多少干净的水才是足够的？

单页模板

数学，高中

阶段1——预期结果

参照目标：
学生将……
- 确定两件事发生的概率（贝叶斯定理）。
- 解决排列、组合和条件等概率问题。

来自阿尔伯塔（加拿大）数学课程研究项目

理解：
学生将理解……
- 我们可以（不一定很明显地）预测概率和期望。
- 统计的最佳方式往往不是直接分析总体。

基本问题：
- 我们如何预测事件的结果？
- 我们如何量化对结果的预测？
- 期望和概率之间有哪些不同？
- 什么是最好的预测方法？

学生将知道……
- 如何使用基本计数原理、排列与组合。

学生将能够……
- 利用正态分布和表格计算概率和标准分数。
- 利用二项式分布计算概率。

阶段2——评估证据

表现任务：
- 表现评估大纲：设计一个能够让你一直赢下去的游戏。用组合、概率和期望来确保你可以胜利。玩家应该很容易就可以明白你的游戏规则。此外在一开始，游戏应该看起来有多种结局，或看起来其他玩家会取得胜利。

其他证据：
- 学生根据量规评估自己及他人游戏的公平性。
- 日记：比较并对比各种组合和排列；期望与概率有何不同？
- 测验和作业，包括良构的解答题。

阶段3——学习计划

学习活动：
- 引入一个关于车辆的问题促进单元学习：给定一个"n×m"的网格，有多少种方法从西南角的最远端，在只向北或向东运动的情况下，到达东北角的最远端？这将引导学生使用排列组合（包括重复的排列）、帕斯卡三角形以及二项式定理。（基于问题的学习）
- 玩游戏（学生可以通过游戏思考表现任务）：下注1美分，可以掷4个色子。如果你掷出了一个或多个对子，那么我就输给你与所有掷出点数之和数值相等的美分。否则，你将同样数量的美分输给我。
- 弹珠台（基于《价格猜猜猜》（*The Price is Right*）电视游戏）：另一个基于问题的学习机会。学生将不得不分析弹珠类游戏和预期的结果。
- 概率分布：如何对一大群人进行预测。（为什么男生的汽车保险费用比女生高？）
- 完成《数学的力量》（*Mathpower*）第7至9章的练习。

单页模板

英语,高中

阶段 1——预期结果

参照目标: ⓖ

新泽西州英语/语言艺术

标准 3.4——所有学生都能借助理解和批判性分析来阅读各种材料和文本。

大卫·格兰特(David Grant)开发的《麦田里的守望者》(*The Catcher in the Rye*)

理解: ⓤ	基本问题: ⓠ
学生将理解…… • 小说家常常在小说中展现对人们的生活经历和内心世界的洞察。 • 作家会使用各种写作技巧来吸引读者。 • 霍尔顿·考尔菲德(Holden Caulfield)是普通青少年的代表,但作者没有进一步揭露青少年的个人成长及其与人交往的问题。	• 小说与事实的关系是什么?什么样的事实能很好地改编成小说? • 霍尔顿代表了所有青少年吗?是霍尔顿反常,还是其他的青少年都"反常"?谁是真实的,谁是"假冒者"?为什么人要成为"假冒者"? • 作者如何吸引和留住读者?杰罗姆·大卫·塞林格(J.D.Salinger)是如何吸引你的? • 作者怎样说服读者?
学生将知道…… ⓚ	学生将能够…… ⓢ
• 《麦田里的守望者》中的情节和人物。 • 杰罗姆·大卫·塞林格运用的各种写作技巧。	• 采用解释性阅读策略。 • 建立一个合理的假设。 • 按照写作的步骤形成草稿并合理地修改。

阶段 2——评估证据

表现任务: ⓣ	其他证据: ⓞⓔ
霍尔顿怎么了?你是书中医院咨询委员会的成员。深入阅读和讨论霍尔顿对去年 12 月的事情的陈述,你的任务是:(1)写一份医院的总结报告;(2)给霍尔顿的父母写一封信,解释他的病情。你应该安排与他父母的会面,解释并证明你对霍尔顿行为的分析。	1. 文章——学生通过写作解释霍尔顿真正关心的东西。 2. 信件——每名学生写一封一页的信,从小说中另一个角色的视角描述霍尔顿。 3. 测验——在课程单元期间,进行三次关于故事细节的测试。 4. 日志——写读后感。

阶段 3——学习计划

学习活动: ⓛ

- 介绍基本问题以及最终的任务和量规。
- 阅读并讨论文章内容。
- 日常记录各种有(或没有)提示的问题。
- 研究潜在的精神问题(抑郁、对死亡的抗拒、精神错乱)。
- 研究约翰·伯恩斯(John Burns)那首暗含书名来源的歌。
- 角色扮演:作为一名工人来处理与各家庭成员和朋友之间的关系。
- 回顾和总结写作的步骤。

单页模板

语言艺术,3—5年级(天才班)

阶段1——预期结果

参照目标:
新泽西州语言艺术《灰姑娘》(*Cinderella*):3—5年级(天才班)
标准3.4,3.5——所有学生都能借助理解和批判性分析来阅读各种材料和文本。

—— 约翰·布朗(John Brown)

理解:
学生将理解……
- 童话故事和其他民间文学作品能够捕捉社会上的普遍规律和人类生活的方方面面。
- 灰姑娘就是世界上很多人的故事的缩影。

基本问题:
- 不同版本的灰姑娘故事显示了怎样的文化差异?
- 世界各地的童话故事都有哪些寓意?
- 童话故事或其他形式的文学中普遍采用的人物原型有哪些?

学生将知道……
- 关键术语。
- 童话故事的特征。

学生将能够……
- 使用矩阵来分类和比较。
- 使用写作技能——产生想法、组织、打草稿、编辑、修改。

阶段2——评估证据

表现任务:
　　现在你和同学们已经完成了对世界各地的灰姑娘故事的研究,请生成你自己的故事版本。你和你同学的版本将被编成一本课堂选集,并在图书馆媒体中心展览。你的版本应该从你熟悉的文化或社会角度出发,描述一个"现代灰姑娘"的经历。确保在你的描述中包括你之前研究的四个版本中共有的人物形象、事件和象征。也要确保在你的版本中,语气、语调和"感觉"与你设定的世界保持一致。准备好与学生,特别是幼儿园和一年级学生,分享你的原创版本。

阶段3——学习计划

学习活动:
- 创建一个分类网络,确定经常出现的类别(例如,人物、事件、设置)及其属性。
- 讨论主要问题:你可以从这四个故事中提取什么样的规则和原则?这些版本都是如何明示和暗示普遍的经验和事件的?
- 确定不同版本对不同态度和反应的描述。从文化传统和形式等方面分析有差异的原因。

两页模板（第1页）

标题：_____	学科 / 课程：_____	
主题：_____	年级：_____	设计者：_____

阶段 1 —— 预期结果

参照目标：   **G**

理解：   **U**

学生将理解……

基本问题：   **Q**

学生将知道……   **K**

学生将能够……   **S**

阶段 2 —— 评估证据

表现任务：（以 GRASPS 形式总结）   **T**

主要标准：

其他证据：   **OE**

两页模板（第2页）

阶段 3——学习计划
学习活动：（考虑 WHERETO 因素）

两页模板（第1页）

生命周期 —— 跨学科，2年级

标题： 生命周期　　　　**学科/课程：** 跨学科
主题： 生活所需　　　　**年级：** 2　　　　**设计者：** 玛丽·亚当斯（Marie Adams）

阶段1—— 预期结果

参照目标：　　　　　　　　　　　　　　　　　　　　　　　　　　　　　　　**G**

　　纽约　数学，科学，技术 4.1,4.3,4.4—4.7；技术 5.1,5.2,5.5；互联 6.1—6.4；ELA 1.1,1.2,2.1；社会研究 3.1

理解：　　　　　　　　　　　　　　　　**U**　　**基本问题：**　　　　　　　　　　　　　**Q**

学生将理解……

- 所有的生物都有需求，为了生存必须依靠环境中的资源并与其相互作用。
- 生物的生长和变化规律有些时候是可预测的 —— 不过，严格按照一种规律会削弱机体的生存能力。
- 生物以个体和物种的形式生存，不过，个体或群体的生存往往需要其他生物的死亡。

- 一颗豌豆、一只土拨鼠、一只螳螂或一只孔雀与人的相似程度？
- 生物的生存需要什么？
- 生物为了生存是如何与它们所处的环境相互作用的？

学生将知道……　　　　　　　　　　　**K**　　**学生将能够……**　　　　　　　　　　　　**S**

- 昆虫、植物和哺乳动物的生命周期规律。
- 每个区域内都有一条特殊的食物链。
- 植物和动物与我们的衣、食、住、行等方面的生存必需品之间的关系。
- 沙漠、森林、池塘和海洋环境的特点，包括气候和自然资源。

- 使用图表进行记录，并进行数据分析。
- 在满足基本需求的特定环境中，根据自己的理解设计人类居住地。

阶段2—— 评估证据

表现任务：（以 GRASPS 形式总结）　　　　　　　　　　　　　　　　　　　　　　**T**

幸存者

　　这项任务是在五个不同的环境区域之一 —— 荒野中模拟生存体验。给定模仿自然资源的材料箱，学生将设计和建造一个人类居住地模型（具体到区域资源和危机）。该模型将展示学生如何满足自己在住房、食品、水、服装、自由、权利、乐趣和归属等方面的需求。

主要标准：

- 适宜人类居住的环境。
- 满足衣、食、住和防卫等基本需求。
- 仔细、灵巧的制作。

其他证据：　　　　　　　　　　　　　　　　　　　　　　　　　　　　　　　**OE**

- 单元词汇测试。
- 学生科学期刊综述。
- 科学/社会文本的单元测试。
- 项目自我评估。

两页模板（第2页）

生命周期——跨学科，2年级

阶段3——学习计划

学习活动：

学生将：

- 种植豌豆和豆类，并进行测量与观察；记录观察内容；确定植物生命周期内的成长阶段；通过复制生命周期活动，将这些知识应用于其他植物。
- 观察黑脉金斑蝶毛虫培育过程。阅读毛虫培育日记。
- 养育蠕虫和果蝇；观察并记录生长阶段；确定昆虫的生命周期。
- 操作生态系统来影响生存环境（食物、水、光、空间和温度）；记录观察日志；寻找规律并得出结论。
- 观看植物与不同种类动物的基本生命需求的录像，并进行讨论。
- 阅读并讨论科学和社会研究文本中关于生命周期和基本需求的部分，完成任务。
- 收集鲜花和水果，找到其种子；阅读关于种子传播的资料；根据种子传播方式，将种子分成小组；制作海报。
- 观看视频《面包：从农场到餐桌》(Bread: From Farm to Table)。选择一种最喜爱的食物，画出在你心中，该食物从农场到餐桌的整个过程。
- 检验真菌和蕨类植物，了解孢子。
- 听讲并讨论关于植物和动物的书［如《从不开花的植物》(Plants That Never Ever Blovm)、《爆米花书》(The Popcorn Book)、《不会孤单的小鸡》(Chickens Aren't The Only Ones) 等］，教师大声朗读。
- 阅读《朝圣者的第一个感恩节》(The Pilgrims First Thanksgiving)，完成一个图表的记录（这样就能以确定的方式满足基本需求）。访问五月花网站，查看旅行用品购物清单，在一张纸上列出你打算带到新世界的物品。阅读《穿过河流穿过森林》(Over the River and Through the Wood)，完成一个图表的记录（这样就能以确定的方式满足基本需求）。用维恩图来比较两本书中人们的生活方式。
- 写一篇读书报告，比较两本书中人们的生活方式。
- 观看关于美国原住民族的视频；听关于原住部落的有声图书；使用书籍、网站和海报来研究食物、庇护所、服装、工具、交通，以及当地人的兴趣。
- 阅读《印第安画笔的传说》(Legend of the Indian Paintbrush)。阅读并聆听关于其他印第安人的传说，之后确定共同元素；用传说解释自然界发生的一些事情。
- 给《印第安画笔的传说》(A House Is a House for Me) 的主人公写一封信，告诉他关于你所在的地区的信息，以及你是如何用自然资源来满足你的基本需求的。
- 阅读《我的房子》。观察贴图和当地的建筑结构，以确定世界各地房屋的结构、形状和材料。找出一些屋顶是平的，又有一些屋顶倾斜的原因。找出阿迪朗达克的房子第一层离地3—4英尺的原因。
- 阅读社会研究和科学的文献，补充关于美国的森林、池塘、海洋、沙漠和草原的资料。确定每个区域的物理特性以及当地动植物的生活情况，并记录满足基本需求的自然资源。做一张海报来展示你的研究内容。
- 选择一个地区及该地区的一种动物，你欣赏这种动物的某些特点，于是研究它的栖息地、食物和生命周期。写一篇关于它的报告。
- 阅读《睡眠时间》(Time to Sleep)，听有声读物《动物过冬》(Animals in Winter)。
- 查看公告牌来学习关于适应、休眠和迁移的内容；完成作业单上的每一项工作。
- 结合单元的读、写、听、说和工作表来练习词汇。

教师将：

设计核心问题；收集和准备材料进行视觉展示；订购视频和书籍；制作词汇卡；引导讨论；教授每个主题的微课；准备经典案例、图表记录以及写作题目并且与学生分享；准备学生每周与父母沟通所需的目标语句、词汇表和技能；准备实践活动、可视化的组织结构和测试；观察和记录个体参与活动的情况；对照单元目标评估个人进步情况；提供教学辅导。

两页模板（第1页）

历史与摄影，4年级

标题：历史？谁的故事？	学科/课程：历史，摄影
主题：20世纪初的弗吉尼亚历史	年级： 4　　　　设计者：艾米（Amy）

阶段1—— 预期结果

参照目标： Ⓖ

弗吉尼亚历史标准，第9条：
　　描述20世纪弗吉尼亚的社会变迁与多样性。
国家艺术标准——视觉艺术：
　　调查分析艺术作品的历史意义。

理解： Ⓤ

学生将理解……
- 感知即事实。
- 经历会影响一个人的历史观。
- 摄影可以记录人类社会普遍存在的主题。
- 照片可以揭露事实，但也可能造成误导。
- 种族和性别是两个重要的历史元素，对历史阐释产生影响。

基本问题： Ⓠ

- 历史——它是谁的故事？
- 我们如何知道过去真正发生了什么？
- 摄影师如何捕捉主题？
- 关于一个社会，一张照片可以说些什么？
- 我们要如何"阅读"照片，我们可以相信它吗？
- 种族和性别在创造和解释历史方面有什么作用？

学生将知道…… Ⓚ

- 20世纪初弗吉尼亚的重要历史事件，包括农业社会的没落、从乡村到城市社会的变迁、种族隔离及其废除。
- 视觉设计的基本原则。

学生将能够…… Ⓢ

- 从不同的角度解释思想和行为。
- 比较主要和次要信息源。
- 进行"四部分艺术评价"。

阶段2—— 评估证据

表现任务：（以GRASPS形式总结） Ⓣ

　　弗吉尼亚州历史学会邀请你去准备一个展览，向公众介绍20世纪初弗吉尼亚社会发生的重要转变，以及可以通过这段历史表达的各种各样的观点。历史将通过照片展现，我们已经拥有展览的照片。

　　你的任务是选择两个重要的时间点或过渡期。之后，选择每个时期的几张代表性照片，并表明两种或更多的观点。因为展览的目的是让公众了解相关历史，因此需要对照片进行说明，包括对历史背景和摄影师观点的解释。

主要标准：

- 事件/时期的重要性。
- 展示的主题和观点。
- 摄影师使用的设计元素。
- 从四个方面（描述、解释、分析、评价）评论照片。
- 就摄影师对该主题的思考提出你的看法。
- 照片对你个人的影响。

其他证据： ⓄⒺ

- 对历史事件及其发生顺序的测验。
- 一系列日志记录。
- 从不同的视角对事件和时间周期进行反思。
- 历史分析表（利益相关者和观点）。

两页模板（第2页）

历史与摄影，4年级

阶段3——学习计划

学习活动： Ⓛ

重要的学习活动总结如下。

- 分发历史学会的信（任务1）和量规。展示照片集。
- 向学生展示一张20世纪初弗吉尼亚人的照片，描绘社会转型期的某个特定的事件或时间点（如从白人角度看待"种族餐厅"）。
- 让学生对杂志中该时期的一张照片做出说明，之后相互分享。
- 对照片进行苏格拉底式研讨。
- 在研讨会中，展示另一张同一事件的照片，从另一个角度看待同一事件（如从非洲裔美国人角度看待"种族餐厅"）。
- 继续开研讨会，比较这两张图片。
- 宣布基本问题和需要理解的地方，并对其进行讨论。
- 学习教科书SQ3R部分的内容，以及与该主题有关的其他资源信息。
- 从两个不同的角度介绍同一张有代表性的照片。引导学生进行"四部分艺术评价"（描述、解释、分析、评价），以使其深入体会当时的历史、人类这一主题，以及摄影师希望我们看到什么，等等。
- 比较照片和文字信息（维恩图：区分主要和次要信息源）。
- 继续对更多照片进行比较。完成历史分析表（查看利益相关者的观点和事件的结果）。
- 开始每天记录日志。提示：反思这个事件、考虑不同的观点并与个人观点相联系。之后在小组内分享。
- 以其他主题的照片为材料，重复上述活动。
- 介绍任务2："设身处地为他人着想"。讨论量规。安排课堂活动时间。
- 展示并讨论任务2的实例。讨论量规。
- 让学生自我评估。
- 使用"艺廊街"举办展览。
- 分析同伴的选择。
- 单元反馈。

两页模板（第1页）

地球与空间科学，9年级

标题：气候	**学科/课程**：科学——地球科学
主题：天气	**年级**：9　　　**设计者**：吉姆·迪克森（Jim Dixon）

阶段1——预期结果

参照目标： G

MA2.8 地球与空间科学第2部分，标准8：对模型进行检验，并举例说明"大气环流"是由赤道和两极间热量的不相等、地球的自转和陆地与海洋的分布决定的。

理解： U
学生将理解……
- 赤道和两极之间不相等的热量、地球自转和海陆分布导致了大气环流，而后者可以决定气候。
- 宇宙中不同形式的能量会相互转化。这一过程常常伴有热量等其他能量的产生，并通过热辐射和热传导，传递到相对较冷的地方。

基本问题： Q
- 产生天气和大气环流的原因？
- 哪些因素会影响气候？
- 一个地理区域发生的天气事件怎么影响其他的地理区域？
- 气候如何影响农业？
- 我们如何用这些因素去推断地球上各个地区的气候？

学生将知道…… K
- 形成天气和大气环流的原因。
- 影响气候的因素。
- 科里奥利效应产生的原因。
- 一个地理区域发生的天气事件怎样影响其他地区。
- 气候怎样影响农业。

学生将能够…… S
- 通过数据来解释说明气压和温度的关系。
- 解释压力梯度的等压线图。
- 将牛顿第一定律、地球的球面几何学和向心加速度应用于科里奥利效应。

阶段2——评估证据

表现任务：（以GRASPS形式总结） T

气候比较

　　要求学生调查其所在地区和其他两个地区的气候，其中一个地区和所在地区的纬度相同但处于内陆，另一个则与所在地区经度相同但处于热带。学生要比较决定这些地区气候的各个因素，发现地区间的差异。他们需要以小组为单位，代表一家气候咨询公司，找到一家在上述地区拥有农场的大型农业企业，并与之合作。

主要标准：
- 预测的准确性。
- 解释的完整性。
- 展示的质量。

其他证据： OE
- 开卷考试。
- 阅读测验。

两页模板（第2页）

地球与空间科学，9年级

阶段3——学习计划

学习活动：

1. 学生将鉴别特定条件下的大气流动的方向，解释每种流动的温差情况，并以此来评估环流圈图。
2. 学生需要完成活动"我们去放风筝吧"。这是导入！

    我们去放风筝吧

    这是为这个单元设计的热身活动。学生将会在第一个活动中学习气压和风的关系，预测哪一个校区最适合放风筝。然后全班带着风筝到校园里，寻找最适合放风筝的地点。是足球场的中心？还是校园后山的山顶？或者停车场？我们将按照结果来提问，是什么导致了风向，为什么风向会有差异，以及是什么造成了这些差异。我们可能还会让学生在当地随处转转（比如海滩等），甚至去更远的地方放风筝。他们可以录下自己的实验过程。
3. 学生将阅读文章，并完成一系列验证牛顿第一定律和向心加速度的小实验，然后将他们获得的信息与科里奥利效应联系起来。
4. 学生将分析等压线图谱，并标注风向（解释为什么这样分析和标注）。
5. 学生将探究为什么太阳光的角度会造成热量分布不均，并将这些信息应用于地球的不同地区和季节。
6. 学生将分析一个能源收支图表，这个图表显示了太阳、地表和大气之间的能量流。
7. 学生将分析若干高低压中心的图表，并要求描述这些中心周围的气流情况。
8. 学生将研究地球上某一地区的案例（材料由老师提供），例如人们认为，该处的厄尔尼诺现象和火山爆发是影响另一个地方的天气的原因。他们需要提出一个使假设成立的机制。
9. 学生将完成"气候比较"的方案，包括展示和自我评价。
10. 学生将基于本单元的理解参加开卷考试。

两页模板（第1页）

美国现代史，11—12年级

标题：一次社会暴乱	学科/课程：美国现代史
主题：民权运动	年级：11—12　　　　设计者：马克·威廉姆斯（Mark Williams）

阶段 1——预期结果

参照目标： ⓖ
TEKS 美国历史，标准第 7 条：学生理解民权运动的影响。

理解： ⓤ
学生将理解……
- 种族在过去（和将来）都是美国政治和生活的一个重要元素。
- 民权运动见证了我们在观念和解的道路上经历的磨难。
- 种族、文化、社会经济地位的差异会导致误解、偏见、压迫和暴力。

基本问题： ⓠ
- 我们所宣称的理想导致了进步还是虚伪？
- 什么导致了 20 世纪 60 年代后期的种族暴乱？
- 它们还会发生吗？
- 困扰美国社会的种族划分可以消除吗？

学生将知道…… ⓚ
- 现代民权运动的历史。
- 民权运动的主要领导人。
- 为实现民权制定的政策。
- 政府为推动平等所做的努力。
- 法律的修改对机会的影响。

学生将能够…… ⓢ
- 解读历史文献。
- 评价政府在推动平等方面做出的努力的有效性。
- 角色扮演历史人物。

阶段 2——评估证据

表现任务：（以 GRASPS 形式总结） ⓣ
角色扮演 —— 科纳委员会：
　　学生扮演科纳委员会的成员，确定导致 20 世纪 60 年代城市暴乱的原因。你的目标是确定城市暴乱发生的原因。你必须向总统和国家报告为什么会发生暴乱以及如何处理。以小组为单位，撰写一份经过认真推敲的、全面而清晰的报告。你个人的贡献会通过日志记录、对你的工作和讨论的观察，以及你在协作中负责的部分进行评定。

主要标准：
- 历史的准确性。
- 在证据基础上良好的推理。
- 清晰和全面的解释。
- 在写作中正确的语法和结构。

其他证据： ⓞⓔ
- 阅读测验：民权运动的关键历史事件、领导人和政策。
- 论文：《科纳委员会揭露了还是回避了种族关系的问题？》

两页模板（第2页）

美国现代史，11—12年级

阶段 3——学习计划

学习活动： ⓛ

　　任务概述：学生在已知背景信息的基础上，运用文献资料，并扮演政府委员会成员，调查 1968 年的种族暴乱。他们的目的是发现当年究竟发生了什么，为什么会发生，以及怎样防止其再次发生，就像当年美国总统林登·约翰孙（Lyndon Johnson）命令自己的调查委员会所做的那样。部分学生扮演暴乱事件的参与者，其他人扮演委员会的成员。当委员会展示他们的报告时，每个人都要对此发表见解。最后，学生研究暴乱事件的余波，看看种族关系是否从 1968 年开始得到改善。

1. 在学习了 20 世纪 50 年代和 20 世纪 60 年代早期的一些知识后，学生应该知道在 20 世纪 60 年代中期美国人对于社会的公正有强烈共识。此时，学生应该阅读 1968 年种族暴乱的背景信息。我们可以询问学生有什么疑问。他们可能对全国共识的分崩离析和多个城市爆发暴力冲突事件感到困惑。我们可以鼓励他们思考其中的关系——例如越南战争，或者更激进的独立派美国黑人群体。最终，他们应该能找出问题——林登·约翰孙总统质询科纳委员会的那些问题：到底发生了什么？为什么会发生？怎样防止其再次发生？

2. 将学生（按照角色信息表）分为各个角色和委员会成员。将委员会成员送去"档案库"（你的 20 世纪种族关系发展历史文件档案库），并向演员展示电影《矢志不移：美国民权运动 1954—1985》（*Eyes on the Prize*）的部分片段，例如以利亚·穆罕默德（Elijah Mohammed）、马尔科姆·艾克斯（Malcolm X）、黑人权利运动、马丁·路德·金（Martin Luther King）的北方政策（和他的遇刺）、芝加哥和底特律等片段。这有助于他们想象角色生活的环境，理解暴乱时的紧张气氛。同时也能让他们更好地传达人物的感情，这对委员会成员的扮演者来说尤其重要。教师需要考虑到学生对于歧视、种族主义或任意变革模式已有的了解，指导扮演委员会成员的演员根据阅读的文献提出问题、检验假设。我们将给他们一份证人的名单（附有个人职业和职位），以便他们准备适当的问题。

3. 安排一个主持人，然后听证会开始，10 个"证人"可能需要好几天。但如果审问顺利且证人可以现场给出完美的答复，这项练习就是值得的。

4. 让委员会有足够的时间讨论他们的发现并拟定报告。委员会成员可以先写个大纲的副本，然后口头阐述这份报告。宣读时，其他演员可以记录，然后就暴乱的原因发表自己的观点。

5. 讨论委员会的初步报告。为了演员的利益，要确保委员会成员能识别信息的来源。演员应该注意有些历史角度有助于他们分析目前的形势。后让学生阅读初步报告的摘录，或者科纳委员会报告的摘录。

6. 向学生分发纸张，写下发生了什么和为什么发生。让他们交流和评论各自的内容，制定一个评分规则，然后修改并重新撰写他们的论文。

六页模板（第1页）

单元封面

单元题目：_____ 年级水平：_____

学科/主题领域：_____

关键词：_____

设计者：_____ 课时：_____

学区：_____ 学校：_____

单元简介（包括课程内容和单元目标）：

单元设计进展：☐ 已完成模板（阶段1,2 和 3）

☐ 已完成各表现任务的蓝图 ☐ 已完成量规

☐ 对学生和老师的指导 ☐ 列出的工具和资源

☐ 调整建议 ☐ 扩展建议

状态：○ 初稿（日期：_____） ○ 修订稿（日期：_____）

○ 同行评审 ○ 内容修订 ○ 实地测验 ○ 验证 ○ 定稿

六页模板（第2页）

阶段 1—— 明确预期学习结果

参照目标:

⓿ G

预期的理解有哪些?

学生将理解……　　　　　　　　　　　　　　　　　　　　　Ⓤ

需要考虑的基本问题有哪些?

Ⓠ

学生在本单元学习中应该掌握的关键知识与技能是什么?

学生将知道……　　　Ⓚ　　　　学生将能够……　　　Ⓢ

六页模板（第3页）

阶段 2—— 确定恰当评估证据

哪些证据能证明学生已经理解？

表现任务*（以 GRASPS 形式总结）： Ⓣ

*完成每一个任务的表现任务蓝图（参见下一页）

其他证据（测验、测试、提示、观察、对话、任务样例）： ⓞⒺ

学生的自我评估和反思： ⓢⒶ

六页模板（第4页）

表现任务蓝图

通过任务评估哪些理解和目标？ Ⓖ

在忽略任务细节的情况下，标准和理解中应该隐含哪些准则？
学生达到怎样的任务完成质量才能证明达到了标准？

学生将通过什么真实性表现任务来证明理解？ Ⓣ

学生的哪些产品和表现将提供达到预期理解的证据？

用什么标准来评价学生的产品和表现？

六页模板（第5页）

阶段3——安排学习经验和教学
考虑 WHERETO 因素。　　　　　　　　　　　　　　　　　　　　　　　Ⓛ

六页模板（第6页）

阶段 3——安排学习经验和教学

考虑 WHERETO 元素。

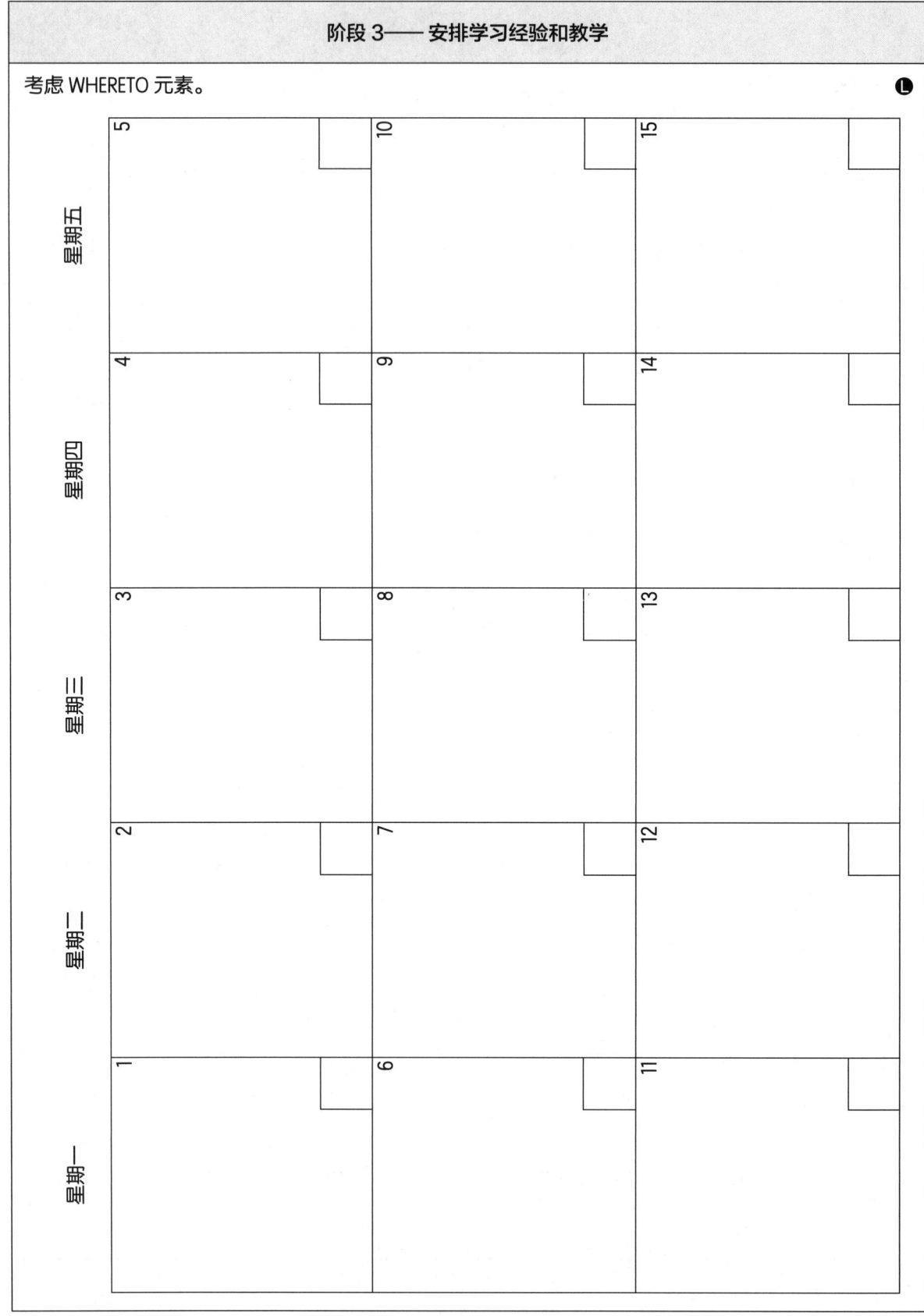

六页模板（第1页）

营养，5—7年级

单元封面

单元题目：人如其"食" **年级水平**：五年级

学科/主题领域：健康和营养学

关键词：营养、健康、幸福、均衡饮食、食物结构金字塔

设计者：鲍勃·詹姆斯（Bob James） **课时**：三周

学区：Montgomery Knolls P.S. **学校**：Cheshire Cat Elem.

单元简介（包括课程内容和单元目标）：

在本单元，学生将要学习人类的营养需求、食物种类、不同食物的营养价值、农业部提出的食物结构金字塔以及与营养不良相关的健康问题。他们要为儿童设计一本带有插图的营养学手册，帮助儿童认识到营养对于健康生活的重要性。学生要进行小组合作学习，分析某个家庭的饮食习惯，并提出一些建议来改善他们的饮食；研究由不良饮食习惯导致的健康问题。

在学业表现任务中，学生需要为三天的户外野营活动设计一份菜单，并且要在完成后呈现。他们提供的菜单要符合美国农业部食物结构金字塔的要求。在单元结束时，学生还要评价自己的饮食习惯，指出自己饮食的健康状况。

单元设计进展：☐ 已完成模板（阶段1，2和3）

☑ 已完成各表现任务的蓝图 ☐ 已完成量规

☐ 对学生和老师的指导 ☐ 列出的工具和资源

☐ 调整建议 ☐ 扩展建议

状态：○ 初稿（**日期**：1998.03.12） ○ 修订稿（**日期**：2002.07.14）

⊙ 同行评审 ○ 内容修订 ⊙ 实地测验 ○ 验证 ○ 定稿

六页模板（第2页）

营养，5—7年级

阶段1—— 明确预期学习结果

参照目标：

标准6：学生理解关于营养和饮食的关键概念。　　　　　　　　　　　　　　Ⓖ
标准6a：学生用自己对营养学的理解来为自己和他人设计一份合理的饮食菜单。
标准6c：学生明白自己的饮食习惯和改进饮食习惯的方式。

预期的理解有哪些？

学生将理解……　　　　　　　　　　　　　　　　　　　　　　　　　　　Ⓤ
- 均衡饮食有利于身心健康。
- 美国农业部食物结构金字塔提供了相关的营养指南。
- 不同年龄、活动水平、体重和健康情况的个体对饮食的要求也各不相同。
- 健康的生活要求个体遵循正确的饮食习惯、锻炼方法、作息时间和卫生习惯，即使这会改变个体原来的舒适生活。

需要考虑的基本问题有哪些？

- 什么是健康的饮食？　　　　　　　　　　　　　　　　　　　　　　　　Ⓠ
- 饮食如何影响健康？
- 你是不是一个健康的饮食者？你怎样知道的？
- 对于某一个人健康的饮食，对另一个人来说是健康的吗？
- 为什么美国有这么多由不健康的生活方式引起的健康问题？

学生在本单元学习中应该掌握的关键知识与技能是什么？

学生将知道…… Ⓚ	学生将能够…… Ⓢ
• 关键术语（如蛋白质、脂肪、卡路里、碳水化合物、胆固醇）。 • 每个食物群的各种食物类型及其营养价值。 • 美国农业部食物结构金字塔指南。 • 影响营养需求的因素。 • 营养不良引起的健康问题。	• 阅读并解读食物标签上的营养信息。 • 分析饮食的营养价值。 • 为自己和他人设计一份均衡的饮食菜单。

六页模板(第3页)

营养,5—7年级

阶段2—— 确定恰当评估证据

哪些证据能证明学生已经理解?

表现任务*(以 GRASPS 形式总结):

《人如其"食"》—— 学生为儿童设计一本带有插图的营养学手册,帮助儿童认识营养对于健康生活的重要性。向儿童提出建议,改变其不良的饮食习惯。

"大快朵颐"—— 学生为三天的户外野营活动设计一份饮食和零食菜单,并向领队写信推荐此份菜单(推荐时,要说明它既符合美国农业部食物结构金字塔指南,又足够美味可口)。同时,至少做一个考虑特殊饮食情况(如糖尿病患者或素食者或考虑宗教因素)的特制版饮食计划。

*完成每一个任务的表现任务蓝图(参见下一页)

其他证据(测验、测试、提示、观察、对话、任务样例):

测验:食物群和美国农业部食物结构金字塔。

提示:描述两种由营养不良引起的健康问题,并解释如何避免。

技能检查:解读食物标签上的营养信息。

学生的自我评估和反思:

1. 自我评估:《人如其"食"》手册。

2. 自我评估:"大快朵颐"野营菜单。

3. 反思:在单元结束时,反思自己的饮食健康程度(与单元开始时比较)。

六页模板（第4页）

营养，5—7年级

表现任务蓝图

通过任务评估哪些理解和目标？

> 学生将为自己和他人设计一份合适的饮食菜单。

在忽略任务细节的情况下，标准和理解中应该隐含哪些准则？学生达到怎样的任务完成质量才能证明达到了标准？

- 营养健康。
- 味道与营养的比较。
- 有可行性。

学生将通过什么真实性表现任务来证明理解？

> **任务概述：**
> 我们已经学习了营养学的知识，户外教育中心的野营负责人要求大家为今年即将举办的三天户外野营活动递交一份营养均衡的菜单。利用美国农业部食物结构金字塔指南以及食物标签上的营养信息来设计若干菜单，包括三顿正餐、三份点心（早上、中午和晚上）。目标是要设计出一份美味且营养均衡的菜单。同时至少有一个包含特殊饮食条件（如糖尿病患者或素食者或考虑宗教因素）的特制版。除了一份菜单外，每人还要给野营负责人写一封信，解释自己的菜单是否符合美国农业部食物结构金字塔指南的要求，另附一张展示脂肪、蛋白质、糖类、维生素、矿物质以及卡路里的示意图。

学生的哪些产品和表现将提供达到预期理解的证据？

> 菜单，包括营养价值示意图和至少一个特制版饮食计划。

> 给野营负责人的信。

用什么标准来评价学生的产品和表现？

- 菜单符合美国农业部食物结构金字塔指南的要求。
- 营养价值示意图准确且完整。
- 菜单包括至少一个特制版饮食计划。

- 能合理解释菜单有营养价值且美味可口。
- 正确的书信格式。
- 正确的拼写和语法。

六页模板（第5页）

营养,5—7年级

阶段3——安排学习经验和教学

考虑 WHERETO 元素。 L

1. 以一个导入性问题（你吃的食物会导致青春痘吗？）吸引学生思考营养对生活的影响。H
2. 介绍基本问题并讨论单元的终极表现任务（"大快朵颐"和饮食计划）。W
3. 注：介绍关键术语，以满足多种学习活动和表现任务的需要。学生阅读并讨论《健康》（*Hedlth*）教科书中的相关部分来支持学习活动和任务。作为一项持续推进的活动，学生将自己的日常饮食以图表的形式记录，以供后期的检查和评价。E
4. 在课上学习食物群概念。然后让学生用食物图片练习分类。E
5. 介绍食物结构金字塔并区分每一组别中的食物。学生以小组形式完成食物结构金字塔的海报，要求海报中食物结构金字塔的每一层都有相应食物的图片。将海报在课堂里或走廊上展示。E
6. 测验：食物群和食物结构金字塔（连线题）。E
7. 回顾和讨论美国农业部发布的营养手册。讨论：为了健康，每个人都必须遵循同样的饮食习惯吗？R
8. 学生以小组合作的形式分析一个虚拟家庭的饮食（故意失去均衡的），并提出改善的建议。在此过程中，教师观察并指导学生。E-2
9. 让各组分享其饮食分析的结果并进行全班讨论。E, E-2

   （注意：教师收集和检查各组的饮食分析结果，以寻找教学中需要关注的误区）
10. 每个学生设计一本有插图的手册，以告诉更小的儿童营养均衡对健康生活的重要性以及不健康的饮食引起的问题。这个活动在课外完成。E, T
11. 学生与组内成员交换手册并根据量规进行组内互评。允许学生基于反馈做出修改。R, E-2
12. 观看并讨论视频《营养与你》（*Nutrition and You*）。讨论不健康的饮食引起的健康问题。E
13. 学生聆听并提问特邀发言人（当地医院的营养专家）关于营养不良引起的健康问题。E
14. 学生根据写作提示做出回答：描述两个由营养不良引起的健康问题，并说明为避免这些问题应如何改变饮食。（教师收集这些回答并打分。）E-2
15. 教师示范如何阅读和解释食品标签包含的营养信息。然后让学生用食品盒子、罐子和瓶子（空的！）进行练习。E
16. 学生独立制作一份三天的野营菜单。评价野营菜单项目并给予反馈。学生运用量规进行自评和同伴互评。E-2, T
17. 在单元结束时，学生回顾他们完成的日常饮食图表并对饮食的健康性进行自我评估。他们是否已经注意到了改变或者进步？他们是否注意到了自己在感受和表现上的变化？E-2
18. 学生制订一份健康的个人饮食行动计划。保存这些计划并在接下来（学生也参与）的家长会上呈现。E-2, T
19. 单元总结：学生结合其个人饮食习惯进行自我评价。让每个学生为其健康饮食的目标制作一份个人行动计划。E-2, T

六页模板（第6页）

营养，5—7 年级

阶段 3——安排学习经验和教学

考虑 WHERETO 元素。 **L**

	星期一	星期二	星期三	星期四	星期五
	1 HW 1. 以饮食习惯和青春痘的讨论吸引学生。 2. 介绍基本问题和关键术语。 3. 让学生开始用食物日记来记录他们的日常饮食模式。	**2** E 4. 在课上学习食物群概念，然后将给定食物进行分类。 5. 让学生阅读并讨论美国农业部发布的营养手册。	**3** ET 6. 介绍食物结构金字塔并区分每一层的食物。 7. 阅读并讨论《健康》教科书中的相关部分。为更低层次的儿童读者提供有插图的手册。	**4** ET 8. 播放并讨论视频《营养与你》。 9. 让学生设计一本营养手册并绘制插图，以告诉更小的儿童营养均衡对健康生活的重要性。	**5** ET 10. 对手册进行评估并给予反馈。允许学生基于评估标准进行自评和同伴互评。
	6 E 11. 学生以小组合作的形式分析一个虚拟家庭的饮食并提出改善的建议。	**7** R 12. 检查各小组合作分析结果并给予反馈。允许修改。	**8** E 13. 学生聆听并提问特邀发言人（当地医院的营养专家）关于营养不良引起的健康问题。	**9** ET 14. 让学生研究不合理的饮食引发的健康问题。提供学生儿种分享发现的方式。	**10** E 15. 示范如何解释食品标签包含的营养信息。让学生练习阅读食品标签。
	11 E 16. 让学生回顾野营菜单量规，从而理解评估标准。让学生独立制定一份三天的野营菜单。	**12** E 17. 在学生制定菜单时观察并指导学生。	**13** E 18. 评价野营菜单设计并给予反馈。让学生运用量规进行自评和同伴互评。	**14** ET 19. 让学生回顾自己的饮食日记，寻找自己在饮食上的变化。让每个学生为其健康饮食的目标制作一份个人行动计划。	**15** ET 20. 单元总结：学生结合其个人饮食习惯进行自我评价。让每个学生为其健康饮食的目标制作一份个人行动计划。

Stage1
Desired Results　Design Tools and Samples

阶段1　预期结果
教学设计工具和实例

逆向教学设计:阶段 1

阶段 1—— 预期结果

- **G** 参照目标
- **U** 持续理解
- **Q** 基本问题
- **K S** 知识与技能

在阶段 1,我们从以下四个角度设计预期结果:

1. **参照目标** —— **G** 通常包括国家、州、地区或职业标准;课程或项目目标;学区规定的学习结果。
2. **持续理解** —— **U** 用完整句子进行陈述,"理解"特指那些我们希望学生理解的核心观点。
3. **基本问题** —— **Q** 开放的、有启发性的问题,指导学生进行探究,使教学聚焦于"揭示"内容背后的重要观点。
4. **知识与技能** —— **K S** 我们希望学生知道,以及学生能够做到的具体目标。

阶段 1 设计标准:教学设计在多大程度上注重目标教学内容的核心观点?

考虑……

- ○ 目标理解是否持久?是否基于可迁移的核心观点?这些核心观点是否处在学科核心,并且是"揭示"需要的?
- ○ 目标理解的组成问题是否能激发有意义的联系、引发真正的探究和深思并鼓励迁移?
- ○ 基本问题是否具有启发性、可辩性,并能引发关于中心观点的探究(而不是一个"熟练的"回答)?
- ○ 是否明确了适当的目标(例如,内容标准、基准、课程目标)?
- ○ 是否明确了有效的、与单元相关的知识和技能?

阶段 1：关键设计元素提示

| 阶段 1—— 明确预期学习结果 |

参照目标：

在框 **G** 内，我们明确一个或多个设计目标（例如，内容标准、课程或项目目标、学习结果）。

预期的理解有哪些？

学生将理解…… **U**

在框 **U** 内，我们基于可迁移的核心观点，明确需要持续理解的内容。核心观点需要揭示内容意义，并连接事实与技能。

需要考虑的基本问题有哪些？

Q

在框 **Q** 内，我们制定基本问题，以指导学生探究，并使教学聚焦于揭示内容背后的重要观点。

学生在本单元学习中应该掌握的关键知识与技能是什么？

学生将知道…… **K**   学生将能够…… **S**

在框 **K** 和 **S** 内，我们要确定希望学生知道或学生能够做到的知识 **K** 和技能 **S**。知能目标有三种类型：（1）它们可以用于实现预期理解 **U**；（2）它们是目标 **G** 中指出的或隐含的知识与技能；（3）它们是完成阶段 2 中确定的复杂评估任务所必需的知识与技能。

阶段1：关键设计元素
（网状图）

在阶段1，设计者需要考虑以下元素。我们为你提供了各种实例和设计工具。注意：设计过程没有必然的顺序，设计者可以从任何入口出发进行设计，但是应该考虑到所有的设计元素。

阶段1:关键设计元素

营养,5—7年级

阶段1—— 明确预期学习结果

参照目标:

标准6:学生理解关于营养和饮食的关键概念。
标准6a:学生用自己对营养学的理解来为自己和他人设计一份合理的饮食菜单。
标准6c:学生明白自己的饮食习惯和改进饮食习惯的方式。

预期的理解有哪些?

学生将理解……
- 均衡饮食有利于身心健康。
- 美国农业部食物结构金字塔提供了相关的营养指南。
- 不同年龄、活动水平、体重和健康情况的个体对饮食的要求也各不相同。
- 健康的生活要求个体遵循正确的饮食习惯、锻炼方法、作息时间和卫生习惯,即使这会改变个体原来的舒适生活。

需要考虑的基本问题有哪些?

- 什么是健康的饮食?
- 饮食如何影响健康?
- 你是不是一个健康的饮食者?你怎样知道的?
- 对于某一个人健康的饮食,对另一个人来说是健康的吗?
- 为什么美国有这么多由不健康的生活方式引起的健康问题?

学生在本单元学习中应该掌握的关键知识与技能是什么?

学生将知道……
- 关键术语(如蛋白质、脂肪、卡路里、碳水化合物、胆固醇)。
- 每个食物群的各种食物类型及其营养价值。
- 美国农业部食物结构金字塔指南。
- 影响营养需求的因素。
- 营养不良引起的健康问题。

学生将能够……
- 阅读并解释食物标签上的营养信息。
- 分析饮食的营养价值。
- 为自己和他人设计一份均衡的饮食菜单。

阶段1：关键设计元素

英语，高中

阶段1—— 明确预期学习结果

参照目标：

MA 标准 8—— 理解文本：学生能识别文本中的基本事实和主要思想，并将其作为解释的基础。 Ⓖ

MA 标准 19—— 写作：学生能抓住一个点进行写作，并保证组织连贯，有充分的细节描写。

MA 标准 20—— 写作：学生能为不同的受众和目的写作。

预期的理解有哪些？

学生将理解…… Ⓤ

- 小说家常常在小说中展现对人们生活经历和内心世界的洞察。
- 作家会使用各种写作技巧来吸引读者。
- 霍尔顿·考尔菲德是普通青少年的代表，但作者没有进一步揭露青少年的个人成长及其与人交往的问题。

需要考虑的基本问题有哪些？

- 小说与事实的关系是什么？什么样的事实能很好地改编成小说？ Ⓠ
- 霍尔顿代表了所有青少年吗？是霍尔顿反常，还是其他的青少年都"反常"？谁是真实的，谁是"假冒者"？为什么人要成为"假冒者"？
- 作者如何吸引和留住读者？杰罗姆·大卫·塞林格是如何吸引你的？
- 作者怎样说服读者？

学生在本单元学习中应该掌握的关键知识与技能是什么？

学生将知道…… Ⓚ

- 《麦田里的守望者》中的情节和人物。
- 杰罗姆·大卫·塞林格运用的各种写作技巧。
- 写作的步骤。
- 议论文写作技巧。

学生将能够…… Ⓢ

- 采用解释性阅读策略。
- 通过细读文章建立一个合理的假设。
- 按照写作的步骤形成草稿并合理地修改。
- 回顾对文章的理解，并思考自己之前对文章的误读。

知识结构

事实性知识

事实： **Ⓚ**
- 本质上具有陈述性。
- 简洁性；在"理论"的基础上接受"事实"。
- 不可迁移性。

独立的技能

技能： **Ⓢ**
- 本质上具有程序性。
- 简单、互不相连的步骤。
- 实现远大目标的途径（如：为充分备赛而训练替补队员）。
- 有限的迁移。

可迁移的概念

概念：
- 本质上具有陈述性。
- 以语词或短语表述的抽象心理结构。
- 主题与文本之间的可迁移性。

复杂的过程

过程：
- 本质上具有程序性。
- 为完成参照目标而结合各种复杂技能。
- 学科内部（有时跨学科）的可迁移性。

核心观点

原理和概括

原理和概括： **Ⓤ**
- 连接两个及以上抽象概念。
- 可迁移性 —— 有助于了解事实、技能、概念和过程。

理解：
- 通过一个完整的句子陈述表达希望学生理解的原理或者概括。
- 揭示不明显却十分重要的推断。

知识结构

阅 读

主题： 阅 读

事实性知识

事实： Ⓚ
- 字母和发音的关系。
- 不同文体的文章结构。

独立的技能

技能： Ⓢ
- 根据语音和上下文线索解码。
- 使用基本的理解策略（例如，激活原有知识、总结、预测、澄清、提问、自我监控）。
- 应用"改进"策略。

可迁移的概念

概念：
- 上下文线索。
- 理解。
- 原有知识。
- 文体和文章结构。
- "改进"的阅读策略。
- 自我监控。
- 阅读"立场"。
- 人际关系。

复杂的过程

过程：
- 从字里行间做出推断。
- 适当地站在个人和批判的立场上阅读。

核心观点

原理和概括

原理和概括： Ⓤ
- 阅读的目标是理解文章的意义。
- 高效的读者会用某些策略来帮助自己更好地理解（例如，使用上下文线索、推断接下来要发生的事情、根据文本提问、重复阅读）。
- 不同文体的文章（例如，记叙文、推理小说、传记、说明文、议论文），结构也不同。
- 理解文章结构可以帮助读者理解其含义。

© 2004 ASCD 版权所有／授权宁波出版社独家翻译出版

知识结构设计工具

主题：

| 事实性知识 K | 独立的技能 S |

可迁移的概念　　复杂的过程

核心观点

原理和概括 U

核心观点
（描 述）

为重点内容提供"概念视角"

核心观点是指作为课程、教学和评估重点的核心概念、原则、理论和过程。它们反映了专家的理解，明确了某一学科领域的话语表达、调查研究、研究发现和争论焦点。同时，它们还为课程设置提供基础，以突出重点——最有意义的内容。

为重要事实、技能和行动提供"连接桥梁"

核心观点是一个研究主题的"概念魔贴"（conceptual velcro）。它们将零散的知识和技能在一个更大的知识框架中连接起来，并提供桥梁，以连接特定的事实和技能。聚焦核心观点的教学，可以帮助学生理解不同学习内容的目的和相关性。

促进知识迁移

零散的知识难以实现迁移。而核心观点的强大之处在于其包含可迁移的思想，这些思想对于探究其他主题、解决别的情境下的问题也同样适用。即使给定一个主题，我们也难以穷尽与之相关的所有知识，而把握核心观点有助于处理过量的信息。课程是否能做到连贯一致，核心观点发挥着重要作用。

体现在不同的学科中

核心观点通常通过以下一种或多种形式展现：核心**概念**（如适应）、焦点**主题**（如人道）、长期**问题或争论**（如自由和保守）、固有**悖论**（如贫穷和富裕）、重要**过程**（如写作过程）、真实**问题**与持续**挑战**（如文盲和选民冷漠）、伟大**理论**（如天定命运[①]）、基本**假设**（如市场是理性的）或迥异**立场**（如恐怖分子与自由战士）。接下来的几页会提供更多关于核心观点的案例。

因其抽象性而需要揭示

核心观点总是抽象的。它的含义对学生而言可能并不明显，简单地一带而过（如老师或课本的定义）并不能确保学生理解。真正的洞察不是靠"覆盖"知识，而是靠理解。因此，核心观点必须由学生揭示出来，这意味着学生需要在教师的帮助下，通过精心设计的学习过程，发现、建构、推断意义。

[①] Manifest Destiny，19世纪美国人广泛持有的信条，认为占领整个北美是上帝的旨意。

贯串设计过程的核心观点

阶段1——预期结果

参照目标： ⓖ

　　核心观点通常是隐含的，有时通过目标或内容标准进行陈述。学生能够寻找重点概念，通过关键名词来思考核心观点。

理解： ⓤ
学生将理解……

基本问题： ⓠ

　　这里要明确突出核心观点。

学生将知道…… ⓚ　　　　　**学生将能够……** ⓢ

　　这里隐含着核心观点。要求找到与更上位的观点相联系的事实，并为了更大的目的，确定需要掌握的技能。

阶段2——评估证据

表现任务： ⓣ
　　表现任务的关键是聚焦并有效地运用核心观点（参见任务指导和量规）。

其他证据： ⓞⓔ
　　测试、测验和提示应该与核心观点相关（如涉及一个或多个基本问题的口头或书面问题）。

阶段3——学习计划

学习活动： ⓛ

　　学习计划应当确保通过调查活动和明确的教学，学习者能够揭示核心观点。总体目标是帮助他们理解内容，将孤立的事实和技能与更上位的观点联系起来，有意义地运用知识，并了解学习活动的目的。

核心观点的表现形式

核心观点通常以一种或多种形式表现出来。

概念 —— 可迁移的核心观点

示 例

- ☐ 充足或稀缺
- ☐ 接受或拒绝
- ☐ 适应
- ☐ 老化或成熟
- ☐ 平衡
- ☐ 挑战
- ☐ 变化或守旧
- ☐ 特征
- ☐ 社区
- ☐ 冲突
- ☐ 联系
- ☐ 合作
- ☐ 相关
- ☐ 勇气
- ☐ 创新
- ☐ 文化
- ☐ 周期
- ☐ 守卫或保护
- ☐ 民主
- ☐ 发现
- ☐ 多样性
- ☐ 环境
- ☐ 均衡
- ☐ 进化
- ☐ 探索
- ☐ 公平
- ☐ 友谊
- ☐ 和谐
- ☐ 荣誉
- ☐ 相互作用
- ☐ 相互依存
- ☐ 发明
- ☐ 正义
- ☐ 自由
- ☐ 忠诚
- ☐ 移民
- ☐ 心情
- ☐ 秩序
- ☐ 模式
- ☐ 立场
- ☐ 生产或消费
- ☐ 证据
- ☐ 生存
- ☐ 重复
- ☐ 节奏
- ☐ 象征
- ☐ 系统
- ☐ 科技
- ☐ 暴政
- ☐ 财富
- ☐ 其他_____
- ☐ 其他_____

从话题到核心观点

从话题到核心观点

话题: 西进运动和拓荒生活

概念
- 拓荒者
- 移民
- 适应

主题
- 艰苦铸就民族精神
- "拓荒者精神"

问题或争论
- 进展：开疆拓土与迫害印第安人

问题或挑战
- 边疆生活的危险与艰辛
- 文化冲突

过程
- 历史探究（我们如何找出拓荒者生活的真实样貌？这又是哪些人的故事？）

理论
- 印第安人是"高尚的野蛮人"
- 天定命运

悖论
- 吸引拓荒者们到西部去的关键是他们对于自由和繁荣的幻想
- "自由的土地"上的契约佣工

立场或假设
- 西部是一片充满机遇的土地

从话题到核心观点设计工具

根据给定的单元主题,请你在下面的各个类别中,填入收集到的核心观点。

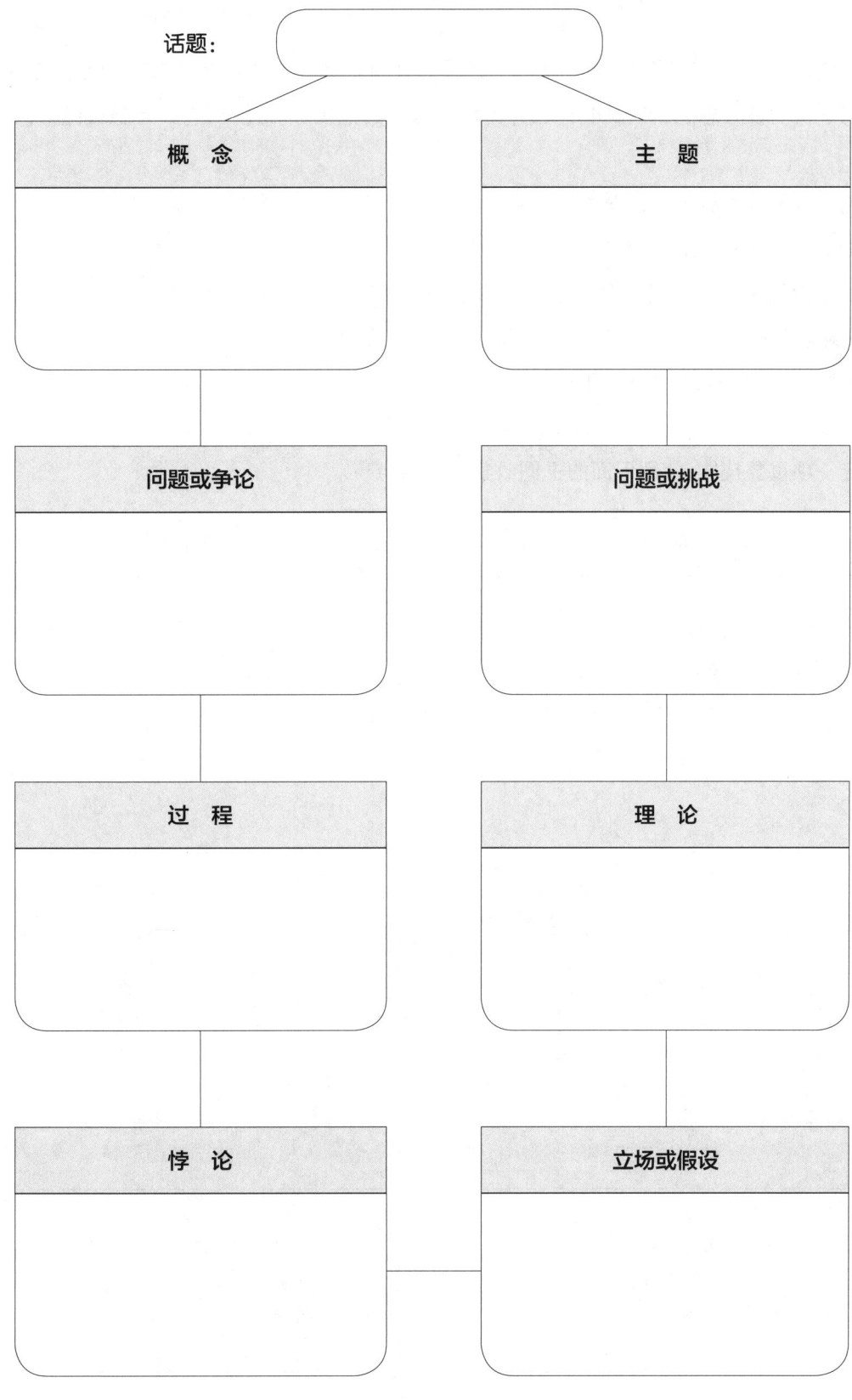

发现技能中的核心观点
议论文写作

核心观点是一个有组织的中心概念。它赋予事物意义并在离散的事实和技能中建立联系。它是一门学科的核心思想,有长期价值,并可用于探究其他领域。此外,它具有隐蔽性,需要揭示。

技能领域的核心观点可以分成以下几个部分:
- **关键概念** —— 议论文的"说服";
- **目的与价值** —— 通过"说服"影响他人的信念和行为;
- **策略与手段** —— 高效的说服者努力去了解他们的听众;
- **背景** —— 何时使用逻辑,何时诉诸情感。

给定一项重要技能,使用下面的框图收集核心观点。

关键概念
- 说服
- 读者
- 感性与理性

目的与价值
- 影响信念和行为
- 宣传、广告

技能:议论文写作

策略与手段
- 研究读者
- 逻辑顺序
- 一图与千言

背景
- 符合逻辑的(基于事实、证据和推理)
- 动人的

发现技能中的核心观点设计工具

核心观点是一个有组织的中心概念。它赋予事物意义并在离散的事实和技能中建立联系。它是一门学科的核心思想,有长期价值,并可用于探究其他领域。此外,它具有隐蔽性,需要揭示。

技能领域的核心观点可以分成以下几个部分:
- **关键概念** —— 核心观点是技能表现的基础;
- **目的与价值** —— 技能要完成的东西;
- **策略与手段** —— 能增强效果;
- **背景** —— 何时使用技能或策略。

给定一项重要技能,使用下面的框图收集核心观点。

关键概念	目的与价值

技能:

策略与手段	背景

确定优先内容

营养，5—7 年级

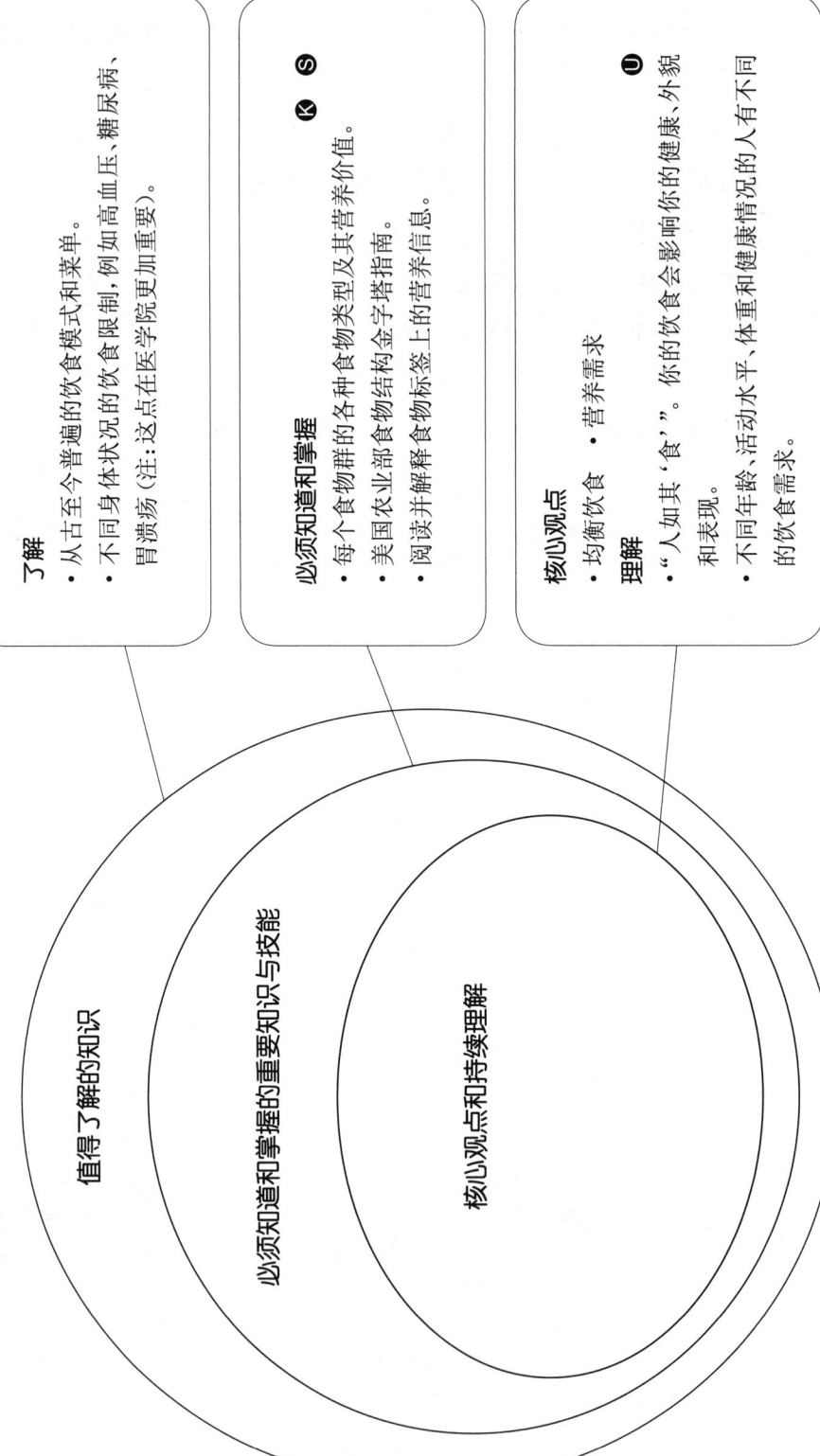

了解
- 从古至今普遍的饮食模式和菜单。
- 不同身体状况的饮食限制，例如高血压、糖尿病、胃溃疡（注：这点在医学院更加重要）。

必须知道和掌握 K S
- 每个食物群的各种食物类型及其营养价值。
- 美国农业部食物结构金字塔指南。
- 阅读并解释食物标签上的营养信息。

核心观点 U
- 均衡饮食
- 营养需求

理解
- "人如其'食'"。你的饮食会影响你的健康、外貌和表现。
- 不同年龄、活动水平、体重和健康情况的人有不同的饮食需求。

值得了解的知识

必须知道和掌握的重要知识与技能

核心观点和持续理解

确定优先内容

统计，高中或大学

了解
- 为现代统计学发展做出贡献的关键人物布莱士·帕斯卡（Blaise Pascal）和路易斯·特尔曼（Lewis Terman）。
- 钟形曲线的历史（正态分布）。

必须知道和掌握 Ⓚ Ⓢ
- 集中趋势的测量：平均数，中位数，众数，极差，标准差。
- 统计学术语。
- 数据显示：柱状图，折线图，茎叶图。
- 各种统计公式。

核心观点
- 取样 • 规律 • 预测 • 相关 • 置信度

理解 Ⓤ
- 统计分析和数据显示经常揭示一些规律。规律可以预测。
- 有时取样比计算总体要好。
- 相关性不能保证因果关系。
- 统计数据可能散谎，也可能揭示一些什么。

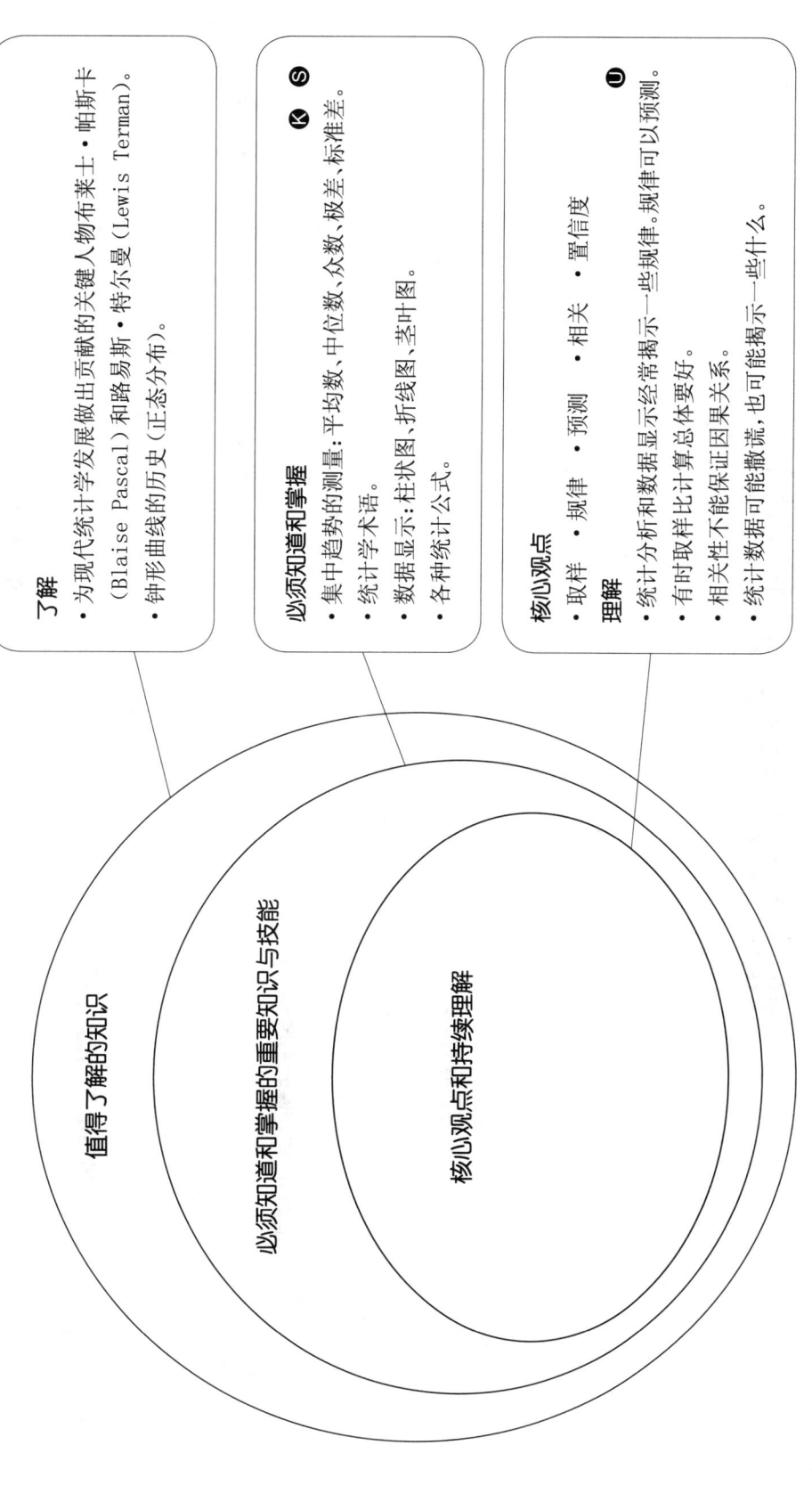

- 值得了解的知识
- 必须知道和掌握的重要知识与技能
- 核心观点和持续理解

© 2004 ASCD 版权所有 / 授权宁波出版社独家翻译出版

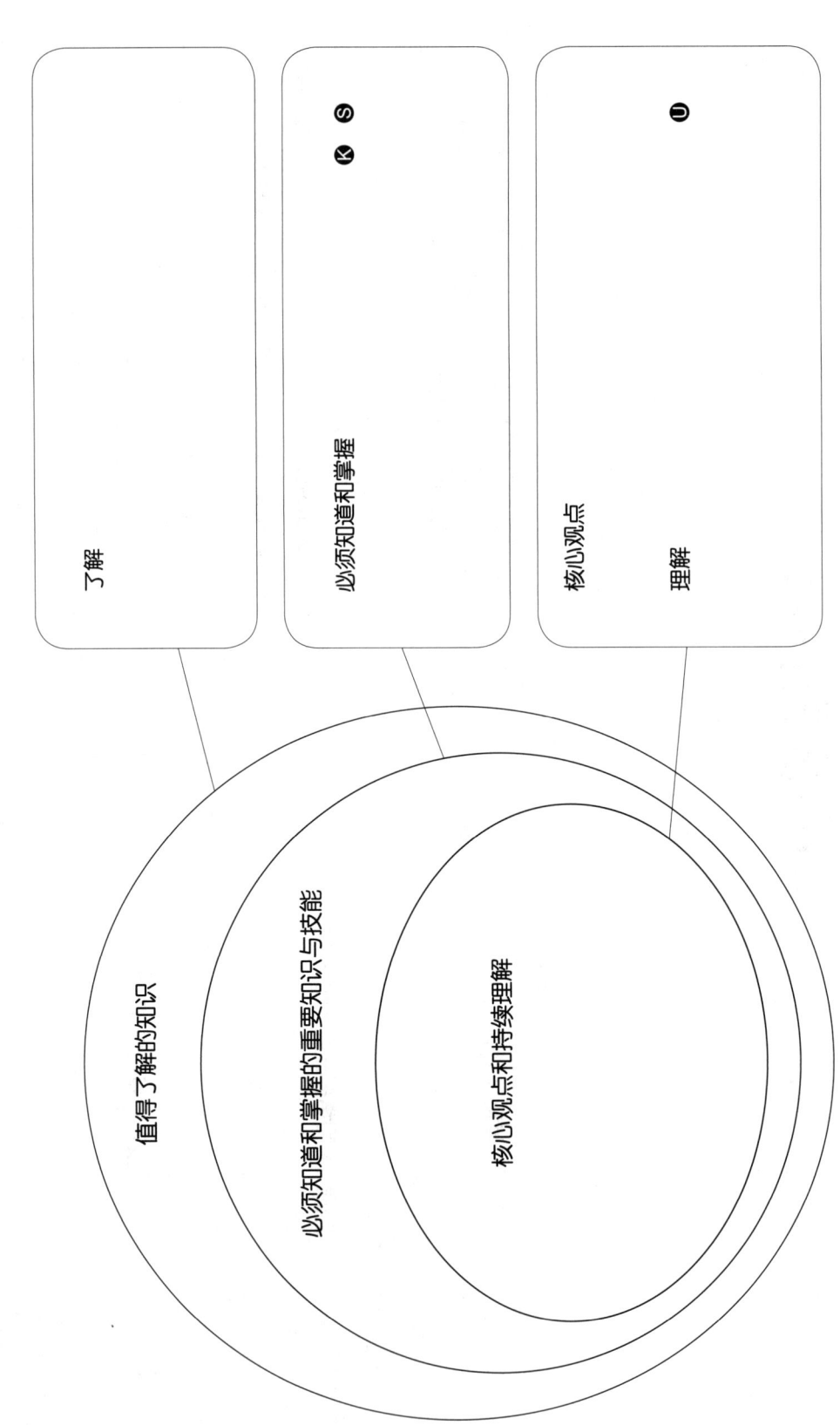

明确基本问题和理解
科学方法

使用以下一个或多个问题来筛选主题和核心观点，从而确定可能的基本问题和期望达到的理解。

主题和核心观点：

> 科 学 方 法

这个概念或主题有哪些基本问题？关于这个概念或主题，你最想让学生理解的内容是什么？

为什么学习科学方法？不学又怎么样？

是什么导致人们普遍学习科学方法？

如果科学方法单元是一个故事，那么它有什么寓意？

在科学方法的技能或过程中隐含了什么核心观点？

科学方法的基础是哪些更上位的概念、要点或问题？

如果缺乏对科学方法的理解，那么我们将不能做什么？

如何在更大的范围内应用科学方法？

科学方法带来了哪些对真实世界的洞察？

学习科学方法有什么价值？

基本问题： (Q)
- 科学知识是如何生成并被证实的？
- 科学是什么？我们如何判断在科学领域该相信什么？

理解： (U)
- 科学涉及系统的变量分离与控制。（它不仅仅是一个试验与犯错的过程。）
- 只有通过反复试验，才能证实一项科学理论。

© 2004 ASCD 版权所有 / 授权宁波出版社独家翻译出版

明确基本问题和理解
音 乐

使用以下一个或多个问题来筛选主题和核心观点,从而确定可能的基本问题和期望达到的理解。

主题和核心观点:

> 音 乐 理 论

这个概念或主题有哪些基本问题? 关于这个概念或主题,你最想让学生理解的内容是什么?

- 为什么学习音乐理论? 不学又怎么样?
- 是什么导致人们普遍学习音乐理论?
- 如果音乐理论单元是一个故事,那么它有什么寓意?
- 在音乐理论的技能或过程中隐含了什么核心观点?
- 音乐理论的基础是哪些更上位的概念、要点或问题?
- 如果缺乏对音乐理论的理解,那么我们将不能做什么?
- 如何在更大的范围内应用音乐理论?
- 音乐理论带来了哪些对真实世界的洞察?
- 学习音乐理论有什么价值?

基本问题: Ⓠ
- 是什么使音乐变得有吸引力?
- 音乐如何传递情感和引起共鸣?

理解: Ⓤ
- 精心留白让音乐更富有戏剧性。
- 音乐创作的核心就是从熟悉的旋律、和声、节奏与和弦中发现惊喜。

明确基本问题和理解设计工具

使用以下一个或多个问题来筛选主题和核心观点,从而确定可能的基本问题和期望达到的理解。

主题和核心观点:

这个概念或主题有哪些基本问题?关于这个概念或主题,你最想让学生理解的内容是什么?

为什么学习_____?不学又怎么样?

是什么导致人们普遍学习_____?

如果_____单元是一个故事,那么它有什么寓意?

在_____的技能或过程中隐含了什么核心观点?

_____的基础是哪些更上位的概念、要点或问题?

如果缺乏对_____的理解,那么我们将不能做什么?

如何在更大的范围内应用_____?

_____带来了哪些对真实世界的洞察?

学习_____有什么价值?

基本问题: Ⓠ

理解: Ⓤ

基于核心观点的初步设计

统　计

参照目标： ⓖ

所有学生都能理解数学思想的内在联系,以及数学和数学建模在其他学科和生活中的作用,并以此将数学与其他学科的学习联系起来。

——新泽西数学标准3

理解： ⓤ
- 统计可以表示复杂现象或建立数学模型。
- 人工操控的统计数据会模糊真相。
- 有多种实现"公平"决策的数学方法。

基本问题： ⓠ
- 数学表示和建模有哪些局限?
- 哪种数学方法提供了最"公平"的排名?
- "平均数"是什么?
- 数学如何帮助我们决策(例如在评分、投票、排名时)?

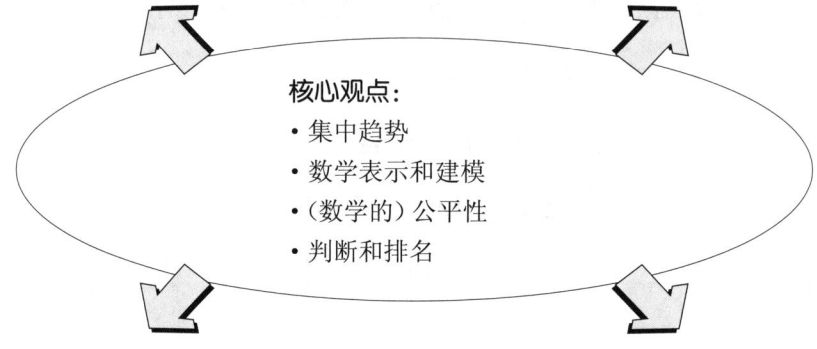

核心观点：
- 集中趋势
- 数学表示和建模
- (数学的)公平性
- 判断和排名

可预测的误解和错误：
- 计算平均数或取最大值是唯一公平的方法。
- 数据从来不说谎。
- 我们对公平的不同看法不会因数学而消除。

目标或基本原理：

我想要学生理解集中趋势方法的各种应用和优缺点。我希望他们在日常生活(包括在听取各种意见)中感悟数学的价值。这些理解会让他们更懂得统计的意义,并消除对概率和公平的普遍误解。

基于核心观点的初步设计
阅 读

参照目标： Ⓖ

学生将阅读文学作品、说明文和议论文，并从个人、文学、批判和评价等角度出发，对其进行回应；以第一反应描述文本并解释其一般背景和写作目的；在读、写、听、看之前、之中和之后提出问题。

—— 康涅狄格州语言艺术标准1：阅读与回应

理解： Ⓤ

- 阅读不仅要解码文字，还要理解文本。
- 有时作家采用间接的方式传达自己的想法，因此读者必须进行推断。
- 朋友是值得信赖的人，他们会为你着想。
- 患难见真情。

基本问题： Ⓠ

- 优秀的读者会做些什么？
- 为什么作家和演讲者有时表达的意思与他们写下或说出的不同？
- 我们如何读出言外之意？
- 我如何知道谁是我真正的朋友？

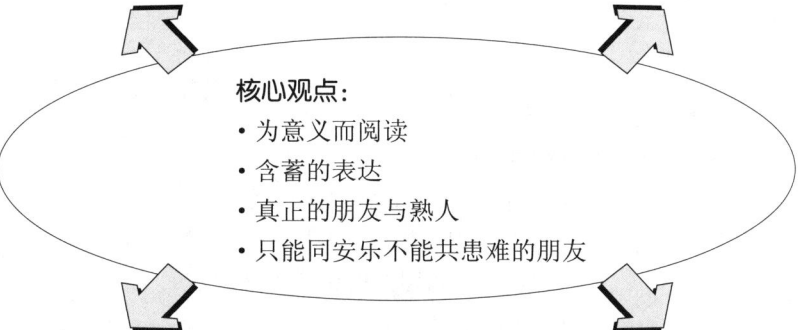

核心观点：
- 为意义而阅读
- 含蓄的表达
- 真正的朋友与熟人
- 只能同安乐不能共患难的朋友

可预测的误解和错误：

- 阅读就是解码文字。
- 书上说的就是对的。
- 作者写的一直就是他想表达的意思。
- 朋友就是你喜欢与之一起玩的人。
- 朋友从不争吵。

目标或基本原理：

我同时有两个目标：

（1）培养学生"为意义而阅读"的技能；（2）增强学生对真正友谊的特点的理解。通过《青蛙和蟾蜍是朋友》(*Frog and Toad Are Friends*)和其他的故事，我想让学生明白，细读慎思能够帮助我们探索难题。

基于核心观点的初步设计
历 史

参照目标: Ⓖ

学生将通过对奴隶制、国家权利、领导、西进运动,脱离联邦和军事事件的重点学习,来了解内战的原因和影响。

—— 弗吉尼亚州学习标准,历史 5.7

理解: Ⓤ
- 复杂的历史事件很少只有一个明显的起因。
- 历史其实是"故事",讲故事的人会影响其还原的方式。
- 国家权利的分歧、南北文化和经济的差异以及对于奴隶制的争议是内战的关键原因。
- 内战的遗留问题仍然存在于地区差异、国家与地区政治及文化价值观中。

基本问题: Ⓠ
- 南北战争的显性(以及隐性)起因是什么?
- 南北战争是谁的"故事"?
- 是否存在过一场"正义"的战争?
- 为什么会"手足相残"?
- 南北战争在哪些方面仍然影响着我们?

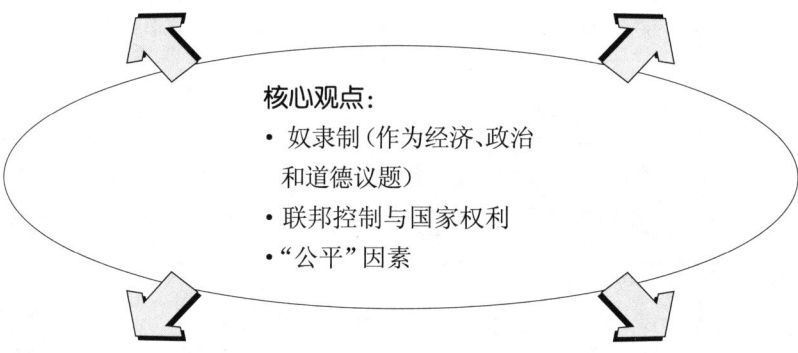

核心观点:
- 奴隶制(作为经济、政治和道德议题)
- 联邦控制与国家权利
- "公平"因素

可预测的误解和错误:
- 战争是反对奴隶制的道德斗争,"好人"赢了。
- 历史书上的就一定是真的。
- 大多数事件都有唯一的起因,并产生了可见的影响。

目标或基本原理:

我想让学生知道内战是复杂的,其意义随时间和地点的变化而变化,并且仍然影响着我们和我们的观念。我还想让他们意识到战争的可怕之处,并体会战争对于家庭和自我意识的影响[正如肯·伯恩斯(Ken Burns)在内战系列电影中所传达的那样]。

基于核心观点的初步设计设计工具

参照目标： G

理解： U

基本问题： Q

核心观点：

可预测的误解和错误：

目标或基本原理：

基本问题的概念获得

第一部分 —— 阅读下列例子,确定基本问题的普遍特征,并在下面的方框中列出。

基本问题	非基本问题
1. 生物学中,形式和功能之间有什么关系? 2. 高效的作家如何吸引并保持读者的兴趣? 3. 当技术革新时,谁"赢"谁"输"? 4. 如果一条公理的正确与否并不那么显而易见,它还应该是公理吗? 5. 能流利地说某一门语言的外国人,与把这门语言作为母语的人之间,有什么区别? 6. 如果我们不能测量时间,生活会有什么不同?	7. 蜘蛛有几条腿?大象是怎么使用它的鼻子的? 8. 什么是"铺垫"?你能找出故事里的一个"铺垫"的例子吗? 9. "technology"(源于希腊词根"techne")这个词的原义是什么? 10. 用什么公理可以证明勾股定理? 11. 法国的俗语有哪些? 12. 一小时是多少分钟?一天是几小时?

列出基本问题的共同特征:

第二部分 —— 根据你列出的基本问题的特征,确定下列问题中哪些是基本问题。在每个例子后选择"是"或"否"。

	是	否
13. 文学作品的流行与伟大之间有什么关系?	☐	☐
14. 《大宪章》(*Magna Carta*)是什么时候签署的?	☐	☐
15. 甲壳虫动物——它们怎么了?	☐	☐
16. 哪位美国总统留下的东西最令人失望?	☐	☐
17. 什么情况下会出现一个线性方程?	☐	☐
18. 常识与科学在多大程度上相关?	☐	☐

优化你的基本问题关键特征清单:

基本问题实例

算术（计算）
- 什么是数字？为什么要有数字？如果没有数字会怎么样？
- 任何事物都可以量化吗？

艺术（视觉与表演）
- 艺术家从哪里得到灵感？
- 艺术如何反映并塑造文化？

烹饪艺术
- 什么情况下可以不完全按照食谱规定烹饪？
- 是什么让厨房变得安全？

舞蹈
- 我们如何才能用舞蹈语言交流，可以交流什么？
- 动作可以用哪些方式激发情绪？

经济
- 什么决定价值？
- 微观经济可以预示宏观经济吗？反之呢？

外语
- 能流利地说某一门语言的外国人，与把这门语言作为母语的人之间，有什么区别？
- 通过研究他人的文化和语言，我们可以学到哪些关于自身文化和语言的东西？

地理
- 是什么让一个地方与众不同？
- 我们的居住地如何影响我们的生活方式？

政治
- 谁有决定权？
- 我们如何平衡个人利益和集体利益？

健康
- 什么是健康的生活？
- 为什么一种饮食对某个人来说是健康的，对另一个人则不是？

历史
- 这是谁的故事?历史是由胜利者书写的故事吗?
- 我们可以从过去学到什么?

文学
- 是什么让一本书变得伟大?
- 小说能反映现实吗?一个故事应该告诉我们一些道理吗?

数学
- 什么时候"正确"答案并不是最好的解决方法?
- 数学表示和建模的局限性是什么?

音乐
- 在不同的音乐形式中,有声与无声是怎样组合的?
- 音乐在世界上扮演了一个怎样的角色?

体育运动与竞赛
- 谁是胜利者?
- 运动员要想进步,必须经历苦痛吗?("一分耕耘,一分收获")

阅读与语言艺术
- 一个好故事有哪些要素?
- 如何读出言外之意?
- 我们为什么要加标点?如果没有标点会怎么样?

科学
- 常识和科学在多大程度上相关?
- 生物学中,形式和功能之间有什么关系?

技术
- 技术通过哪些方式促进(或阻碍)表达和交流?
- 技术进步的利弊各是什么?

写作
- 为什么要写作?
- 高效的作家如何吸引并保持读者的兴趣?
- 什么是完整的思想?

基本问题
（描 述）

基本问题没有简单的、"绝对正确"的回答，它们注定会有争议

围绕基本问题会产生探究和争论——各种看似合理的（和可论证的）回应，而不是结束这个问题的直截了当的事实。基本问题提供了一种途径，可以帮助学生参与聚焦而生动的调查研究活动。它应当发现而不是掩盖学科的争议、谜题和不同视角。它的目的是让学习者得出结论，而不是复述事实。例如，艺术反映文化还是塑造文化？我们能视（look）而不见（not see）吗？为什么"预言家"能看见（see）我们看不见的东西？艺术家是看得更清楚，还是跑题了？

基本问题旨在引发并维持学生的探究，同时令其专注于学习和最终的表现

当基本问题旨在激发学生热情，使学生在持续、集中的探索中，达成重大成就时，它将发挥最好的作用。这样的问题常常是反直觉的、出于本能的、异想天开的、有争议性的和刺激的。例如，对青少年来说，因特网是危险的吗？审查制度和民主政治兼容吗？对你有好处的食物一定是难吃的吗？为什么要写作？当学生探索这些问题时，他们对这些重要观点的理解得到了发展和深化。

基本问题常常涉及一门学科的概念或哲学基础

基本问题反映了历史上某一领域内最重要的议题、问题和争论。例如，历史不可避免地带有偏见吗？什么是证明？（能力、性格等）是先天形成的还是后天培养的？通过研究这些问题，学生可以像专家一样思考。

基本问题带出了其他重要问题

引发思考的基本问题是自然产生的。它导向同一领域或者跨学科领域的其他重要问题。例如，"在自然界中，只有强者才能幸存吗？"这个基本问题导向"什么是'强大'？""昆虫是强大的吗（因为它们幸存下来了）？""心理上的强大是什么意思？"等问题，进而开始研究人体生物学和生理物理学。

人会自然而合时宜地反复提出基本问题

在一个人的学习过程中，在一个领域的历史发展中，人们一遍又一遍地提出这些同样重要的问题。例如，是什么使一本书变得伟大？《哈利·波特》（Harry Potter）是一本伟大的书吗？从一年级到大学的学生都会反复研究这些问题。随着时间的推移，学生对它们的理解逐渐加深，他们的回应也会变得越来越复杂、精细、合情理和有说服力。

基本问题引起了学生对核心观点、假设和先前经验的持续反思，这是必不可少的

基本问题挑战了我们未经检验的假设、不得不简化的早期学习内容和凭直觉认为理所当然的观点。它迫使我们询问关于自然、起源和人类能理解的、极限的深层问题。例如，从综合分数、位值、无理数和负数的平方根等角度来看，什么是数字？有了选举团，就是"民主政体"了吗？朋友是什么？敌人的敌人是朋友吗？什么是故事？如果没有清晰的情节和寓意，还算故事吗？历史的故事性大于科学性吗？如果是这样，对历史研究来说有什么启示？

基本问题的类型

总体问题

这些问题跨越了单元界限,指向更大的、可迁移的核心观点和持续理解。实际上,总体问题的框架中并没有涉及单元的具体话题、时间或文本。例如,对于单元内的指定文本[例如《异乡异客》(*Stranger in a Strange Land*)],"科幻小说是伟大的文学作品吗?"就是一个总体问题。

局部问题

这些问题都基于主题或话题。局部问题构成了一个学习单元,指导学生探索指定主题内的核心观点和过程。例如,在一个文学单元中,就用"《异乡异客》中哪些方面是合理的?"这个问题指导学生探究。与上述单元问题相关的总体问题是"科幻故事有多么'真实'?"这个问题将在其他英语和语言艺术单元中解决。

实 例

艺术
- 艺术以何种方式反映并塑造文化?
- 艺术家在表达他们的思想时,如何选择工具、方法和材料?

面具单元
- 面具及其使用揭示了什么样的文化?
- 不同文化背景的面具制作者,在创作面具时选择了哪些工具、方法和材料?

文学
- 是什么让一个故事变得伟大?
- 高效的作家如何吸引并保持读者兴趣?

推理小说单元
- 推理小说的独特之处是什么?
- 出色的推理小说家如何吸引并保持读者兴趣?

科学
- 生物体如何凭借其结构在环境中生存?
- 生物如何在恶劣或不断变化的环境中生存?

昆虫单元
- 昆虫如何凭借其身体结构和习性生存?
- 当昆虫的生活环境发生变化时,其如何生存?

数学
- 如果公理就像游戏规则,那么我们应该在什么时候修改规则?

平行公理单元
- 为什么它如此复杂,却还是一条公理?
- 如果我们否定了它,那么什么将不再是真的?

历史和政府
- 政府如何平衡个人权利与共同利益?
- 我们如何,又为何要制衡政府权力?

美国宪法单元
- 宪法试图用哪些方式来限制政府权力的滥用?
- 三权分立会产生僵局吗?

起草基本问题
文学与阅读

总体基本问题	问题改编或创新
好书或好故事好在哪里？ 文学作品的流行与伟大之间有什么关系？ "好看"的书是不是总是好书？	
为什么要阅读小说？ 一个虚构的故事可以是"真实"的吗？ 小说和事实之间的关系是什么？历史小说本身是矛盾的吗？	
故事是什么？其他时间和地点发生的故事与我有何关系？故事一定要有寓意吗？ 故事中一定要有英雄和坏人吗？ 故事或者童话应不应该有教育意义？	
为什么要阅读？我们从书中能学到什么？ 我们所有的经历都可以用语言表达吗？ 文学从根本上反映或者塑造了文化吗？ 书面文本在多大程度上是保守的，又在多大程度上是危险的？	
一名优秀的读者应该做什么？ 当遇到困惑时他们怎么做？ 不同文体的文章有什么不同？我该如何阅读不同文体的文章？	
作者希望表达什么？我如何知晓？ 主旨是什么？中心思想是什么？ 我如何理解言外之意？ 我如何判断自己抓住了要点，而没有将自己的观点和经验强加其中？	
我们站在谁的角度上阅读？ 作者的角度或观点是什么？ 当不同文章或作者意见不一致时我们应如何做？	
如何区分新与旧？ 我们以前是否有过这样的想法？ 没有又如何？有什么关系呢？	

起草基本问题

写作、听力、口语

	总体基本问题	问题改编或创新
写作	为什么写作？如果不存在写作会怎样？ 在写作中为什么要分享个人经验？ 什么情况下笔比剑更强大？ 书面语言与口语有何不同？ 是什么让作品值得阅读？	
	作家如何表达自己的想法与感受？ 写作的灵感从何而来？ 什么让写作变得流畅？	
	高效的作家如何吸引并留住读者？ 是什么让写作易于理解？ 最好的开头和结尾是怎样的？ 最好的写作顺序是怎样的？ 什么是完整的思想？	
	我为什么写作？为了谁？ 通过写作我希望实现什么？ 谁将会阅读我的文章？ 什么最能吸引我的读者？	
听力与口语	为什么要演讲？好的演讲者应该是怎样的？ 好的演讲者如何表达自己的想法与感受？ 是什么让人容易接受演讲者的发言？ 口语与书面语言有何不同？	
	肢体语言是什么？为什么要使用它？ 我为什么要演讲？我想说什么？对谁说？ 谁会听我说？我如何帮助他们理解自己？	
	一名好的听众为什么而聆听？ 一个人可以只"听见"（hear）而不"聆听"（listen）吗？	

起草基本问题
历史与地理

	总体基本问题	问题改编或创新
历史分析与演绎	为什么要学习历史？ 我们可以从过去中学到什么？ 我们如何与过去的人建立联系？ 历史在多大程度上与过去不同？	
	我们如何知道过去发生了什么？ 我们可以从文物中做出什么合理推断？ 当原始资料不一致时我们该如何是好？ 我们相信谁？为什么？ 这是谁的"故事"？ 历史不可避免地存在偏见吗？ 历史是"胜利者"讲述的故事吗？ 在历史事件中，谁是"胜利者"，谁是"失败者"？	
	导致变化的原因是什么？其中哪些是共通的？ 在历史年表中，因果关系的模式如何体现？ 世界曾发生什么变化，将来又会如何变化？ "不以史为鉴的人终将重蹈覆辙"这句话总是正确的吗？	
地理	"哪里"为何重要？ 为什么坐落在这里？ 是什么让一个地方与众不同？ 地区的定义是什么？ 一个地区的地理、气候和自然资源如何影响人们的生活和工作方式？ 居住地如何影响一个人的生活？ 人们为什么会迁居？	
	地图和地球仪在讲述什么故事？ 为什么要更新地图和地球仪？怎么更新？ 地图和地球仪如何反映历史？	

起草基本问题

政府与政治

总体基本问题	问题改编或创新
管理与统治应该由谁来进行？ 多数群体应该一直占统治地位吗？ 我们为什么要制定规则和法律？ 规则和法律应该由谁来制定？ 经常违反法律没关系吗？ 社会应该在多大程度上控制个体？ 政府如何平衡个人权利与公共利益？ "不可剥夺的权利"是指什么？ （移民、酒精／毒品、媒体等）是否应该被限制或监管？什么时候？由谁决定？	
政府的结构和功能如何相互关联？ 不同的政治制度在对改变的宽容和鼓励度上有什么不同？ 政治与经济有何关联？	
个人责任与公民责任有何不同？ 个体真的可以造成影响吗？ 在民主国家，公民的角色和职责是什么？ 什么是优秀公民？ 公民（个体和群体）如何影响政府政策？	
权力是什么？它有什么形式？ 权力如何获得、使用和调整？ 如何防止权力滥用？ 两党制是最好的吗？	
一个伟大的领袖应该是怎样的？ 伟大的领袖是后天发展的还是天生的？	

起草基本问题

经济与文化

	总体基本问题	问题改编或创新
经济	我们为什么不能没钱？ 需要和想要之间有什么区别？ 物品如何获得价值？ 买某件商品时应该花费多少？由谁决定？ 谁应该生产商品和提供服务？ 自由市场系统如何影响我的生活？我们的社区？我们的社会？整个世界？ 政府应该管理商业和经济吗？ 政府应该提供哪些商品和服务？ 谁应该付出？谁应该获益？ 应该让所有人都去工作吗？ "谋生"是什么意思？	
	科技变革如何影响人们的生活？整个社会？ 科技变革带来了哪些社会、政治和经济方面的机会与问题？	
文化	变得"文明"是什么意思？ 现代比古代更文明吗？ 我们为什么应该学习其他文化？ 一个文化中的"英雄"是谁，他揭示了这个文化的什么特点？ 我们如何，又为何要庆祝假期？ 文明和文化的重要标志和象征是什么？ 我们纪念谁和什么事情？	
	文化碰撞的结果是什么？ 所有宗教都一样吗？ 信仰如何，又为何要改变？ 为什么人们要斗争？冲突是不可避免的吗？ 什么值得斗争？ 存在"公平"的战争吗？ 什么是革命？革命是不可避免的吗？	

起草基本问题

数 学

总体基本问题	问题改编或创新
这是什么类型的问题？ 最优秀的问题解决者会做什么？ 在我们遇到瓶颈时应该怎么做？ 数学推理是指什么？ 什么时候数学上的"正确"答案不是最佳解决方案？	
数字是什么？ 所有事物都可以量化吗？ 如果没有数字，我们不能做什么事？ 我们为什么要发明负数、无理数和虚数？	
什么是规律？ 我们如何找出规律？ 规律可以揭示什么？	
我们如何展示 _____？还有其他方式吗？ 我们怎样更好地描述部分与整体的关系、规律和顺序？	
数学建模的局限有哪些？ 在哪些方面模型是正确的，又在哪些方面是错误的？ 数字（数据）是怎么"撒谎"或误导人的？	
测量内容如何影响测量方式？ 测量方式如何影响测量内容？	
估算在什么情况下比精算更好？估算在什么情况下不如精算？ "简化"的适用情况是什么？ 抽样调查的适用情况是什么？ 样本多大才合适？	
你在多大程度上确定？可能的误差范围是多少？准确度（精确度）如何？ 我们需要精确到什么程度？ 证明是什么？我能给出一个证明吗？	

起草基本问题

科学与化学

总体基本问题	问题改编或创新
科学的本质 科学是什么？它与其他学科有何不同？ 如何发现和验证科学知识？ 如何回答科学问题？ 我们如何判断科学知识是否可信？证据是什么？ 科学如何联系常识？想法如何影响探究过程？ 在科学的发展进程中，意外发现起了什么作用？ 你如何研究不可察觉的事物？ 你如何测量不可量化的事物？ 什么驱动着科学和技术的发展？ 科技的发展在哪些方面影响科学研究？ 科学技术的发展对社会可能有哪些影响？	
化学 元素周期表是如何排列的？ 为什么拥有相同分子式的材料却有不同的形态、性质？（例如石墨、钻石） 能量如何守恒？ 物质如何守恒？ 化学材料如何回收或处理？ 水的哪些独特的化学和物理性质让地球有可能存在生命？ 碳在生物多样性方面有哪些作用？ 生物体中重要分子的结构对其功能有哪些影响？（例如脂肪、糖类、蛋白质、核酸等） 酶如何调节化学反应速率？ 为什么你会在运动时上气不接下气？ 为什么臭氧空洞会产生？怎么产生的？ 酸雨的后果是什么？	

起草基本问题

科 学

总体基本问题	问题改编或创新
生命科学 我们如何认识自然界以及我们所处的位置？ 如何对我们身边的事物进行分类？ 生命的基础是什么？ 如何证明生物是由细胞组成的？ 生物的特征是如何从亲代遗传给子代的？ 在生物体中，形态和功能之间有什么联系？ 生物体是如何凭借其结构和习性生存下来的？ 生物体是如何在恶劣的环境中生存下来的？ 随着时间的推移，物种发生了怎样的变化？ 新的物种是如何在自然选择中产生的？ 生物的生命周期是什么？ 生物是如何获得和消耗能量的？ 能量是如何转移的？能量去了哪里？ 系统是什么？ 不同系统之间是如何进行交互的？ 生态系统是如何应对变化的？ 这是一个健康的环境吗？证据是什么？	
物理科学 力和运动是如何联系起来的？ 力是如何影响物体运动的？ 我们如何测量一个物体？ 物质为什么会变化？如何变化？ 能量如何守恒？ 物质如何守恒？ 物质与能量有什么关系？ 热能的存在产生了哪些自然现象？ 为什么机器可以让工作变得简单？它又如何做到这一点？ 能量转换是如何应用于当下工作的？ 不同类型的原子之间存在什么关系？ 在不同状态的物质中，分子是如何排列的？	

起草基本问题

视觉和表现艺术

总体基本问题	问题改编或创新
什么是艺术？ 我们能在哪里发现艺术？ 人为什么要创造艺术？怎么创造艺术？ 是什么让艺术变得"伟大"？ 艺术如何传递思想？	
艺术如何反映和塑造文化？ 艺术作品可以告诉我们关于一个社会的什么？ 我们可以从其他人的艺术作品中学到什么？ 不同年代的艺术家如何表达相似的主题？	
艺术创作的过程是什么？ 哪些因素影响了艺术表现？ 艺术家是如何得到灵感的？又是在哪里得到灵感的？ 艺术家如何表达他们的思想？ 艺术品的设计体现了其创作者哪些思想？ 你如何知道什么时候一个创作过程是完整的？	
如何"读懂"艺术作品？ 谁决定了艺术的内涵？ 艺术作品能传递信息吗？我们如何知道？ 艺术作品应该传递信息吗？ 一图能胜千言吗？	
如何通过音乐、图像或表现来传递感受或情绪？ 科技发展在哪些方面影响了艺术表达？ 传媒是信息吗？ 是否有一些媒体技术在任何情况下都比其他的要好（例如在一些特定的思想和情感交流时）？	
艺术家要为社会和观众负责吗？ 我们应该审查艺术表达吗？ 美学应该代替实用性吗？ 艺术比实用更重要吗？ 如果没有艺术，我们的世界会变成什么样？	

起草基本问题

世界语言

总体基本问题	问题改编或创新
为什么要学习另一种语言？ 为什么要了解另一种文化？ 语言如何塑造文化？ 文化如何塑造语言？ 说母语的人与说外语流利的外国人之间有什么区别？ 字典为什么不能满足人的需求？ 当我的观点很复杂，沟通能力却还不足时，应该怎么做？ 我们如何用简单的语句表现复杂的想法？	

起草基本问题

体育教育与健康

总体基本问题	问题改编或创新
什么是健康的生活？什么是健康？ 谁是胜利者？ 体质与健康有什么关系？ 什么是终身运动？ 运动什么时候对身体好，什么时候对身体不好？	
顶级运动员和团队采用什么方法保持健康？ 运动员想要进步，必须经历痛苦吗？ 在不受伤的情况下，我们如何获得更强大的力量？ 哪些类型的反馈是最好的？ 为了提升能力，你将如何利用反馈？	

起草基本问题

媒体与技术

总体基本问题	问题改编或创新
技术如何增强理解？ 技术可以用哪些方式来促进（或抑制）表达和交流？ 技术进步的利弊各有哪些？ 我们应该控制技术发展吗？由谁来控制？ 我们如何找到自己想知道的事情？ 信息的最佳来源是什么？ 你必须记住什么？ vs. 你只能找到什么？ 什么让信息是"真实的"？ 对于相同的话题，是否有些信息更合理？我们如何判断？ 我们如何知道应该相信什么（听到的、读到的、网上看到的）？	

起草基本问题

教 育

总体基本问题	问题改编或创新
关于教与学，我们共享了哪些教育信念？ 我们的政策、优先做的事和行动在多大程度上反映了我们的教育信念？ 别人如何知道我们是基于标准设立的学校和学区？ 什么样的内容值得揭示？ 我们如何知道学生是否真正理解了核心观点？ 我们是否正在评估所重视的一切？是否因为评估上的不足而漏掉一些重要的东西？ 教学在多大程度上有吸引力和有效？ 我们如何言行一致，将标准应用于我们的工作？ 我们的工作如何才能更迅捷，更高效？ 你希望自己的孩子来我们学校吗？	

技能领域的基本问题

统计、阅读和体育

许多教育者都存在一个很大的误解，那就是，在教授技能领域知识的过程中，理解核心观点似乎并不重要，如开始识字、体育教学、数学教学。事实恰恰相反，我们知道的一切关于学习的经验都告诉我们，为概念理解而教学对更准确、有效地展现技能来说非常关键。技能领域的基本问题可以分成以下几类：

- **关键概念** —— 作为有效技能表现的基础，核心观点是什么？
- **目的与价值** —— 为什么这项技能如此重要？
- **策略与手段** —— 技能熟练的学习者使用什么策略？如何使技能表现更加高效、有效？
- **背景** —— 何时使用这项技能或策略？

请在下图空白处，为重要技能设计收集基本问题。

关键概念
- 什么是合适的抽样？
- 你怎么知道自己理解了正在阅读的内容？
- 如何在运动中施加扭矩？

目的与价值
- 为什么我们想要抽样，而非算出一切？
- 为什么读者应该经常监控他们自己的理解？
- 扭矩及其保持如何影响功率？

技能：

例子的来源
- 数学
- 阅读
- 体育

策略与手段
- 我们如何选择有代表性的样本？
- 好的读者在不理解文本时会做什么？
- 在不失控的前提下，你如何以最大功率打字？

背景
- 什么时候抽样比计数好？
- 你应该在什么时候使用各种"改进"阅读策略？
- 什么时候"保持"很重要？

技能领域的基本问题设计工具

许多教育者都存在一个很大的误解,那就是,在教授技能领域知识的过程中,理解核心观点似乎并不重要,如开始识字、体育教学、数学教学。事实恰恰相反,我们知道的一切关于学习的经验都告诉我们,为概念理解而教学对更准确、有效地展现技能来说非常关键。技能领域的基本问题可以分成以下几类:

- **关键概念** —— 作为有效技能表现的基础,核心观点是什么?
- **目的与价值** —— 为什么这项技能如此重要?
- **策略与手段** —— 技能熟练的学习者使用什么策略?如何使技能表现更加高效、有效?
- **背景** —— 何时使用这项技能或策略?

请在下图空白处,为重要技能设计收集基本问题。

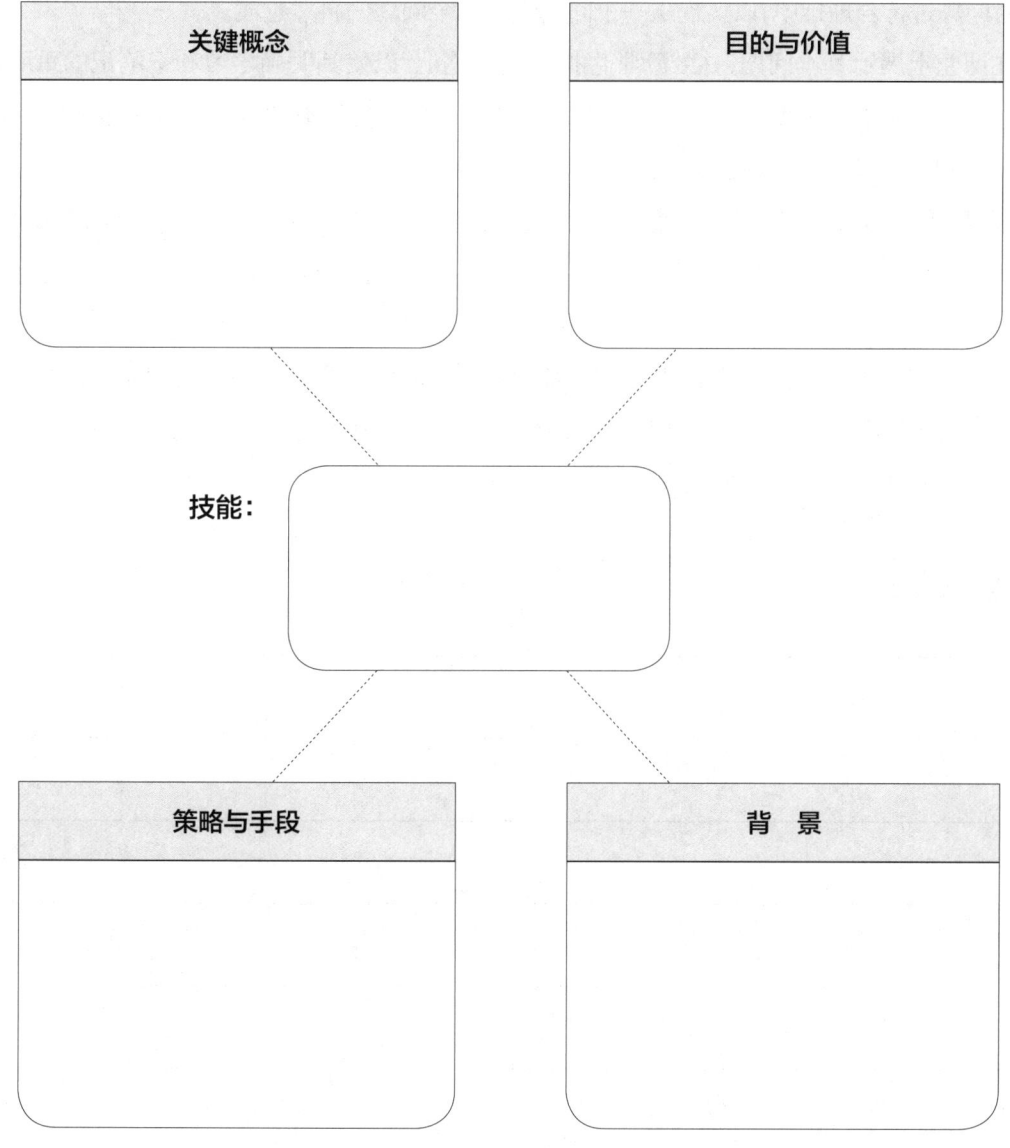

使用基本问题的小贴士

1. 围绕问题组织项目、课程、单元学习和课时。借助"内容"来回答问题。

2. 预先选择或设计与问题有明确联系的评估任务。任务和表现标准应该澄清可达到的目标，问题的实际情况，以及对该问题的回答。

3. 每个单元使用合理数量的问题（2 至 5 个）。以最少的问题达到最大的效果。将内容按优先级排序，使之能够集中在几个关键问题上。

4. 按照学生能够理解的语言来设计问题，使之通俗易懂。问题本身要尽可能有利于学生积极参与和回应。

5. 确保每一个学生都能理解问题并了解这些问题的价值。必要的话，进行调查或非正式检查来确保理解到位。

6. 为每个问题安排具体的探究活动和调查活动。

7. 对问题进行合理排序，以实现从一个问题到下一个问题的自然过渡。

8. 在课堂上展示基本问题，并鼓励学生据此整理笔记，以使其明确学习和记笔记的重要性。

9. 帮助学生个性化地回答问题。让他们分享例子、自己的故事和直觉。鼓励他们将简报和手工制作品带到课堂，以使问题变得更生动。

10. 分配足够的时间来"解析"这些问题 —— 要考查问题的各个相关方面，并探讨其影响 —— 注意学生的年龄、经验和其他教学方面的注意事项 —— 使用问题和概念示意图来显示问题之间的关联性。

11. 与其他教师分享你的问题，以使跨学科的教学和计划更具一致性。鼓励将基本问题推广至全校 —— 要求教师在办公室与会议室等地张贴问题。在教师墙报上将这些问题分类并传播。在教师会议上提出并讨论这些问题。

其他小贴士：

_____

_____

_____

_____

_____

持续理解的概念获得

第一部分 —— 通过以下实例,明确有效达成持续理解的共同特征。

正确表达	不正确表达
学生将理解…… 1. 在自由市场经济中,价格是供求的函数。 2. 真正的友谊往往是患难见真情。 3. 统计分析与数据呈现往往揭示一些隐藏规律。 4. 游泳的时候,最高效和最有效的动作技巧是最大限度地向后推水。 5. 人的行为受到遗传和后天经验相互作用的影响。	学生将理解…… 6. 在过去的十年中,长途电话的价格已经下降了。 7. 真正的友谊。 8. 如何计算均值、中位数和众数。 9. 在自由泳时不应将手握拳。 10. DNA。

列出实例中正确表达的共同特征:

第二部分 —— 以你的特征清单为标准,确定下列例子中哪些是对持续理解的有效表达。在每个例子后选择"是"或"否"。

	是	否
11. 夏眠的概念。	☐	☐
12. 美国农业部食物结构金字塔提出了相对而不是绝对的平衡饮食指南。	☐	☐
13. 数学模型通过简化实际情形来得出有用的解决方案。	☐	☐
14. 如何讲述时间。	☐	☐
15. 内战的原因及其影响。	☐	☐
16.《大宪章》在 1215 年 6 月 15 日签署。	☐	☐

持续理解实例

按学科分类

算术（计算）
- 数字是一种概念，人们用它来表示数量、数列和比率。
- 不同的数字系统可以表达相同的数量（例如基本单位）。

艺术
- 最伟大的艺术家往往突破已经建立的传统和技术，以更好地表达其所见所感。
- 可用的工具、技术和资源影响艺术表达。
- 伟大的艺术解决人类存在这一普遍主题。

商业和市场营销
- 没有一家企业可以用同一产品来成功满足所有消费者，所以它必须确定其目标市场。
- 消费模式预示着生产和营销决策。

舞蹈
- 舞蹈是一种形态、空间、时间和能量的语言。
- 运动可以交流思想和感情。

经济
- 在自由市场经济中，价格是供求的函数。
- 相对短缺可能会导致经济和贸易的相互依存或冲突。

外语
- 学习其他语言和文化开拓我们的视野。
- 我们通过措辞、语调和语法来表达语义。（你可以翻译出所有的话，但这并不意味着你理解了说话者的意思。）

地理
- 一个地区的地形、气候和自然资源影响着居民的文化、经济和生活方式。
- 所有的地图在反映地球的面积、形状、距离和方向时都会失真。

政府
- 民主政府必须平衡个人与共同利益的权利。
- 宪法规定了政府权力的条款和限制。
- 不同的政治制度对创新的宽容和鼓励度不同。

健康
- 不同年龄、活动水平、体重、代谢和健康情况的个体对饮食的要求也各不相同。
- 终身运动促进身心健康。

历史
- 历史涉及阐释;历史学家能够而且应该表示不同看法。
- 历史的阐释受到人的观点的影响(例如,自由战士与恐怖分子)。

媒体和技术
- 技术进步带来了新的可能性和问题。
- 互联网或者一本书上的信息不一定是真的。

文学
- 小说家往往通过虚构的文学作品来讲述自己对于人类经历的见解。
- 一个好故事通过设置一些问题 —— 紧张、神秘、困境或不确定性来吸引读者注意。
- 每个人都有权对文本发表意见,但是文本总会倾向性地表达某些意见。

数学
- 有时数学上"正确"的答案并不是解决现实问题的最佳方法。
- 启发法是可以帮助人解决问题的一种策略(例如,将一个复杂的问题转化成几个部分,创建一个可视化表征,从想要的结果、猜想和检查出发进行反推)。
- 统计分析与数据呈现往往揭示一些隐藏规律。

音乐
- 无声(沉默)和有声(音符)一样重要。
- 流行音乐已经从强调旋律和歌词转向强调多重节奏。

哲学和宗教
- 伦理学家不同意这样的观点:一个动作或者一个人的意图造成的结果是评判道德行为的最关键因素。

- 通过研究一种文化的宗教传统，人可以洞察这种文化本身。

体育教育和运动
- 创造远离球或冰球的空间，从而扩大防御并增加得分机会（例如，在篮球、足球、橄榄球、曲棍球、水球和长曲棍球中）。
- 游泳的时候，最有效和最高效的动作技巧包括直接向后拉水和推水。
- 当你投掷（例如，棒球、篮球）和旋转（例如，高尔夫、网球）时，正确的后续动作会增加精准性。

阅读/语言艺术
- 高效的读者会用某些策略来帮助自己更好地理解（例如，使用上下文线索、推断接下来要发生的事情、根据文本提问、重复阅读）。
- 不同文体的文章（例如，记叙文、推理小说、传记、说明文、议论文），结构也不同。
- 理解文章结构有助于读者更好地理解其含义。

科学
- 科学主张必须通过独立调查来核实。
- 标准化度量能让人更加准确地描述物质世界。
- 相关性并不能确保因果关系。

教学
- 有效的教学是精心和周到规划的结果。
- 当教学对学习者具有吸引力和意义的时候，行为管理的必要性就降低了。
- 教师的工作不是覆盖教材。教材应该作为一种资源来使用，而不是作为教学大纲。

写作
- 读者和目的（例如，通知、说服、娱乐）影响着写作技巧（例如，风格、色调、语词选择）的使用。
- 作家并不总会直接说出他们想要表达的意思，有时表达是间接的（例如，讽刺、反语），这就要求读者在字里行间找到作者想要表达的意思。
- 标点符号和语法规则就像高速公路的标志和交通信号，其作用是引导读者在通读文本时不会产生疑惑。

从目标或主题到持续理解

西进运动和拓荒生活

请根据给定的单元目标或主题,使用下面的图示,收集可能的理解。

- 人们移民到西部以寻找新的经济机会、更大的自由或远离某些事物(例如法律)。

- 铁路吸引人们西迁,但是相关的广告错误地美化了大草原上的生活。

目标或主题: 西进运动和拓荒生活

- 像所有拓荒者经历的一样,草原上的拓荒生活充满了危险和艰辛。

- 美国原住民因拓荒者在西部定居而"无家可归"。

从目标或主题到持续理解设计工具

请根据给定的单元目标或主题,使用下面的图示,收集可能的理解。

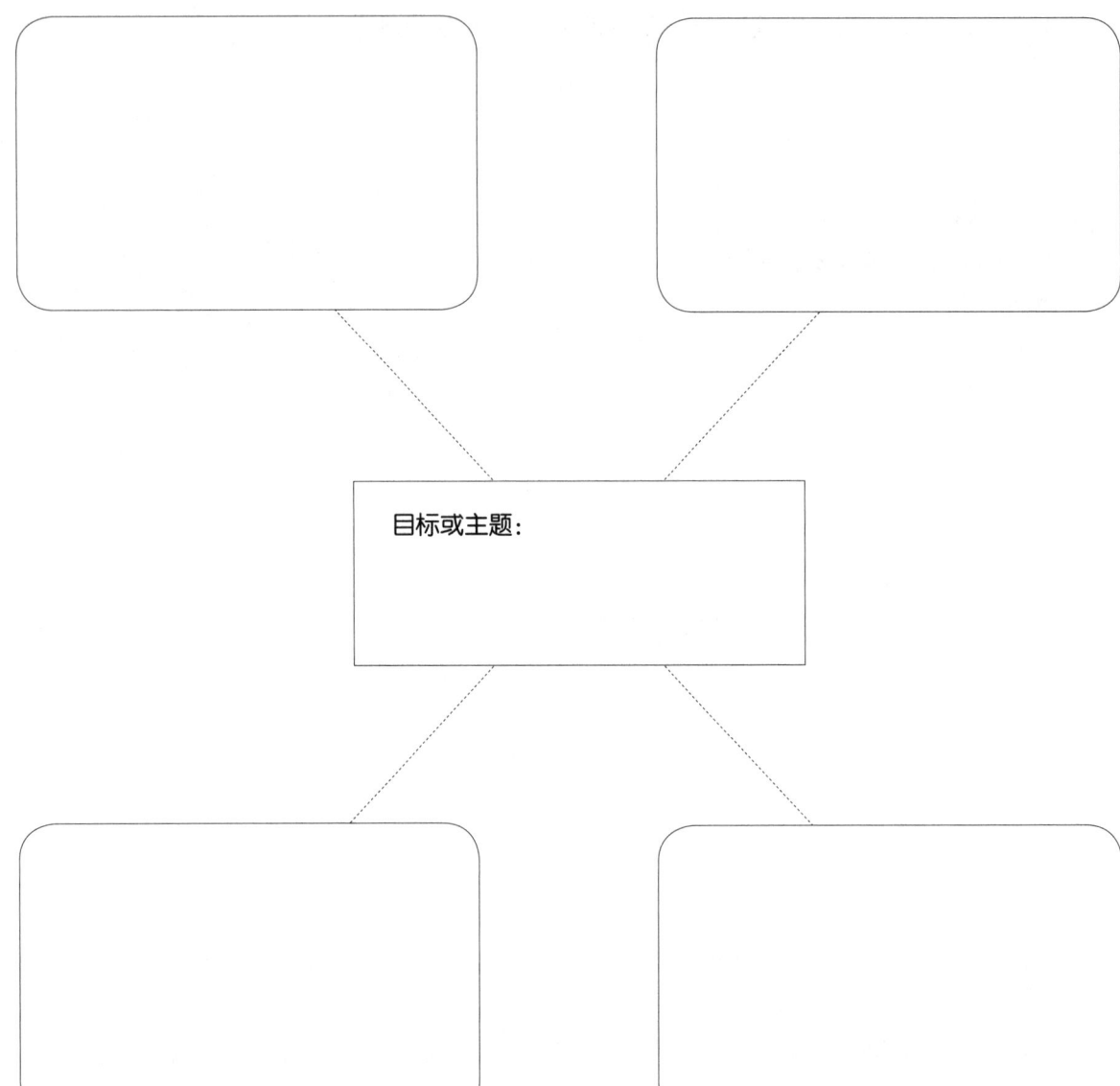

通过连接核心观点来构建持续理解

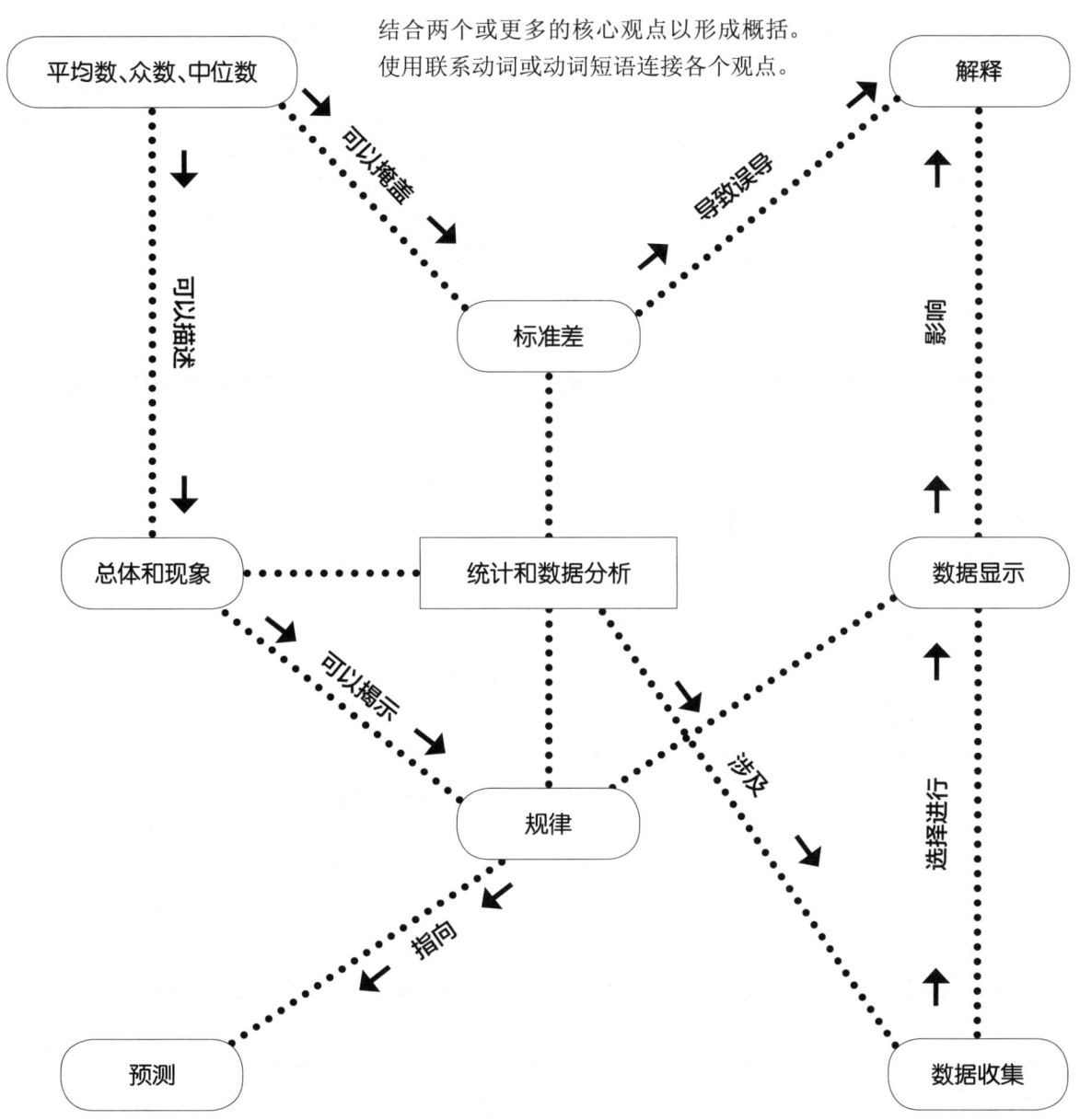

- 统计可以解释复杂现象。
- 数据分析经常可以揭示规律并提供预测。
- 数据收集和数据代表的选择会影响解释。
- 统计具有展示性和误导性。

持续理解的两种类型

总体问题	局部问题
这些理解超越了单元的范围,指向更大的、可迁移的见解。这些见解通常反映的是一年的课程或整个 K-12 课程所需的理解。在总体理解中,一般不会涉及某一单元的主题、事件或文本。	局部理解针对的是一个主题或话题。它指的是我们希望学生在一个单元的学习中得到的见解。一个主题的局部理解不太可能迁移至其他主题。

实 例

艺术 • 最伟大的艺术家经常打破传统和所谓技巧,以更好地表达他们的看法和感受。	**印象主义单元** • 印象派的艺术家在某一时刻会使用颜色、光和阴影来传递自己对反射光的印象,以脱离传统绘画形式。
经济 • 价格是供求的函数。	**(小学)金钱单元** • 豆娃娃的价格取决于任意给定时间的需求和供给。
文学 • 现代小说颠覆了许多传统的故事元素和规范,以提供更真实、更吸引人的故事。	**《麦田里的守望者》单元** • 霍尔顿·考尔菲德是一个遭人疏远的"反英雄",而不只是一个不信任成年人的怪孩子。
历史与政府 • 民主需要新闻界自由且勇敢地站出来质疑权威。	**美国宪法单元** • 新闻界曝光的"水门事件"是宪法面临的一次严重危机。
数学 • 数学能够让我们发现隐含的规律。	**统计单元** • 统计分析和图形展示经常能够揭示随机数据或总体中的规律,从而实现预测。
体育教育 • 在最大运动范围内收缩的肌肉将产生更多力量。	**高尔夫单元** • 包括送球的完整发球动作将增加你的发球距离。
科学 • 重力不是自然事物,而是一个术语,描述所有做自由落体运动物体的恒定加速度。	**万有引力单元** • 垂直高度,而非下落的角度和距离,决定了做自由落体运动物体的落地速度。

持续理解
（描 述）

涉及赋予事实意义和重要性的核心观点

持续理解是由概念、原则和理论构成的,这些概念、原则和理论将许多事实联系起来,形成了有启示作用的有用规律。我们能够据此组织概念的优先级,从而理解过去的课程,进行当前的探究,并创造新的知识。

可以迁移至其他主题、领域和成年生活

这样的理解是持久的,因为不管是学生,还是成年人,都能够在学习中建立重要的、信息丰富的连接。例如,"可能不合适"的想法既适用于游乐场上的纠纷,也适用于国际外交。

通常不显而易见、违反直觉、容易误解

理解是一种推论,而不是事实。这是一种来自调查的见解。知识领域的关键理解往往违背常理和传统智慧(例如,在物理学中,如果没有任何其他外力作用于物体,那么物体将一直保持匀速运动)。学生往往容易在此产生误解。因此,为了让学生获得这些理解,教师必须揭示,不能仅仅覆盖教材内容。

为基本技能提供概念基础

虽然在数学、外语和体育等大多数单元中,技能教学似乎并不涉及理解,但是所有技能的价值都源于策略原则,即帮助我们知道何时,以及如何运用这项技能。具备这些理解的学生能够证明技能使用的合理性(例如,学生可以解释为什么在自由泳时应该曲臂划水),并且能在新情况下使用该技能(例如,在仰泳时曲臂划水)。

是有意形成的概括 —— 所谓"故事的寓意"

理解是从探究中得出的概括,是一个应该能从学习主题中推断出的具体见解(不只是对主题的陈述)—— 我们希望学生在学习之外实现的东西。注意:一个单元的持续理解可能还没有得到共识,或者,人们还存在分歧,不确定应该如何理解有关问题、事实和文本。

形成理解的小贴士

用完整的句子来概括表达预期理解：对"学生将理解……"做出回应

具体说明学生应该掌握的主题。许多课程框架、内容标准和教师目标错误地将话题（例如，学生将理解水循环）或技能（例如，学生将理解如何做乘法）当作理解。

我们建议你总结一下你所追求的理解，之后探索主题，以形成尽可能具体的见解（例如，数据分析和图形展示经常揭示有用的规律并实现预测）。

一种形成理解的方法是，对"学生将理解……"这句话做出回应（例如，内战最初针对的是各州的权利问题和地区政治经济，不只是奴隶制的道德问题）。这种方法有助于澄清我们希望学生理解的概括内容，同时避免从话题或技能出发来陈述理解。

另一种思考方式：如果你的单元话题是一个"故事"，那么它的寓意是什么？通过把理解当作"故事的寓意"，设计人员可以超越话题，澄清他们寻求的全部理解。例如，动物适应力单元中，"寓意"是生命体已经开发出适应性机制，使其能够在恶劣或变化的环境中生存。

不要将理解表述成真理或表述模糊

避免真理。真理是指那些从定义中得到的、一定正确的陈述（例如，三角形有三条边）或显而易见的事情（例如，音乐家用声音创作音乐）。同样地，模糊的表述（例如，美国是一个复杂的国家，或写作涉及许多不同的元素）范围太大，以至于不能为重要观点提供有用的、可迁移的见解。实用小贴士：检查你的理解表述，不要以形容词结尾（例如，分数是重要的）。

避免使用"学生将理解如何……"

这种说法是有歧义的。一个含义是，学生将发展某些技能。这类目标最好放在设计模板中的"技能"部分（**S**）。"理解如何"的另一个含义是，为了合理使用某项技能所需的必要见解。例如，知道为什么某些东西有效或有用。我们应该明确这些预期见解，并将其放入模板中的"理解"部分（**U**）。

一种可行的方法是，在明确技能领域的预期理解时，分别回答"为什么？""怎么做？""何时？"和"不做又如何？"。

预见误解

预期的理解	可能的误解
患难见真情。	朋友就是与你一起玩的人。曾经是朋友,永远是朋友。
一旦抛出球,引力就是球上唯一重要的力。	在投手抛出一个球后,该球受两个力的作用。
美国内战的主要原因是地区经济以及各州权利问题。	美国内战就是与邪恶的奴隶制做斗争,最终好人胜利了。
技能领域的预期理解	**可能的错误或误解**
聆听不是被动的。高效的听众通过总结、澄清和质疑的方式,来监控他们对演讲内容的理解。	我需要做的就是一直坐在这,盯着演讲者,听他讲话。

用下面的空格来确定你在明确理解或技能的过程中可能出现的误解。

从技能和观点到理解

人们普遍认为,在技能领域的教学不涉及核心观点。但核心观点其实是作为技能基础的关键概念,是使用技能的目的或意图,是策略或手段,也是使用背景(即何时使用这一技能)。

作为一种技能陈述	潜在的核心观点	为理解而概括 Ⓤ
游泳:手臂划水的机制(自由泳、仰泳、蛙泳、蝶泳、侧泳)	• 有效 • 最大功率 • 向后推 • 接触面积	• 最有效的游泳机制可以直接让人向后推动最大量的水。 • 舒展(而非蜷曲)的手与水的接触面积最大。 • 游泳者在曲臂划水时,向后推水的功率最大。
分数加法	• 由部分到整体 • 将一个相似部分与另一个相似相关联	• 部分的结合,形成了一个共同的整体。

知识与技能
（实 例）

知 识

我们希望学生知道：
- 词汇
- 术语
- 定义
- 关键事实信息
- 公式
- 重要细节
- 重要事件和人
- 序列和时间线

技 能

我们希望学生能够具备：
- 基本技能：解码、四则运算
- 沟通技能：听、说、写
- 思考技能：比较、推断、分析、解释
- 研究、探究、调查技能
- 学习技能：记笔记
- 人际关系、合作技能

学生将知道…… **K**

- _____
- _____
- _____
- _____
- _____
- _____

学生将能够…… **S**

- _____
- _____
- _____
- _____
- _____
- _____

解析目标（方法1）

语言艺术

参照目标： ⓖ

所有学生都能够为不同的受众和目的，用不同的内容和形式清楚、简洁、有条理地写作。

——新泽西州语言艺术标准3.3

用名词和形容词来陈述或暗示核心观点：
- 内容和形式
- 受众和目的
- 有条理＝"形式服从功能"

用动词来陈述或暗示真实世界表现：
写作……
- 用不同的内容和形式
- 为不同的受众和目的

理解： Ⓤ

学生将理解……
- 受众和目的（例如为了告知、娱乐、说服、煽动情绪）影响写作技巧（例如组织、风格、语词的选择）。
- 不同文体的文章，结构也不同。

基本问题： Ⓠ
- 我试图通过我的作品来实现什么？
- 我为谁而写作？
- 好的作家如何用不同文体的文章（例如，神话、随笔、诗歌、历史小说）来吸引并保持读者的兴趣？

表现任务： Ⓣ
- 让学生给不同的受众写一篇目的相同的文章（例如，告知或说服），并解释受众对其风格和用词的影响。
- 让学生用不同文体写一篇内容相同的文章（例如，随笔、诗歌、给编辑的信，等等），并解释文体对文章结构、风格和用词的影响。

© 2004 ASCD 版权所有／授权宁波出版社独家翻译出版

解析目标（方法1）
数　学

参照目标：

所有学生都将通过理解数学思想的相互关系，以及数学和数学模型在其他学科和生活中扮演的角色，来将数学与其他学习领域联系起来。

——新泽西州数学标准 4.3

用名词和形容词来陈述或暗示核心观点：
- 其他学科和生活中的数学模型

用动词来陈述或暗示真实世界表现：
- 真实世界的数据或现象的有效数学模型示例
- 批判地评价一个数学模型，看看它是否适合给定的真实世界情境

理解：

学生将理解……
- 数学模型简化了现象，并与其相连接，以使我们更好地理解它们。
- 必须批判地看待数学模型，以免受其歪曲或误导。

基本问题：
- 数学模型在哪些方面有用？
- 你怎么知道你的模型能较好地适用于某种情况？
- 数学模型的局限是什么？

表现任务：
- 让学生根据选定的真实世界情境（例如季节性气温）建立数学模型。
- 让学生批判地评价一个数学模型：它是否适用于给定的情况（例如，用于在二维平面表示地球的墨卡托投影）？

解析目标（方法1）设计工具

参照目标： ⓖ

用名词和形容词来陈述或暗示核心观点：

用动词来陈述或暗示真实世界表现：

理解： ⓤ
学生将理解……

基本问题： ⓠ

表现任务： ⓣ

解析目标（方法2）

视觉艺术

参照目标： ⓖ
视觉艺术，目标2：学生将认识到，视觉艺术是历史和人类经验的一个基本维度。

来源：巴尔的摩市公立学校

为了达到这一标准，学生需要理解 ⓤ

- 艺术表现受时间、地点和文化的影响。
- 一个人通过分析和解读文化的视觉艺术来获得对文化的理解。
- 可用的工具、技术和资源影响艺术家和工匠们表达自我的方式。

为了实现理解，学生需要考虑的问题有 ⓠ

- 艺术在多大程度上受时间、地点与文化的影响？
- 艺术以何种方式塑造文化？
- 艺术家是文化空想者、记者还是反动派？
- 谁决定艺术的意义？
- 科技如何影响艺术表现？

为了实现理解，学生必须

知道…… ⓚ
- 视觉艺术的设计元素（概念和术语）：线、颜色、形式、纹理、图案、空间。
- 视觉艺术的设计原则：平衡、节奏、视角、强调、统一。
- 艺术家的各种技术运用方式。
- 各个时期的相关历史文化信息。

能够…… ⓢ
- 分析和解释艺术作品。
- 比较来自不同时期和文化的艺术作品，以确定有区别的视觉特征（例如，中世纪、文艺复兴）。
- 口头和视觉呈现他们的分析和解释。

解析目标（方法2）

科学进步

参照目标：
标准4（小学）：通过提出有意义的问题，并进行仔细调查，以取得科学进步。

来源：加利福尼亚州科学标准

为了达到这一标准，学生需要理解

- 科学知识的发展离不开严格控制的调查。
- 科学的方法是有意隔离和控制关键变量（不只是"试错"）。
- 科学知识必须通过重复实验来证实。

为了实现理解，学生需要考虑的问题有

- 我们如何知道在科学中应该相信什么？
- 科学在多大程度上就是"试错"？
- 科学理论、常识和强大的信念三者之间有什么区别？
- 精确的预测是否意味着我们理解了"怎么做"和"为什么"？

为了实现理解，学生必须

知道……

- 关于科学调查的重要术语：属性、结论、数据、观测、分类、比较、假设、测量、预测、变量。

能够……

- 基于观察（而不是猜测）做出预测。
- 用适当的工具测量长度、重量、温度和液体体积，并以标准和非标准单位表示测量值。
- 对两个或多个物体的物理属性进行比较与分类。
- 编写或绘制一系列步骤、事件或观察结果的说明。

解析目标（方法2）设计工具

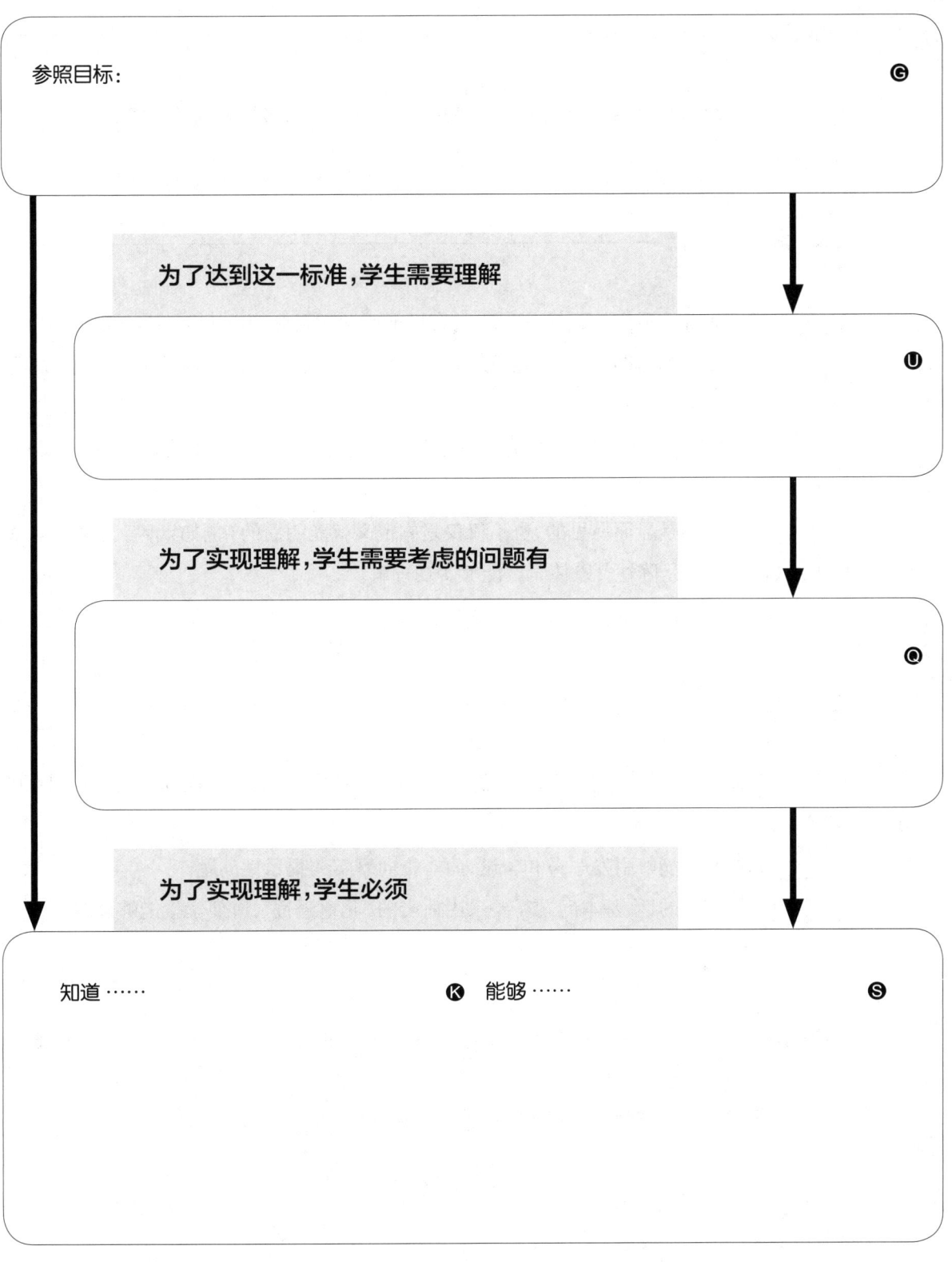

教学设计检查单：阶段 1

参照目标 ──────────────────────────────── G

1.＿＿＿＿＿＿只列出那些直接与单元相关，并能够在阶段 2 评估的目标或内容标准。

理　解 ──────────────────────────────── U

2.＿＿＿＿＿＿理解来源于适当的目标（例如，内容标准或课程目标）或与其保持一致。

3.＿＿＿＿＿＿理解既是总体的（促进核心观点的迁移），也是局部的（尤其是聚焦于教学、学习和评估）。

4.＿＿＿＿＿＿理解是以一个完整句子呈现的概括，即将句子主干"学生将理解……"补充完整。

5.＿＿＿＿＿＿理解并不是显而易见的，也不仅仅是靠定义就能明白的（例如，事实性知识）。理解需要加以揭示（而不仅仅是陈述），以使学生能够实现理解。

基本问题 ──────────────────────────────── Q

6.＿＿＿＿＿＿总体的基本问题阐明了核心观点，并连接其他主题和内容，而局部的基本问题则用于引导探究主题。

7.＿＿＿＿＿＿基本问题能够引发思考和争论，而非指向事实的提示性问题。

8.＿＿＿＿＿＿如果需要的话，基本问题需要采用适当的"儿童语言"，以便学生能够理解。

知识和技能 ──────────────────────────────── K S

9.＿＿＿＿＿＿明确了标准和预期理解所需的关键知识与技能。

待评审的阶段 1 教学设计草案

主题：移民，4 年级

参照目标： G

学生能使用各种智力技能来展示其对美国及纽约历史的主要观点、时代特征、主题、发展及转折点的理解。

来源：纽约社会研究课程标准

学生将理解 U

- 全球化和世界历史对移民美国有极大的影响。
- 1954 年以前，埃利斯岛是美国的移民处理中心。
- 从当今美国学生种族多这一特点，可以看出美国是个"大熔炉"。
- 对外开放政策对美国发展的贡献极大。

Q
- 哪些主要事件影响了移民美国的进程？
- 从 1892 年到 1952 年，移民者经过哪些步骤移民美国？
- 为什么美国的昵称是"大熔炉"？
- 在移民美国的移民者中，哪些人起了很重要的作用？他们对美国文化的贡献是什么？
- 为什么国家要制定移民指标？

学生将知道 K

- 相关术语。
- 影响移民美国进程的特殊历史事件（例如，加利福尼亚淘金潮）。
- 影响移民美国进程的特殊世界历史事件（例如，爱尔兰大饥荒）。
- 移民到美国面临的风险和障碍。

学生将能够 S

- 基于移民数据创建图表并做出解释。
- 调查和采访（例如，调查并采访一位移民者，并将其作为信息的主要来源）。
- 针对移民的争议问题进行辩论（例如，限定指标与开放政策）。
- 撰写本单元的研究报告。

评审意见

阶段1 教学设计草案的评审意见

主题: 移民,4年级

参照目标: ⓖ

学生能使用各种智力技能来展示其对美国及纽约历史的主要观点、时代特征、主题、发展及转折点的理解。

来源:纽约社会研究课程标准

学生将理解 ⓤ

1. 全球化和世界历史对移民美国有极大的影响。
2. 1954年以前,埃利斯岛是美国的移民处理中心。
3. 从当今美国学生种族多这一特点,可以看出美国是个"大熔炉"。
4. 对外开放政策对美国发展的贡献极大。

基本问题 ⓠ

1. 哪些主要事件影响了移民美国的进程?
2. 从1892年到1952年,移民者经过哪些步骤移民美国?
3. 为什么美国的昵称是"大熔炉"?
4. 在移民美国的移民者中,哪些人起了很重要的作用?他们对美国文化的贡献是什么?
5. 为什么国家要制定移民指标?

学生将知道 ⓚ

1. 相关术语。
2. 影响移民美国进程的特殊历史事件(例如,加利福尼亚淘金潮)。
3. 影响移民美国进程的特殊世界历史事件(例如,爱尔兰大饥荒)。
4. 移民到美国面临的风险和障碍。

学生将能够 ⓢ

1. 基于移民数据创建图表并做出解释。
2. 调查和采访(例如,调查并采访一位移民者,并将其作为信息的主要来源)。
3. 针对移民的争议问题进行辩论(例如,限定指标与开放政策)。
4. 撰写本单元的研究报告。

评审意见

左边的内容标准适用于本主题。然而,这个标准太广泛了,需要"解析"(如下),从而更聚焦于单元内容。

第1条是真理,需要再进行具体概括或省略。第2条只是一个事实。第3条和第4条更接近于理解,但需要改进。例如,第4条可以改成:"美国一直都在针对移民的好处和风险开展辩论。"

问题1、2、4是事实,不是基本问题。问题3和5还可以。问题3可以更开放、更具启发性一点,例如"谁是美国人?";而问题5则可以再有争议一点,例如"某个国家应该允许什么样的人入境?"

左边的知识似乎符合主题。但是第4条并未反映任何问题或理解。或许可以添加一个基本问题,例如"是什么导致移民难?"将"移民政策随时间而变化"添加到第4条。

左边的技能似乎是恰当的,反映了本主题的探究方法。

待评审的阶段 1 教学设计草案

主题：力量训练，高中

参照目标： Ⓖ
　　标准 2.20：展示力量训练、心血管锻炼和灵活性训练的运动。
　　标准 2.20：实施一项个人身体发展活动计划。
　　　　　来源：马萨诸塞州 —— 体育与健康

学生将理解 Ⓤ
- 力量训练将增强体魄，或让日常生活中的体力活（例如工作或游戏）变得更轻松。
- 力量训练可以符合任何人的需求和生活方式。
- 绝不能不顾安全地进行力量训练。

Ⓠ
- 力量训练的好处有哪些？
- 力量训练可以不管体重，只注重运动或活动吗？
- 力量训练对我的身体产生了哪些影响？
- 如果我练习举重，我会看起来更像是塑形过的人吗？
- 通过力量训练来让我的身体更协调，这可能吗？

学生将知道 Ⓚ
- 力量训练分为力量（高强度、少次数）和耐力（低强度、多次数）两种。
- 肌肉群以拮抗对的方式工作，从而实现双向运动（例如，二头肌 — 手臂屈曲或三头肌 — 手臂伸展）。
- 关于肌肉和骨骼的基本生理学概念。

学生将能够 Ⓢ
- 针对各种力量训练，展示合适的运动方法。
- 在准备和进行各种运动时，保障同伴安全。
- 设计个人的力量训练计划。

评审意见

待评审的阶段 1 教学设计草案

主题：测量，小学

参照目标： Ⓖ
2.7 选择最合适的标准单位来测量长度和面积。
4.5 使用标准单位估算、测量、记录和比较物体的长度、高度、周长和面积，并进行排序。
来源：加拿大阿尔伯塔数学课程标准

学生将理解 Ⓤ
- 大家每天都会用到测量。
- 单位是标准的，并且彼此相关。
- 我们使用不同单位来测量不同的物体。

Ⓖ
- 我们每天怎样使用测量方法？
- 我们为什么使用标准单位？
- 我们为什么需要对物体进行测量？

学生将知道 Ⓚ
- 如何展示对标准单位的理解，以及这些单位之间如何相关。
- 如何通过测量语言来描述和比较常见物品。

学生将能够 Ⓢ
- 针对不同任务选择合适的单位，并证明选择的合理性。
- 估算、测量和比较一个物体的长度、面积、周长和高度。
- 画出不同面积的形状。

评审意见

阶段 1 的常见问题

1. 核心观点、理解与基本问题之间有何关联？

原书第 133 页（本书第 131 页）的图对这三个概念进行了定义并且指出了彼此的联系。

2. 完成阶段 1 各项工作是否需要遵从一定的顺序？

不需要。我们看到多种成功的途径。有些人始于参照目标（**G**），进而提出理解（**U**）和基本问题（**Q**），结束于罗列知能目标（**K** & **S**）。还有些人则倾向于从参照目标出发，进而罗列知能目标，最后再考虑理解和基本问题。更有人从制定与主题相关的基本问题开始，进而完成其他各部分内容。

最重要的东西莫过于这样一个结果——各元素保持一致的阶段 1 设计。达到这一目标的方式是灵活的。

3. 我们一直在强调，教学要以州内容标准和测量基准为导向。那么如何让内容标准适配 UbD 设计框架呢？

我们鼓励教师"放下"内容标准，尤其是那些孤立的事实与技能，明确相关的核心观点与基本问题才是关键。当然，我们不是建议教师不考虑内容标准的具体要求。在知识（**K**）和技能（**S**）下呈现的，就是内容标准和测量基准（以及在州测验中要评估的内容）中确定的具体事实和技能。核心观点与基本问题相当于"概念魔贴"，将具体事实与技能联系起来，并使之成为可迁移的概念和原理。

4. 每个理解是否都应该对应一个基本问题？

虽然这里不强求一一对应，但是我们应该清楚基本问题与理解之间的联系。鉴于基本问题是探索核心观点以及通向预期理解的必经之路，我们希望可以看见一个（或更多）通向理解的入口（基本问题）。

5. 为什么某些学科和年级的教师还在阶段 1"挣扎"？

看重技能的教师（例如，在小学低年级、初级世界语言、数学或物理教育中）更可能认为完成阶段 1 是一项富有挑战的任务。人们通常认为 UbD 并不能运用于技能教学。然而，我们认为，核心观点通常是技能领域的基础，当学习者能够理解技能时，其表现会更好。我们鼓励教师引导学习者理解技能的四个方面：基本概念（此项技能或者策略如何发挥作用？）、目的（此项技能可帮助你实现哪些更远大的目标？）、策略的使用（哪些策略或手段能够让你更有效、高效地学习和使用技能？）与背景（应该在什么时候运用此项技能或策略？）。

　　研究表明，当教师基于这种理解，而非单纯通过演练和练习的方式来教授技能时，学习者能在不同情境中更灵活地运用技能。

核心观点、理解和基本问题

下图阐述了核心观点、理解与基本问题三者之间的内在联系。

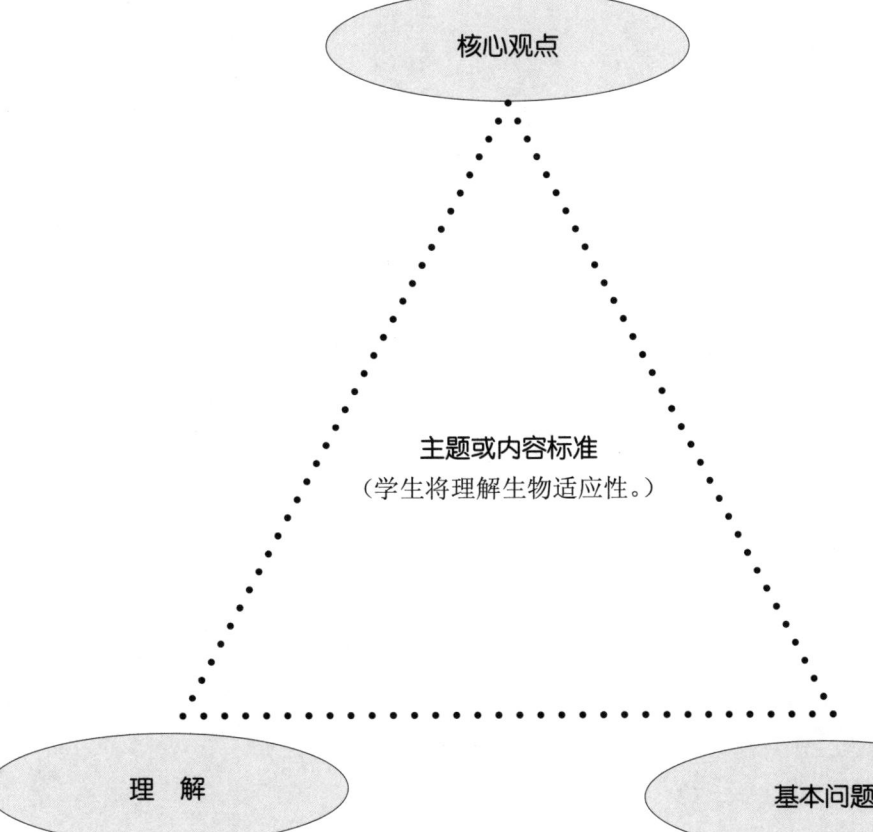

核心观点：
一个抽象的、可迁移的概念、主题或过程，处于一门学科或一个主题的核心。
（适应、生存）

主题或内容标准
（学生将理解生物适应性。）

理解： Ⓤ
一个完整的概括句，明确我们希望学生形成的关于核心观点的理解。（生物体通过适应，在恶劣的或不断变化的环境中生存。）

基本问题： Ⓠ
一个能引发思考和争议的问题，旨在指导对核心观点的探究。通过积极探究基本问题，学生可以进一步深化他们的理解。（生物体以何种方式在恶劣或不断变化的环境中生存？）

Stage 2

Evidence Design Tools and Samples

阶段 2 评估证据
教学设计工具和实例

逆向教学设计：阶段 2

阶段 2——评估证据

> **T** 表现任务和量规 **R**
> **OE** 其他证据
> **SA** 自我评估

在阶段 2，我们考虑评估的证据，以确定学生在阶段 1 实现预期结果的程度。在 **T**，我们将表现任务和量规 **R** 定义为通过提供学生理解的证据来落实单元内容。所有其他的证据（例如诊断性和形成性评价、测验、测试、观察、提示性写作和演讲）都纳入 **OE**。我们将所有学生的自我评估都纳入 **SA**。

阶段 2 的目标是获得有效的、可靠的、可信的和有用的证据。关键在于"像评估人员，而非活动的设计者一样思考"。我们寻求的预期结果与计划收集的证据之间应该严格保持一致。

阶段 2 设计标准：评估在多大程度上为预期结果提供了有效、可靠和充分的测量标准？

考虑：我们是否……
○ 要求学生通过真实性表现任务来展示他们的理解？
○ 使用基于标准的评分规则来适当地评估学生的产品和表现？
○ 为学习的额外证据提供了各种合理的评估方式？
○ 鼓励学生进行自我评估？

阶段 2：关键设计元素
（网状图）

考虑将以下元素作为你确定预期结果（阶段 1）实现程度的证据。后面我们还为你提供了实例和设计工具。

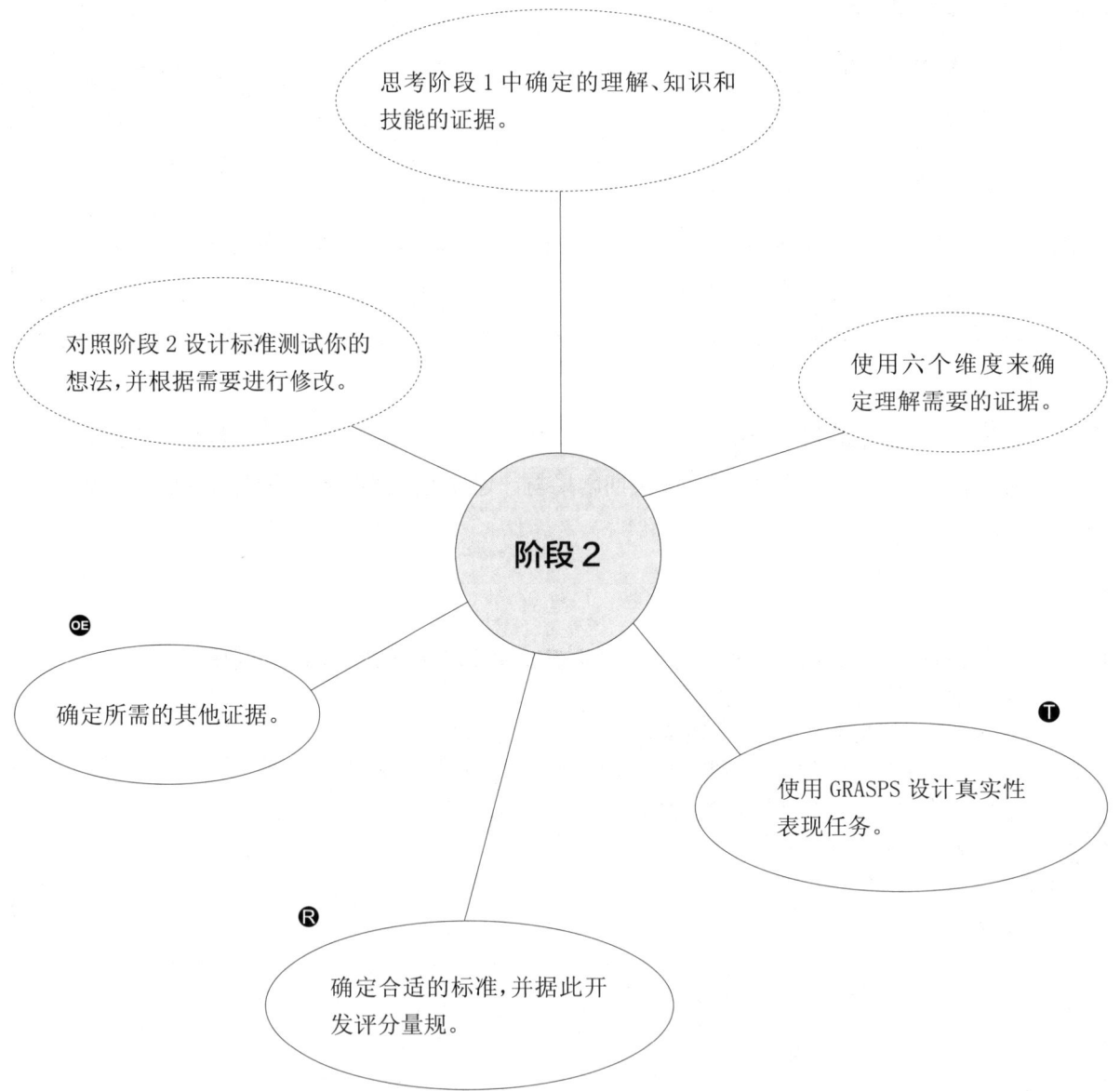

一致性：逆向设计的逻辑
（学生的理解对于评估意味着什么？）

友谊，小学

阶段 1	阶段 2	
如果预期结果是让学习者……	那么，你需要证据证明学生有能力……	所以，评估需要学生……
理解： ⓤ • 友谊需要诚实和坦率。 • 患难见真情。 • 有时候很难知道谁是真正的朋友。	**应用：** 我们可以通过哪些应用来推断学生对于所学内容的理解？ 什么样的产品和表现，在出色完成的情况下，能够提供有效的方式，以区分理解和单纯的回忆？	ⓣ ⓞⓔ • "订购"朋友：根据"友谊目录"，通过电话来"订购"真正的朋友。你的朋友需要具备哪些品质？ • 亲爱的艾比，为下面的案例提出建议：一个孩子为了不让朋友尴尬，讲了一个善意的谎言。 • 为年龄更小的学生制作信息手册，帮助他们了解谁是真正的朋友。 • 制作漫画或图书来说明友谊中的行为。
认真考虑如下问题…… ⓠ • 谁是真正的朋友？ • 是什么延续了友谊？	**解释：** 为了让我们推断出学生对其学习内容真正的理解情况，学生必须解释、证明、支持或者回答什么？为了判断学生是否真正理解他们的言行，我们应如何测试他们的观点和应用？	• 讲述或描绘这样一个故事：两个没有面对面交流的朋友之间会发生什么。 • 向销售员解释你的选择（"订购"朋友任务）。 • 介绍你的朋友并解释你们成为朋友的原因。 • 描述真正的朋友所具备的品质。说明你的理由。 • 理解关于友谊的谚语，例如，"患难见真情""敌人的敌人就是朋友"。

一致性：逆向设计的逻辑
(学生的理解对于评估意味着什么？)

统 计

阶段 1		阶段 2
如果预期结果是让学习者…… →	那么，你需要证据证明学生有能力…… →	所以，评估需要学生……
理解： (U) • 数据分析和图形展示通常会揭示出数据背后的规律。 • 认识规律有助于预测。 • 来自数据规律的推断可以是貌似正确，实则错误的（或貌似错误，实则正确的）。 • 相关并不等于有因果关系。	**应用：** 我们可以通过哪些应用来推断学生对于所学内容的理解？ 什么样的产品和表现，在出色完成的情况下，能够提供有效的方式，以区分理解和单纯的回忆？	(T) (OE) • 用男子和女子马拉松的历史成绩来预测 2020 年男子和女子马拉松的成绩。 • 为省钱计划（例如，为上学、退休）制订不同的方案。给出经济上的建议。解释复利的不可信性。 • 分析过去 15 年的艾滋病案例，以确定其趋势。(注：数据起初呈现线性关系，但后来却呈现指数关系。) • 给编辑写一篇文章或一封信，解释马拉松分析是貌似正确，实则错误的。 • 制作小册子，向准投资者解释为什么早期的少量投资优于后期的大量投资。 • 制作图表，并用文字来解释说明艾滋病病例的指数性质。
认真考虑如下问题…… (Q) • 什么是趋势？ • 下一步会发生什么？ • 什么情况下数据会说谎？什么情况下数据揭示真相？	**解释：** 为了让我们推断出学生对其学习内容真正的理解情况，学生必须解释、证明、支持或者回答什么？为了判断学生是否真正理解他们的言行，我们应如何测试他们的观点和应用？	

一致性：逆向设计的逻辑设计工具
（学生的理解对于评估意味着什么？）

_____
_____
_____

阶段1	阶段2	
如果预期结果是让学习者……	那么，你需要证据证明学生有能力……	所以，评估需要学生……
理解： **U**	应用： 我们可以通过哪些应用来推断学生对于所学内容的理解？ 什么样的产品和表现，在出色完成的情况下，能够提供有效的方式，以区分理解和单纯的回忆？	**T** **OE**
认真考虑如下问题…… **Q**	解释： 为了让我们推断出学生对其学习内容真正的理解情况，学生必须解释、证明、支持或者回答什么？为了判断学生是否真正理解他们的言行，我们应如何测试他们的观点和应用？	

© 2004 ASCD 版权所有／授权宁波出版社独家翻译出版

课程内容层级与评估方法

在有效的评估中，评估的类型或形式与实现参照目标的证据有着匹配关系。如果目标是让学生学习基础的知识和技能，那么纸笔测验和考试通常就能为此提供充分而有效的测量。然而，当目标是深度理解时，我们需要更加复杂的表现来判断目标是否实现。下图揭示了评估类型与不同课程目标证据之间的一般关系。

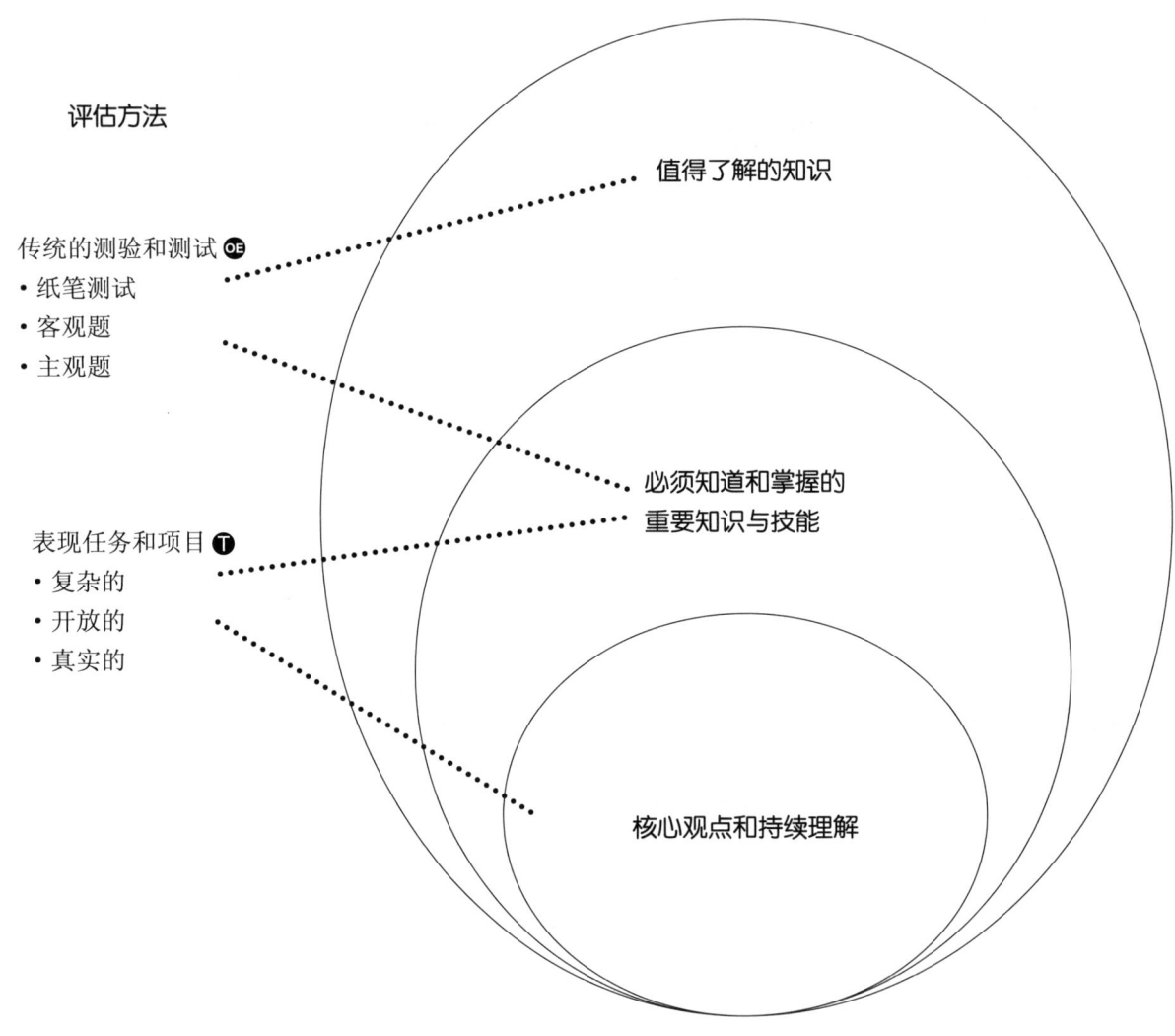

从评估中收集各种证据

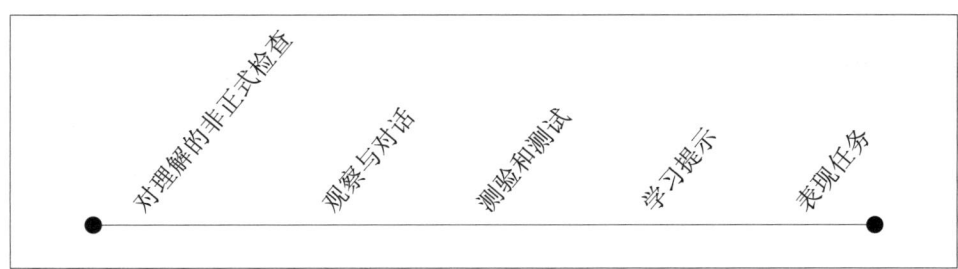

表现任务 ⓣ

复杂的挑战反映了成人面临的问题。无论是短期,还是长期、多阶段的任务,它们都生成了一个或多个实体产品或者表现。它们与学习提示有以下不同点:

· 真实或模拟真实的设定,包括成年人在类似情况下遇到的各种限制、背景"噪音"、激励和机会(它们都是真实的);

· 通常要求学生解决特定受众的问题(真实的或模拟的);

· 基于特定目标,且与受众相关;

· 给予学生更多机会将任务个性化;

· 提前向学生公开任务、评价标准和表现标准,指导学生完成任务。

学习提示 ⓞⓔ

开放性问题,要求学生批判地思考,准备具体的学术回应、产品或表现,而不仅仅是回忆知识。这些问题:

· 要求对学校和考试条件下的具体提示进行建构性回答;

· 是"开放的",不止有一个最佳答案或解决策略;

· 经常是非良构的,要求提出改进策略;

· 涉及分析、综合和评价;

· 通常要求对给出的答案和使用的方法进行解释或辩护;

· 需要基于规范和表现标准判断得分;

· 也许公开,也许不公开;

· 涉及只有学校学生才会问的典型问题。

测验和测试 ⓞⓔ

熟悉的评估形式,由简单的、以内容为中心的题目组成:

· 评估事实性信息、概念和离散的技能;

· 使用客观题(如,多选题、判断题、配对题)或者简答题;

・答案是封闭的，且通常只有一个最佳答案；

・可以使用参考答案或机器评分；

・通常是不公开的（即学生事先不知道题目）。

对理解的非正式检查

持续的评价，作为教学过程的一部分，包括教师提问、观察、检查学生作业和反思。这些评价为学生和教师提供了反馈。通常没有得分或等级。

评估证据的来源：自我评估

提示：使用下表测量你的评估工具使用情况（在课堂、学校或学区等级）。调查结果表明了什么？你注意到什么规律？你收集到的是与所有预期结果都相匹配的证据，还是只有那些易于测试和评级的证据？在评估时，是否遗漏了重要目标？

```
5= 广泛使用
4= 经常使用
3= 普通使用
2= 偶尔使用
1= 极少使用
0= 不使用
```

1. _____ 客观题（如多选题、判断题）组成的测验和测试

2. _____ 书面回答学习提示（简答题形式）

3. _____ 扩展性书面成果（如论文、实验报告）

4. _____ 视觉产品（如幻灯片、壁画）

5. _____ 口头表现（如口头报告、外语对话）

6. _____ 学生展示（如体育课的技能表现）

7. _____ 长期的真实评价项目（如高级展览）

8. _____ 文件夹——学生各个阶段学习任务的集合

9. _____ 反思日记或学习日志

10. _____ 对学生的非正式持续观察

11. _____ 使用观察指标或标准清单，对学生进行正式观察

12. _____ 学生自我评估

13. _____ 同行评审和同伴反馈小组

14. _____ 其他：_____

从不同类型的评估中收集证据

营养,5—7 年级

阶段 1—— 预期结果

参照目标: ⓖ
标准 1 中级:学生将利用对健康营养要素的理解规划合理的饮食。

理解: ⓤ
学生将理解……
- 均衡饮食有利于身心健康。
- 美国农业部食物结构金字塔提供了相关的营养指南。
- 不同年龄、活动水平、体重和健康情况的个体对饮食的要求也各不相同。

基本问题: ⓠ
- 什么是健康的饮食?
- 对于某一个人的健康饮食,对另一个人来说是否会不健康?
- 为什么尽管有这么多有用的信息,美国仍然有许多因营养不良而引发的健康问题?

学生将知道…… ⓚ
- 关键术语 —— 蛋白质、脂肪、卡路里、碳水化合物、胆固醇。
- 每个食物群的各种食物类型及其营养价值。
- 美国农业部食物结构金字塔指南和影响营养需求的因素。
- 不良饮食习惯引起的健康问题。
- 如何解读食物标签上的营养信息。

阶段 2—— 评估证据

☑ ☐ ☐ ☐ **表现任务**(野营菜单、菜单计划) ⓣ

☑ ☑ ☐ ☐ **测验**(食物群和食物结构金字塔指南) ⓞⓔ

(解读食物标签)

☑ ☐ ☐ ☐ **测试**(不良饮食习惯引起的健康问题)

☑ ☐ ☐ ☐ **学生成果样品**(营养手册)

☑ ☐ ☐ ☐ **观察**(午饭期间,自助餐厅)

☑ ☐ ☐ ☐ **其他**(对个人饮食习惯的自我评估)

从不同类型的评估中收集证据设计工具

阶段 1—— 预期结果

参照目标： **G**

理解： **U**
学生将理解……

基本问题： **Q**

学生将知道…… **K**

阶段 2—— 评估证据

☐ ☐ ☐ ☐ 表现任务 **T**

☐ ☐ ☐ ☐ 测验 **OE**

☐ ☐ ☐ ☐ 测试

☐ ☐ ☐ ☐ 学生成果样品

☐ ☐ ☐ ☐ 观察

☐ ☐ ☐ ☐ 其他

收集充足的证据

数学，小学

有效的评估需要多个证据来源——相比于一张快照，更像是一本相册。使用下面的表格，收集理解核心观点或实现参照目标的证据来源，例如特定的内容标准。

证据来源 1 ⓣ

扮演商店出纳员——证明迅速、准确找零的能力。

证据来源 2 ⓣ

假如你是一家邮购公司的采购助手。在预算范围内，查看邮购公司的目录，购买各种返校衣物。

内容标准： Ⓖ
新泽西数学 4.1, 4.6, 4.8：
解决日常问题的能力，培养数感，选择和应用各种数值运算。

证据来源 3、4 ⓞⒺ

加减法的学习单和小测验。州测试的结果。

证据来源 5 ⓞⒺ

解释一组加减运算的错误答案（由教师选择错误想法）。

收集充足的证据

教师的监督

有效的评估需要多个证据来源——相比于一张快照,更像是一本相册。使用下面的表格,收集理解核心观点或实现参照目标的证据来源,例如特定的内容标准。

证据来源 1

走访部分课堂(其中一些是突击),观察哪些学生在学习,哪些学生遵守学校和班级纪律。

证据来源 2

有目的地进行课堂观察(例如,明确的指导、学习参与度、任务中的学生、材料的有效分配、活动之间的平稳过渡)。

专业标准:
专业实践的标准——领域 2
<u>要素 2c</u>
- 管理课堂流程

<u>要素 2d</u>
- 管理课堂行为

证据来源 3

采访并调查学生及其家长对课堂管理有效性的看法。

证据来源 4、5

角色扮演:看完新教师所在班级的视频片段后,向她提出有效管理课堂流程和行为的建议。

收集充足和可接受的证据

有效的评估需要多个证据来源 —— 相比于一张快照,更像是一本相册。使用下面的表格,收集理解核心观点或实现参照目标的证据来源,例如特定的内容标准。

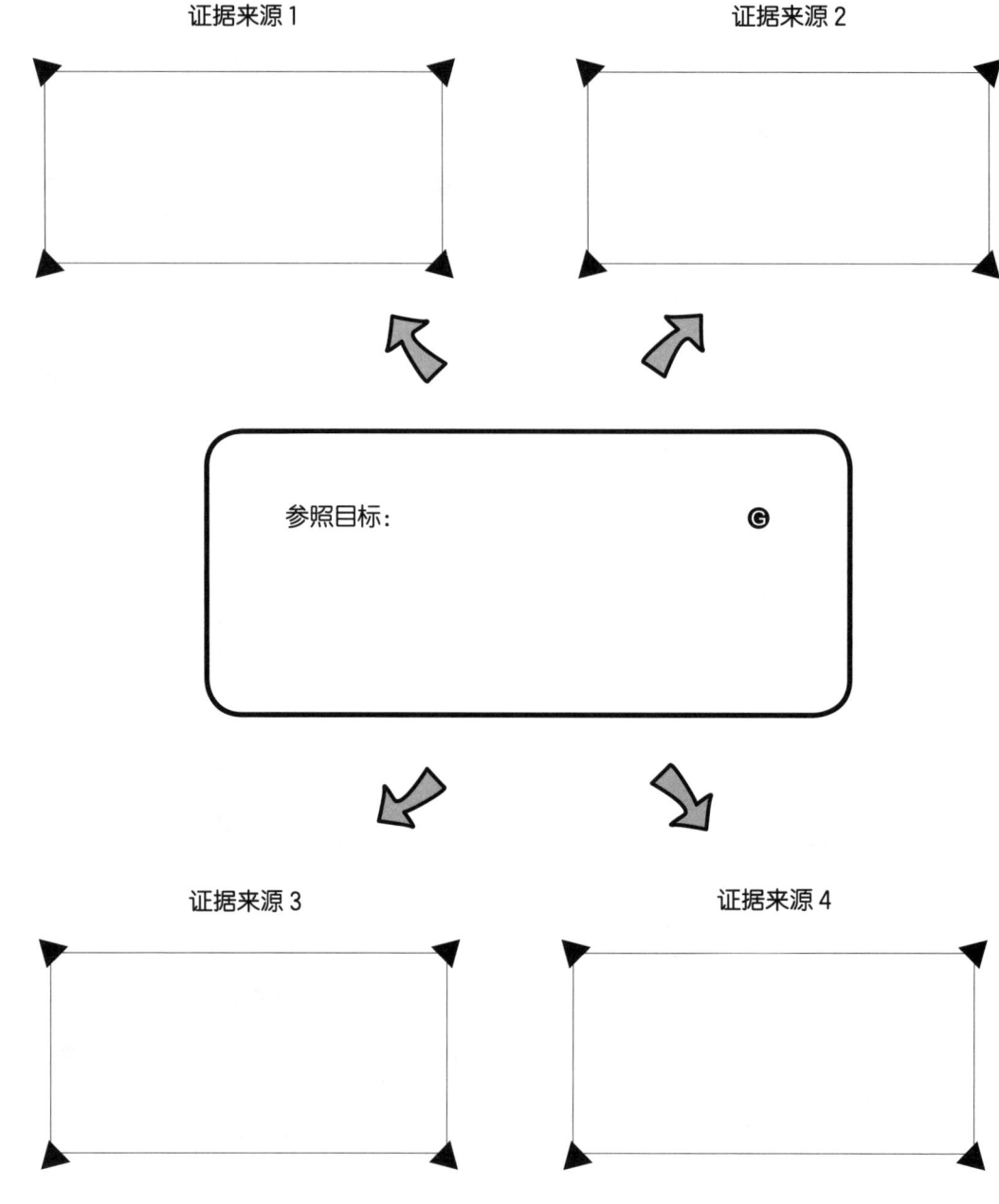

评估证据的收集

营养,5—6 年级

表现任务:

《人如其"食"》—— 学生为儿童设计一本带有插图的营养学手册,帮助儿童认识营养对于健康生活的重要性。向儿童提出建议,改变其不良的饮食习惯。

"大快朵颐"—— 学生为三天的户外野营活动设计一份饮食和零食菜单,并向领队写信推荐此份菜单(推荐时,要说明它既符合美国农业部食物结构金字塔指南,又足够美味可口)。同时,至少做一个考虑特殊饮食情况(如糖尿病患者或素食者或考虑宗教因素)的特制版饮食计划。

其他证据:

(例如,测试、测验、提示、成果样品、观察)

测验:食物群和美国农业部食物结构金字塔。

提示:描述两种由营养不良引起的健康问题,并解释如何避免。

技能检查:解读食物标签上的营养信息。

学生的自我评估与反思:

1. 自我评估:《人如其"食"》手册。
2. 自我评估:"大快朵颐"野营菜单。
3. 反思:在单元结束时,反思自己的饮食健康程度(和单元开始时比较)。

评估证据的收集

英语，高中

表现任务：

霍尔顿怎么了？——你是书中医院咨询委员会的成员。深入阅读和讨论霍尔顿对去年12月的事情的陈述，你的任务是：（1）写一份医院的总结报告；（2）给霍尔顿的父母写一封信，解释他的病情。你应该安排与他父母的会面，解释并证明你对霍尔顿行为的分析。

其他证据：

（例如，测试、测验、提示、成果样品、观察）

1. 文章："他是那种回答别人问题时给自己留后路的骗子……"学生通过写作解释霍尔顿真正关心的东西。

2. 信件：每名学生写一封一页的信，从小说中另一个角色的视角描述霍尔顿。

3. 测验：进行三次关于故事细节的测试。

4. 日志：每次阅读任务结束后学生在学习日志里回答以下问题：①在这一部分，你从霍尔顿身上学到的最重要的事情是什么？②小说目前为止，有关霍尔顿最重要的、悬而未决的问题是什么？

学生的自我评估与反思：

最后的日志内容是对下列三个引导性问题的回应：
1. 随着故事的发展，你对霍尔顿的看法有何改变？
2. 正如一些人所说的那样，"误解是不可避免的"，在本单元的学习前、学习中，你的误解是什么？
3. 如果你明年要给低一级的学生上关于这篇小说的课，你如何确保学生能够真正理解（而不仅仅是阅读）？

评估证据的收集设计工具

主题：_____

表现任务：

```
                                                                    T
```

其他证据：

（例如，测试、测验、提示、成果样品、观察）

```
                                                                   OE
```

学生的自我评估与反思：

```
                                                                   SA
```

目标启发评估

视觉艺术

参照目标： ⓖ
学生将认识到，视觉艺术是历史和人类经验的一个基本维度。

—— 视觉艺术，目标2

内容（名词）
- 艺术表现
- 文化
- 视觉设计元素

过程（动词）
- 比较
- 分析
- 解释

理解 ⓤ
- 艺术表现受时间、地点和文化的影响。
- 一个人通过分析和解读文化的视觉艺术来获得对文化的理解。
- 可用的工具、技术和资源影响艺术家和工匠们表达自我的方式。

任务与提示 ⓣ ⓞⓔ
- 任务：准备一张结构图，对比三件不同时期和文化的艺术作品。解释每件艺术作品独特的视觉特点和技术。
- 任务：利用特定时期的视觉特点、工具和技术创建图像，从某些方面反映当代文化。
- 提示：当代艺术家如何用数字媒体表达自我？

目标启发评估

美国内战，高中

参照目标：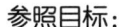

学生将分析在美国内战及战后重建过程中重大事件的原因及影响（包括奴隶制）。

——弗吉尼亚州 11 年级标准 11.6a

内容（名词）
- 内战
- 重建
- 奴隶制

过程（动词）
- 分析原因及影响

核心观点的陈述与暗示
- 州权利与联邦权利
- 人权与奴隶制的矛盾性
- 地区经济差异
- 南方与北方、地区文化与国家关系
- 密苏里妥协案与奴隶政策

任务与提示

- 提示：今天，内战以何种方式仍然作为冷战而存在？
- 任务：举办博物馆展览（包括时间轴和展品），展示内战的关键原因，以及在标准答案中没有强调的历史影响和现实意义。
- 任务：从南方种植园主、得到自由的奴隶和北方访客的角度各写一封信。
- 任务：写一篇关于内战周年的报纸评论，介绍内战对今天造成的明显影响。

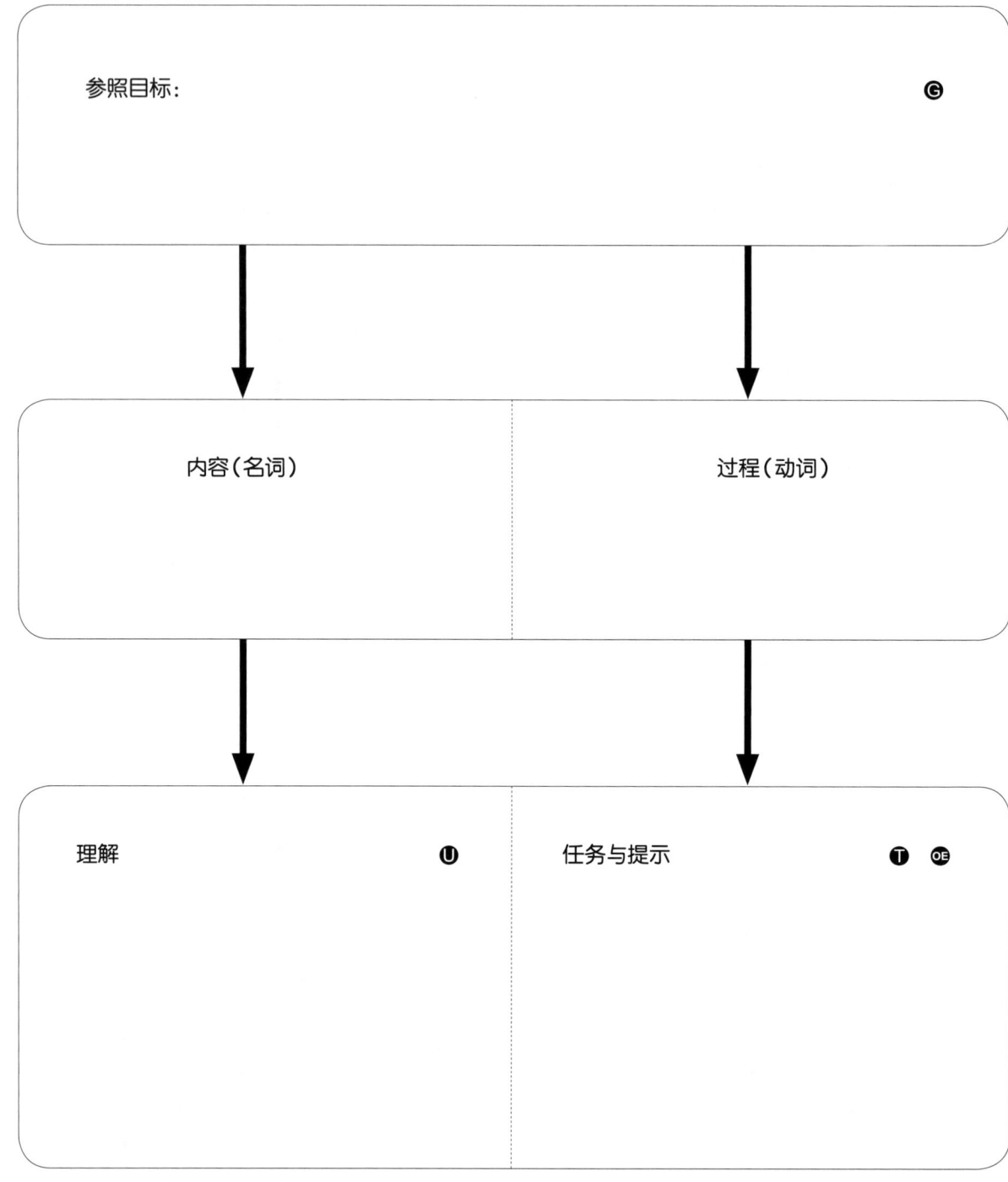

理解的六个维度

维度 1——解释

缜密而贴切的解释和论断,对事件、行为和观点提出有见识的、合理的说明:为什么会这样?什么能解释这件事?什么导致了这种行为?我们怎么证明?与什么有关?如何起作用?

维度 2——释义

表示含义的叙述、翻译、隐喻、比喻、艺术技巧:含义是什么?为什么重要?就算重要又能怎么样?放在人类经验中能说明或阐释什么?与我有什么关系?有什么意义?

维度 3——应用

在新颖多变的环境中有效运用所学知识的能力:如何运用所学的知识、技能或方法?用在何处?如何调整自己的思想和行为来适应特殊情境的需要?

维度 4——洞察

深刻而批判的观点:站在谁的立场?从哪个角度?需要明确和考虑的前提与假设是什么?证明了什么?是否有充足的证据?是否合理?观点有哪些优缺点?是否可信?有什么局限?有局限又怎样?有哪些新的审视角度?

维度 5——移情

深入体会他人的情感和世界观的能力:你如何看待它?什么是别人能看到而你却看不到的?如果我想理解,我需要哪些经验?什么是作者、艺术家或表演者感受到、看到的,想让我感受到、看到的?

维度 6——自知

认识到自己无知的智慧,能够理智地认识自己的思维与行为模式以及偏见:我如何形成自己的观点?我的盲点是什么?因为偏见、习惯、行为方式的限制,我容易产生什么偏见?如何最好地学习?哪些策略对我有用?

促进理解的问题

解 释

_____的关键想法是什么？

关于_____的例子有哪些？

_____的特征和组成部分是什么？

什么造成了_____？

_____的影响是什么？

我们如何证明、证实_____？

_____如何与_____建立联系？

如果_____，那么将会发生什么？

关于_____有哪些普遍误解？

这是如何发生的？为什么会这样？

释 义

_____的意义是什么？

_____的含义是什么？

_____揭示了_____？

如何像_____（类比或隐喻）？

_____如何与我或者我们相关？

无关又如何？为什么这很重要？

应 用

_____如何应用于更广阔的世界？

_____将如何帮助我们_____？

我们如何使用_____克服_____？

我们如何以及何时才能使用这些（知识或方法）？

洞　察

关于_____的不同观点有哪些？

从_____的视角看，会是怎样的？

_____是如何与_____相似或不同？

对_____的其他可能的反应有哪些？

_____的长处和短处是什么？

_____的局限是什么？

_____的证据是什么？

证据是否可靠？是否有效？

移　情

站在_____的立场上，事情会变成什么样？

_____对_____的感受是怎样的？

我们如何在_____上达成共识？

什么是_____正在努力让我们看到和感受到的？

自　知

我是如何知道_____？

关于_____方面的知识，我有哪些短板？

我对于_____的盲点是什么？

我如何才能最好地展示_____？

_____（经验、习惯、偏见、方式）如何塑造我关于_____的观点？

我在_____方面的优缺点各有哪些？

基于理解的六个维度的表现任务实例

按学科分类

主题	解释	释义	应用	洞察	移情	自知
社会研究：拓荒生活	给家里写信，描述拓荒生活的实际情况，并与你原本期待的情况做对比。	阅读并解释现实生活中拓荒者的日记和故事（例如《又丑又高的萨拉》），从词汇和图像中猜测他们的真实生活。	举办一场博物馆展览，用照片和仿真的手工制品来展示拓荒生活之艰难。	以"西进运动的影响"为题，以移民者与美洲原住民展开辩论。	给返回东部的亲属写信描述拓荒邻居的死亡。	"为什么离家？"写出你离家的感受或者你不得不离开家后的感受。
友谊	谁是你真正的朋友？谁是酒肉朋友？	解释《青蛙和蟾蜍是朋友》中"春天"的含义。这一段揭示了关于友谊的什么道理？	在假想的邮购友谊商店"订购"真正的朋友。	作为我的朋友，他们是如何看待我的？	为什么有些孩子总是被欺侮？如果你是那些孩子，你会有怎样的感受？以此为主题写一篇文章或日记。	根据"我知道我真正的朋友是谁吗？"这一提示写作。
历史：美国独立战争	为1777年的报纸写一篇评论：与英格兰的分裂是必然的吗？	"列克星敦究竟发生了什么？"分析文本和信息，解释战争的起因（事实与观点）。		阅读独立战争时期加拿大和法国的报告。支持或反对将它们作为模拟学校董事会的教学资源。	模拟写作革命战争前、战争中和战争后英美两地亲属之间的书信。	日记写作："我将为何而战？"

续上表

主题	解释	释义	应用	洞察	移情	自知
数学：圆锥曲线	解释圆锥曲线是如何由圆锥切割而得，并证明其代数公式。	分析各种数据确定"最佳拟合"圆锥曲线。	运用圆锥曲线的知识在各种约束下为科学博物馆设计"耳语室"。	用手电筒、圆锥截面和阴影进行试验，探索圆锥曲线的形成及其变化。		
物理：电学	为电路系统制作一份故障解决指南。	假扮电气分包商：解释和分析房屋建设的接线图纸。	为铁路模型布局构建一组开关。	交流电还是直流电？为不同的用户说明每种电流的优点。		
法语	解释不同形式的过去式之间的不同点及使用时机。	比较英文版和法文版的《小王子》(Le Petit Prince)，以确定语言是否会影响文章的意义。	角色扮演：用电话展开对话（例如，为来访的法国游客安排周末活动）。		利用想象写一篇日记："一个电子的一日生活"。制定俗语翻译指南，以帮助法国游客避免误解。	记录你对法国习俗的感受。
历史和社会研究	提供概念澄清（如自由与放纵；"第三世界"的含义）。	使用一手资料，口述20世纪60年代的历史意义，并撰写历史传记。	设计一场关于20世纪初移民原因和影响的博物馆展览。	比较你的教科书与英国、法国的教科书上关于独立战争的说明。	角色扮演：首脑会议（例如，杜鲁门决定投放原子弹）。	自我评估你在课堂讨论中的情况和你的参与表现，和你的参与模式。
数学	学习一种常见现象（如天气数据），揭示数据中微妙的、容易被忽视的规律。	对有限数据集进行趋势分析。	根据新的统计数据，评估关键时刻棒球运动员的价值。	使用各种方法（如平均数、中位数）计算级别时，检查它们各自的差异。	阅读《平面国》(Flatland) 和一组数学家之间的信件，解释为什么他们害怕发表他们的发现（甚至是抽象观点）的困难情况，写一篇反思类论文。	制作数学式简历，简单描述你智力的优势和劣势。

© 2004 ASCD 版权所有 / 授权宁波出版社独家翻译出版

续上表

主题	解释	释义	应用	洞察	移情	自知
英语和语言艺术	描述为什么特定的修辞方法在演讲中有效。	"霍尔顿怎么了？"了解《麦田里的守望者》的主角。	是什么成就了一本好书？为学校图书馆语音评论一本你喜爱的图书。	阅读并讨论《三只小猪的真实故事》(The Real Story of the Three Little Pigs)。	阅读查尔斯·狄更斯(Charles Dickens)的小说后，假设你在救济厨房工作，写一篇关于无家可归者经历的文章。	在你的每篇论文中添加自我评估，以反思你的写作过程。
科学	将日常行为和事实与物理规律相联系，关注容易被误解的地方（如质量与重量的比较）。	收集池塘水的相关数据，确定藻类问题是否严重。	对当地河水进行化学分析，监测EPA的情况，汇报你的发现。	进行思想实验（例如，爱因斯坦的实验：如果我乘一束光去旅行，世界会是怎样的？）	阅读和讨论近代前或不可信的科学著作来确定合理的或"符合逻辑"的理论当时可获得的信息）。	基于对你们小组无用的内容，提出解决无效合作方案的活动的方案。
艺术	解释无声在音乐中的作用。	用拼贴画或舞蹈来展现恐惧与希望。	编写并表演一出学校主题的戏剧。	从三个角度批判莎士比亚的一部作品（关注关键场景）。	假设你是《罗密欧与朱丽叶》(Romeo and Juliet)中的朱丽叶，在做出最后那悲伤的决定时，你的想法和感受是什么？	记录日志：戏剧课上情感要求最高的练习。

从预期理解到可能的表现

美国历史

产生理解的表现评估的一个实用方法是将需要理解的概念与合适的动词相结合。通过使不可见的东西可见,这些动词列举了需要揭示的理解的表现的类型。我们将面向表现的动词纳入理解的六个维度和布卢姆分类学的高阶层面:解释、释义、应用、展示、解决、论证、辩论、评价、证明、决定、创造。

使用以下的设计表格将预期理解转化为可以评估的表现(参见《基于理解的六个维度的表现动词》)。

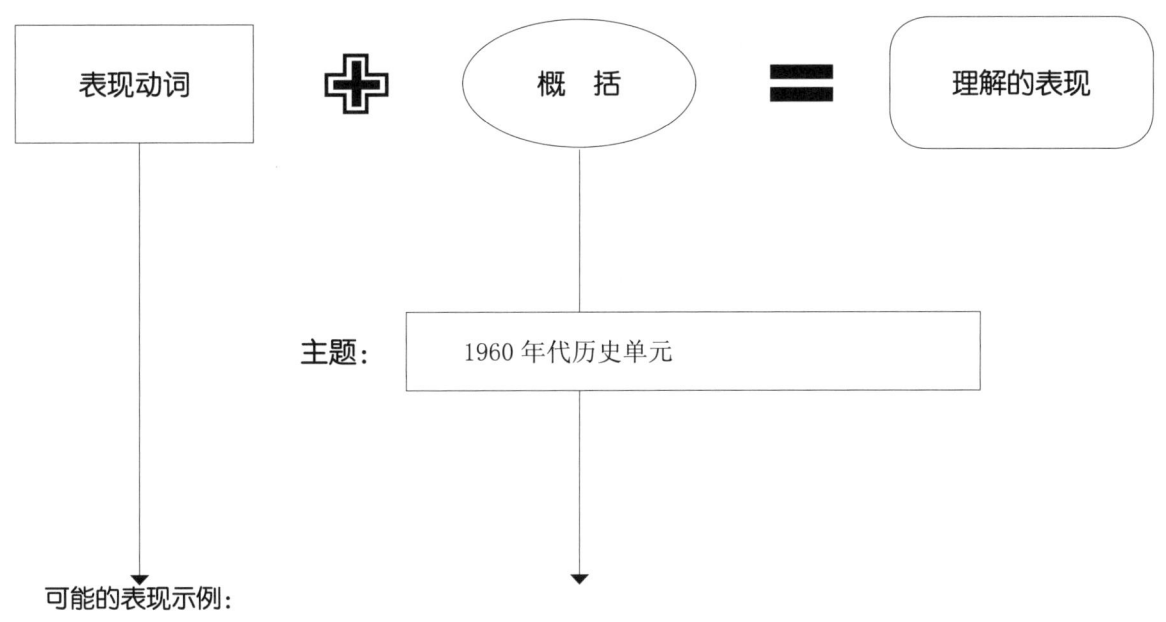

可能的表现示例:

解释　美国参与越南战争是如何导致一些人对政府失去信任的。

辩论　赞成或反对"民权运动引发反战运动"这一观点。

应用　你对科纳委员会关于暴力的报告的理解进行角色扮演。

从预期理解到可能的表现设计工具

产生理解的表现评估的一个实用方法是将需要理解的概念与合适的动词相结合。通过使不可见的东西可见,这些动词列举了需要揭示的理解的表现的类型。我们将面向表现的动词纳入理解的六个维度和布卢姆分类学的高阶层面:解释、释义、应用、展示、解决、论证、辩论、评价、证明、决定、创造。

使用以下的设计表格将预期理解转化为可以评估的表现(参见《基于理解的六个维度的表现动词》)。

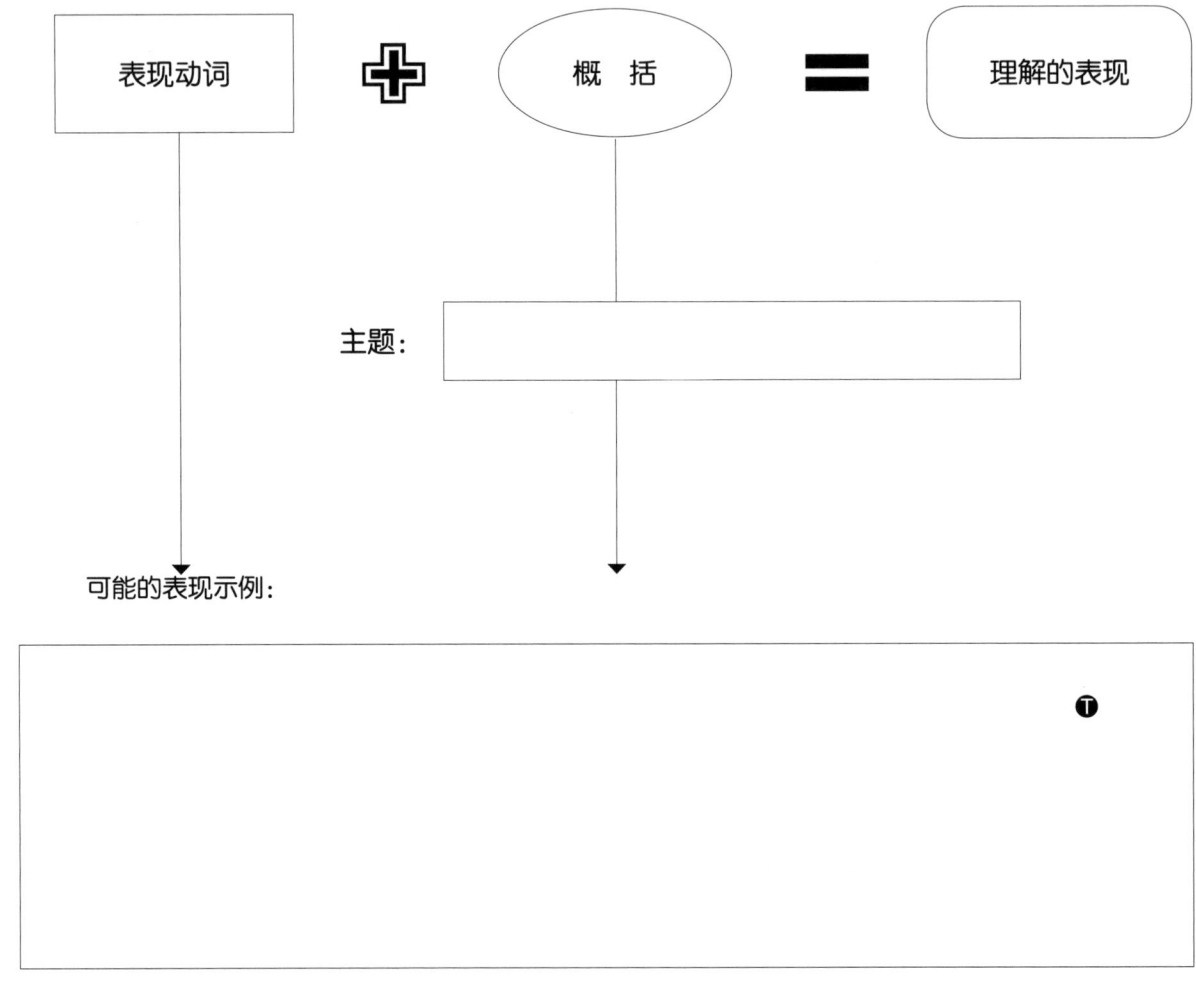

基于理解的六个维度的表现动词

学生展示理解,如果采用论证理解的方式,可以考虑下列表现动词(参见下一页的设计工具)。

解释	释义	应用
论证	类比(创建)	改写
获取	批评	构建
描述	证明	创造
设计	评价	消除漏洞
展现	阐明	决定
表达	判断	设计
诱导	赋予意义	展现
指导	理解	发明
辩解	隐喻(提供)	表演
建模	体会言外之意	生产
预测	表现	计划
证明	讲故事	解决
展示	翻译	测试
综合		使用
教学		

洞察	移情	自知
分析	假设	意识到
辩论	相信	实现
比较	相像	认定
对照	开放	反思
批评	考虑	自我评价
推论	想象	
	认同	
	角色扮演	

使用理解的六个维度产生评估想法

经 济

阶段 1	阶段 2	
如果预期结果是让学习者……	那么,你需要证据证明学生有能力……	所以,评估需要学生……
理解： • 价格是供求的函数。 **认真考虑如下问题……** • 什么决定了价格？ • 什么是"好"的价格？	**· 解释……** 基于供求关系,为何类似商品的价格有很大不同？ **· 释义……** 价格数据（例如同一商品价格随时间的变化）。 **· 应用……** 设置合适的商品价格。 **· 从……的视角看问题** 同一商品的卖家和买家。 **· 移情……** 新产品的发明者试图定价。 "被吸引"的买方。 **· 克服天真的想法或偏见……** 商品具有固有价值或固定价格。 **· 反思……** "售价"对你的购物习惯的影响。	• 口头和书面解释为什么特定商品（如豆宝宝、滑雪缆车票）的价格在供求的作用下会发生变化。 • 制作 PPT,解释价格随时间变化的规律（例如汽油或房屋）。 • 进行消费者调查,为学校商店或资金筹集定价格。 • 角色扮演买卖方在跳蚤市场、车库拍卖或 e-Bay 进行价格谈判,根据价格说明不同的观点。 • (作为消费者、发明家或商人)写模拟日记,说明他的交易想法和感受。 • 描述一种情况：你（或其他人）开始理解商品没有固有价值或固定价格。

使用理解的六个维度产生评估想法

评 估

阶段 1	阶段 2	
如果预期结果是让学习者……	那么，你需要证据证明学生有能力……	所以，评估需要学生……
理解： • 有效的评估可以作为证据，从而与成就目标相匹配。 • 有效的评估不仅测量学习，还促进学习。 • 对理解的评估需要学生应用和解释，而不仅仅是回忆。 • 明确的标准和"锚"（目标）将会提高得分的可靠性。 **认真考虑如下问题……** • 什么是有效的评估？ • 我们是否正确地评估了我们认为有价值的东西？ • 哪些证据表明学生真的理解了？ • 如何让判断更加可靠？	• 解释…… 任何预期理解。 • 释义…… 不同评估方式呈现的结果的意义。 • 应用…… 为特定的成就目标设计有效的评估。 • 从……的视角看问题 评估信息的不同使用者。 • 移情…… 正在接受评估的学生。 • 克服天真的想法或偏见…… 所有的评估都需要评级。 • 反思…… 你自己在评估方面的经历、态度和偏见。	• 为新教师准备一次展示，解释收集学习证据时使用平衡式评估格式的理由。 • 整合不同评估方式的结果，拟定一份总结说明。根据结果提出具体改进建议。 • 设计真实性表现评估任务和题目，判断对核心观点或过程的理解程度。 • 表达政策制定者关于使用标准化测试评估学校表现的看法（例如，议员、董事会成员）。 • 假设你是一名能理解材料但是并不擅长传统考试的学生，写一篇日记。 • 明确你对各类评估方式的偏见（例如，多选题、论文、项目、标准化考试），并反思这些偏见是否以及如何影响你的学习。

© 2004 ASCD 版权所有／授权宁波出版社独家翻译出版

使用理解的六个维度产生评估想法设计工具

阶段 1		阶段 2
如果预期结果是让学习者…… →	那么,你需要证据证明学生有能力…… →	所以,评估需要学生……
理解: 认真考虑如下问题……	・解释…… ・释义…… ・应用…… ・从……的视角看问题 ・移情…… ・克服天真的想法或偏见…… ・反思……	

使用理解的六个维度收集评估想法
电 力

使用理解的六个维度，说明学生可能用哪些方式展示理解。

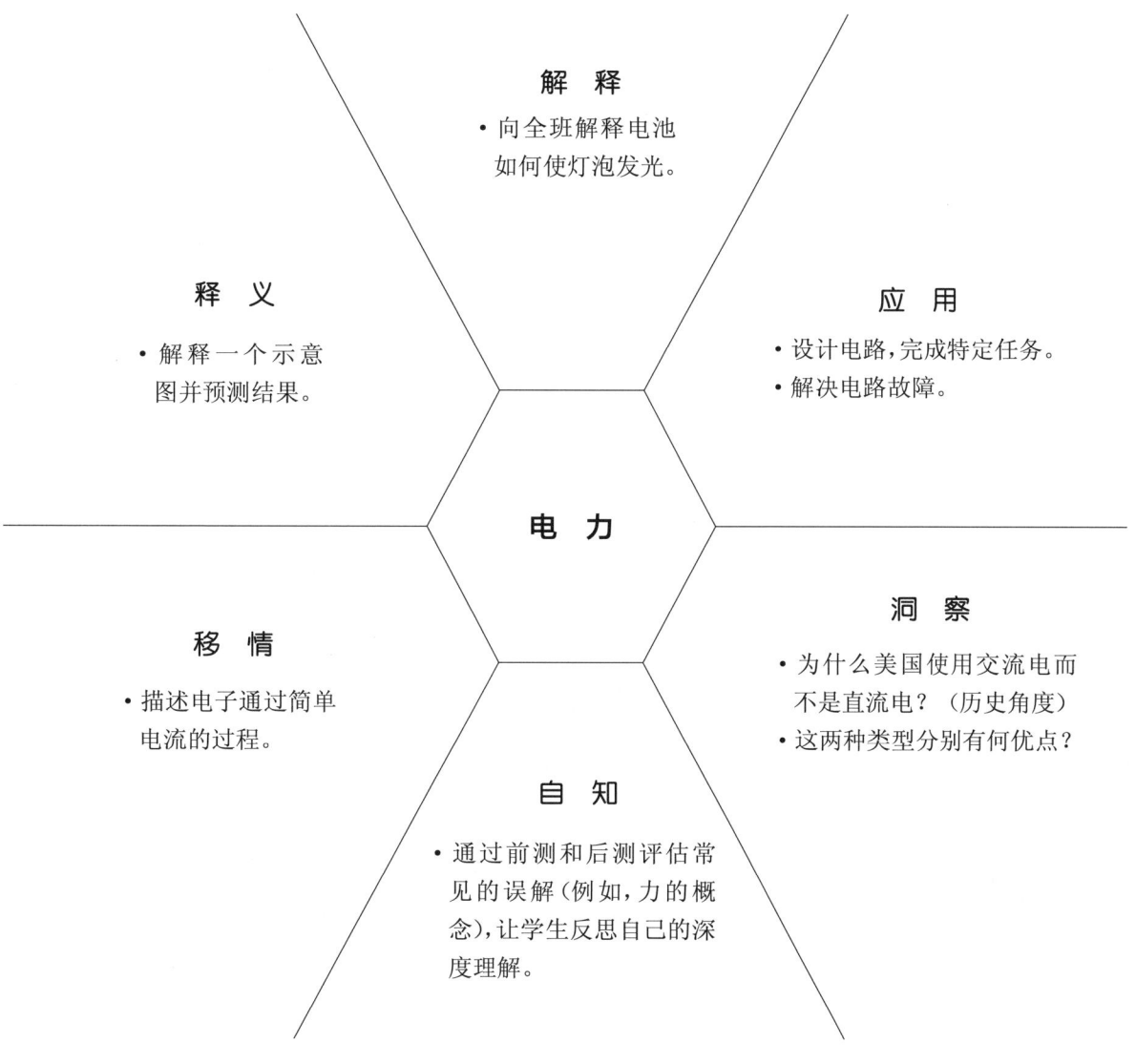

解 释
- 向全班解释电池如何使灯泡发光。

应 用
- 设计电路，完成特定任务。
- 解决电路故障。

洞 察
- 为什么美国使用交流电而不是直流电？（历史角度）
- 这两种类型分别有何优点？

自 知
- 通过前测和后测评估常见的误解（例如，力的概念），让学生反思自己的深度理解。

移 情
- 描述电子通过简单电流的过程。

释 义
- 解释一个示意图并预测结果。

（中心：电 力）

使用理解的六个维度收集评估想法设计工具

使用理解的六个维度,说明学生可能用哪些方式展示理解。

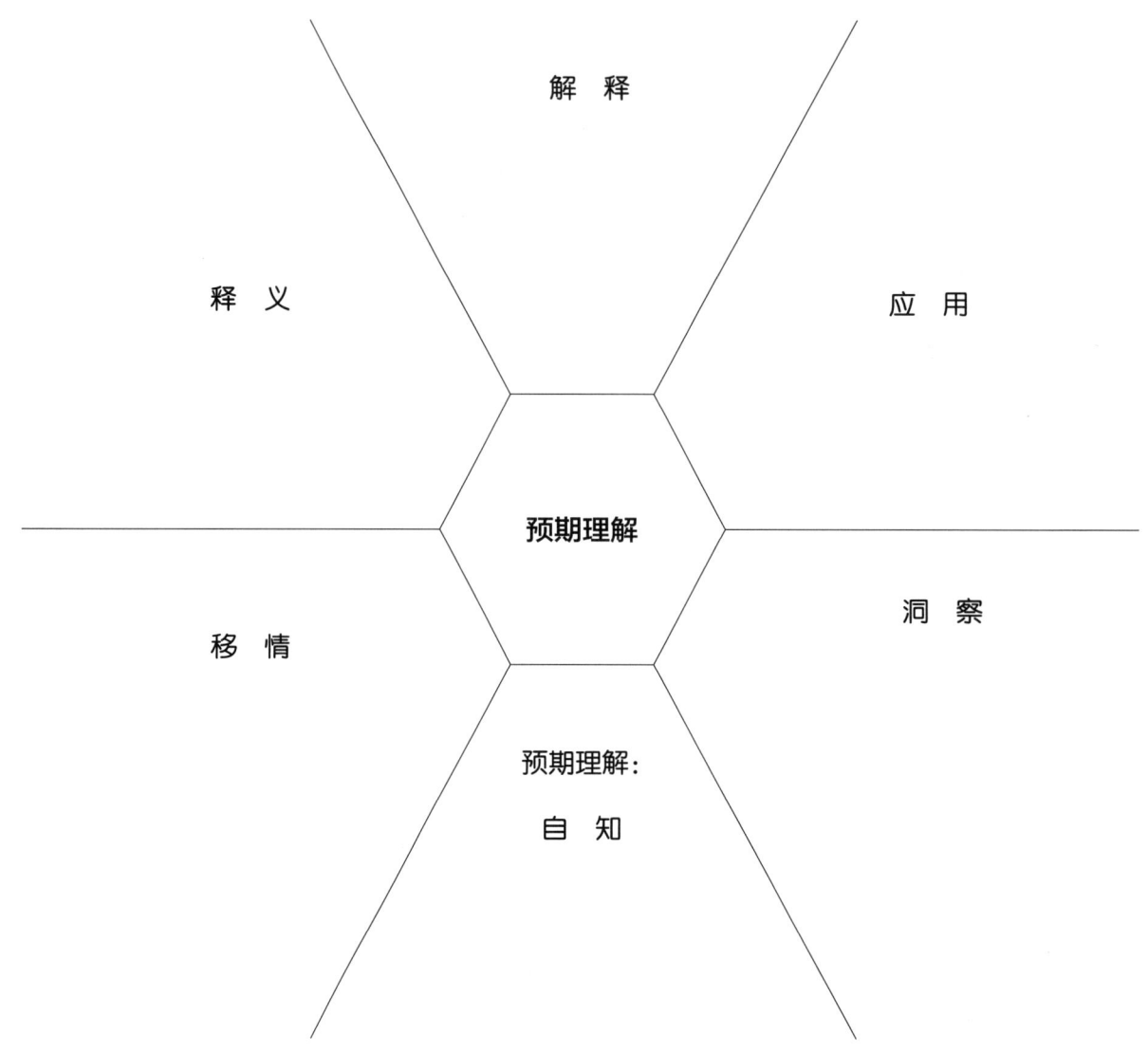

表现任务的特征

第一部分 —— 检查以下几页表现任务简介。这些任务和典型的测试项目有什么区别?这些任务有什么共同点?列出你观察到的特点或特色。

检查的任务或简介　　　　　　　　　特点和特色:

_____　　·_____

_____　　·_____

_____　　·_____

_____　　·_____

_____　　·_____

_____　　·_____

第二部分 —— 与小组成员分享并讨论你的观察结果。列出你发现的相同特点或特色。

特点和特色:

·_____　　·_____

·_____　　·_____

·_____　　·_____

·_____　　·_____

·_____　　·_____

·_____　　·_____

表现任务实例

荣誉殿堂（社会研究和语言艺术，4—5年级）

州政府宣布建立一个荣誉殿堂，纪念对社区、州或国家有贡献的当地居民。因为你正在学习来自_____的名人，所以要求你提名一位你认为值得纪念的候选人。

你的任务是选择和研究你选择的那个人的生活。向荣誉殿堂推选委员会提交提名信，说明提名原因。必须描述你推荐的候选人的成就与贡献。

化学平衡（化学，11—12年级）

你是专业登山队聘请的研究员。缺氧是由于人体组织内缺氧引起的症状（头疼、疲劳、恶心）。登山者经常因为海拔高度的快速升高而感到缺氧。夏尔巴人长期居住在高海拔地区，似乎并没有缺氧的不适。这是为什么呢？你的团队想要知道原因并从中获益。

设计一系列实验，区分登山者和夏尔巴人缺氧症状的差异。使用化学平衡解释为什么高海拔会导致登山者缺氧。夏尔巴人是如何避免这些症状的？你如何测试这些可能性？更恰当的测试是怎样的？你需要意识到哪些固有误差？

邮购朋友（语言艺术，K-2）

想象你有机会从邮购商店电话"订购"一位朋友。思考你的朋友应具备的品质。在你打电话"订购"朋友前，练习如何提出你需要朋友具备的三个特点，并分别举例。记住，要表达清晰，声音响亮，以便让销售人员明确知道邮寄谁。

旅游导游（世界语言，1级）

你在欢迎委员会工作，为新学员提供旅游服务。用新生的目标语言计划一次到三个地方的旅行（如学校、镇、购物中心）。使用下列词汇：方向（左、右、近、远、旁边）、地点（如，教室、食堂、健身房、图书馆、实验室、教堂、警察局、消防局、学校、餐馆、商店）、运输工具（如，公交车、自行车、楼梯、自动扶梯、汽车、电梯）。

记住，你的计划还要包括各种位置、方向和交通方式。使用简单的句子，并用目标语言讲解。

模拟求职（英语，7—10年级）

你的任务是从我们读过的文学作品中选择一位史诗英雄，给英雄写信，应征他的探险团队成员。在信里，你必须具体说明你应聘的岗位，你所具备的适合这个岗位的品质，以及为什么你认为你会成为一个有用的成员。明确表示你理解英雄及其团队已经经历的斗争和探险，说明再遇到这样的情况和困难时你能起到的作用，以使你的信具有说服力。使用商务信函格式，附上简历。

向您致敬（语言艺术、社会研究，1—3 年级）

我们的课堂妈妈，_____女士，一年来帮我们做了许多事情。当别人为你做事时，感谢非常重要。我们每个人都要写信表达我们的感激之情，让她知道她如何帮助了我们班。

你的信应该包括感谢信的所有部分。至少从三方面说明她对我们班的帮助。至少包括一件你特别感激课堂妈妈的事情。

维修房屋（数学，7—9 年级）

当承包商给我们房屋维修的预算时，我们如何知道收费的合理性？房主要求你检查承包商的提议，确定索价是否过高。（已知房屋尺寸、材料费、人工费和 20% 的利润率）。

检查提议，之后给房主写信，并在信中评价上述提议。展示你的计算过程，让房主知道你是如何得到结论的。

从大山到海岸线（历史、地理、数学，5—8 年级）

国际交流项目的 9 位外国学生来你们学校交流一个月。（别担心，他们会说英语！）校长要求你们班计划一次弗吉尼亚 4 日游，帮助参观者了解州对历史和国家发展的影响。规划路线，带领游客参观那些最能体现弗吉尼亚对国家发展的影响的景点。

你应该准备书面的旅游行程，包括每个景点入选的原因、4 日游的路线图和预算。

表达自我（艺术，4—7 年级）

最近你分析了费思·灵戈尔德（Faith Ringgold）的叙事作品，了解了她对她眼中世界的看法。思考你的世界、朋友、家人、日常经历以及对你重要的事情。选择绘图或者综合使用多种媒体创造你自己的叙事作品，表达你对你眼中世界的看法。

健身顾问（体育，高中）

想象你是当地健身俱乐部的健身顾问。你的任务是为顾客设计健身计划。（已知顾客的个人信息——年龄、身高、体重、健身目标。）使用我们的健身计划表，设计为期 16 周的健身计划，包括力量、耐力和灵活性训练。解释你选择的有氧运动、无氧运动和拉伸练习如何帮助你的顾客实现健身目标。推荐锻炼和拉伸运动的合适器械，并示范其使用方式。

运用 GRASPS 构建表现任务情境

数　学

目标（Goal）：
- （方案的）目标是使大批量 M&M 的航运成本最小化。

角色（Role）：
- 你是 M&M 糖果公司集装部门的一名工程师。

受众（Audience）：
- 目标受众是公司高管（不是工程师）。

处境（Situation）：
- 你需要说服锱铢必较的公司职员，你的容器设计能经济高效地利用给定材料，最大化 M&M 的运输量，并确保运输安全。

产品、表现和目的（Product, Performance and Purpose）：
- 你需要利用给定材料，为 M&M 运输设计安全、经济高效的运输容器。你需要准备含图表的书面提案，用数学的方式解释你的容器设计如何经济高效地利用给定材料，最大化 M&M 的运输量。

成功的标准（Standards and Criteria for Success）：
- 你的容器设计提案应该：
  —— 经济高效地利用给定材料；
  —— 最大化 M&M 的运输量；
  —— 保障运输安全。
- 你的模型必须用于数学案例。

运用 GRASPS 构建表现任务情境

社会研究

目标(G):
- **你的目标是**帮助一群外国游客了解我们地区的重要历史、地理和经济特征。

角色(R):
- **你是**区旅游局的一名实习生。

受众(A):
- **受众是**9位外国游客(会说英语)。

处境(S):
- **有人要求你**制订区域4日游计划(包括预算)。计划游览路线,向参观者展示最能体现区域重要历史、地理和经济特征的景点。

产品、表现和目的(P):
- **你需要**准备书面的旅游行程和预算。其中应该解释每个景点入选的原因以及它如何帮助游客理解区域的重要历史、地理和经济特征。准备标记好游览路线的地图。

成功的标准(S):
- **你的**旅游计划(包括行程、预算和地图)**需要包括**:
  —— 区域重要历史、地理和经济特征;
  —— 景点入选的理由;
  —— 准确且完整的预算。

运用 GRASPS 构建表现任务情境设计工具

在为表现任务构建情境时，请考虑以下主干语句。参考前面的表格将会帮助您收集到可能的情境。（注意：这些只是初始想法。请抑制填满所有空白的冲动。）

目标：
- 你的任务是＿＿＿＿＿＿＿＿＿＿＿＿＿＿＿＿＿＿＿＿＿＿＿＿＿＿＿＿＿＿＿
- 你的目标是＿＿＿＿＿＿＿＿＿＿＿＿＿＿＿＿＿＿＿＿＿＿＿＿＿＿＿＿＿＿＿
- 困难或挑战是＿＿＿＿＿＿＿＿＿＿＿＿＿＿＿＿＿＿＿＿＿＿＿＿＿＿＿＿＿＿
- 需要克服的阻碍是＿＿＿＿＿＿＿＿＿＿＿＿＿＿＿＿＿＿＿＿＿＿＿＿＿＿＿

角色：
- 你是＿＿＿＿＿＿＿＿＿＿＿＿＿＿＿＿＿＿＿＿＿＿＿＿＿＿＿＿＿＿＿＿＿＿
- 有人要求你＿＿＿＿＿＿＿＿＿＿＿＿＿＿＿＿＿＿＿＿＿＿＿＿＿＿＿＿＿＿＿
- 你的工作是＿＿＿＿＿＿＿＿＿＿＿＿＿＿＿＿＿＿＿＿＿＿＿＿＿＿＿＿＿＿＿

受众：
- 你的顾客是＿＿＿＿＿＿＿＿＿＿＿＿＿＿＿＿＿＿＿＿＿＿＿＿＿＿＿＿＿＿＿
- 你的目标受众是＿＿＿＿＿＿＿＿＿＿＿＿＿＿＿＿＿＿＿＿＿＿＿＿＿＿＿＿
- 你需要说服＿＿＿＿＿＿＿＿＿＿＿＿＿＿＿＿＿＿＿＿＿＿＿＿＿＿＿＿＿＿＿

处境：
- 你发现你的处境是＿＿＿＿＿＿＿＿＿＿＿＿＿＿＿＿＿＿＿＿＿＿＿＿＿＿＿
- 挑战包括解决＿＿＿＿＿＿＿＿＿＿＿＿＿＿＿＿＿＿＿＿＿＿＿＿＿＿＿＿＿

产品、表现和目的：
- 为了＿＿＿＿＿＿＿＿＿＿＿＿＿＿＿＿＿＿＿＿＿＿＿＿＿＿＿＿＿＿＿＿＿＿
  你会创造＿＿＿＿＿＿＿＿＿＿＿＿＿＿＿＿＿＿＿＿＿＿＿＿＿＿＿＿＿＿＿＿
- 你需要发展＿＿＿＿＿＿＿＿＿＿＿＿＿＿＿＿＿＿＿＿＿＿＿＿＿＿＿＿＿＿＿
  以便＿＿＿＿＿＿＿＿＿＿＿＿＿＿＿＿＿＿＿＿＿＿＿＿＿＿＿＿＿＿＿＿＿＿

成功的标准：
- 你的表现需要＿＿＿＿＿＿＿＿＿＿＿＿＿＿＿＿＿＿＿＿＿＿＿＿＿＿＿＿＿＿
- 你的工作需要由＿＿＿＿＿＿＿＿＿＿＿＿＿＿＿＿＿＿＿＿＿＿＿＿＿判断。
- 你的产品需要满足这些标准：＿＿＿＿＿＿＿＿＿＿＿＿＿＿＿＿＿＿＿＿＿＿
- 成功的结果将＿＿＿＿＿＿＿＿＿＿＿＿＿＿＿＿＿＿＿＿＿＿＿＿＿＿＿＿＿

学生可能的角色和受众

注：○=角色　□=受众

○□ 演员	○□ 家庭成员	○□ 摄影师
○□ 广告客户	○□ 农场主	○□ 飞行员
○□ 艺术家	○□ 电影制作人	○□ 剧作家
○□ 作家	○□ 消防员	○□ 诗人
○□ 传记作者	○□ 护林员	○□ 警察
○□ 董事会成员	○□ 朋友	○□ 民意调查者
○□ 老板	○□ 地质学家	○□ 广播听众
○□ 男／女童子军	○□ 政府职员	○□ 读者
○□ 商人	○□ 历史学家	○□ 记者
○□ 候选人	○□ 历史人物	○□ 研究员
○□ 木匠	○□ 讲解员	○□ 评论家
○□ 卡通人物	○□ 实习生	○□ 水手
○□ 漫画家	○□ 面试官	○□ 学校职员
○□ 餐饮服务者	○□ 发明家	○□ 科学家
○□ 名人	○□ 法官	○□ 船长
○□ 首席执行官	○□ 陪审团	○□ 社会科学家
○□ 主席	○□ 律师	○□ 社会工作者
○□ 厨师	○□ 图书馆顾客	○□ 统计学家
○□ 编舞	○□ 文学批评家	○□ 说书人
○□ 教练	○□ 说客	○□ 学生
○□ 社区成员	○□ 气象学家	○□ 出租车司机
○□ 作曲家	○□ 博物馆馆长	○□ 教师
○□ 客户或顾客	○□ 博物馆参观者	○□ 导游
○□ 建筑工人	○□ 邻居	○□ 驯兽师
○□ 舞者	○□ 新闻主播	○□ 旅游代理人
○□ 设计师	○□ 小说家	○□ 旅客
○□ 侦探	○□ 营养师	○□ 家教
○□ 编辑	○□ 观察员	○□ 电视观众
○□ 推选的官员	○□ 辩论队成员	○□ 电视或电影角色
○□ 大使馆工作人员	○□ 家长	○□ 游客
○□ 工程师	○□ 公园管理员	○□ 网页设计师
○□ 专家（＿＿领域）	○□ 笔友	○□ 动物园管理员
○□ 目击者		

学生可能的产品和表现

学生的哪些产品和表现能够提供理解和熟练掌握的证据？下面的列表提供了选择。（记住：学生的产品和表现应该有明确的目标和受众。）

书　面	口　头	视　觉
○ 广告	○ 录音带	○ 广告
○ 传记	○ 对话	○ 横幅
○ 读书报告或书评	○ 辩论	○ 漫画
○ 手册	○ 讨论	○ 拼贴画
○ 资料收集	○ 戏剧朗诵	○ 计算机图像
○ 填字游戏	○ 编剧	○ 数据显示
○ 社评	○ 采访	○ 设计
○ 文章	○ 口头陈述	○ 图表
○ 实验记录	○ 口头报告	○ 立体模型
○ 历史小说	○ 诗歌朗诵	○ 展览
○ 杂志	○ 木偶戏	○ 绘画
○ 实验报告	○ 广播剧本	○ 幻灯片
○ 信件	○ 饶舌	○ 传单
○ 日记	○ 幽默故事	○ 游戏
○ 杂志文章	○ 歌曲	○ 图表
○ 备忘录	○ 演讲	○ 地图
○ 新闻广播	○ 授课	○ 模型
○ 报纸文章		○ 绘画
○ 剧本		○ 照片
○ 诗歌		○ 海报
○ 意见书		○ PPT
○ 提议		○ 问卷
○ 研究报告		○ 剪贴簿
○ 手稿		○ 雕塑
○ 故事		○ 幻灯片放映
○ 考试	其他：	○ 故事板
○ 网站	○ _____	○ 录像
	○ _____	○ 网站

评估任务蓝图

营 养

通过任务评估哪些理解和目标? G

> 学生将为自己和他人设计一份合适的饮食菜单。

在忽略任务细节的情况下,标准和理解中应该隐含哪些准则?
学生达到怎样的任务完成质量才能证明达到了标准?

- 营养健康。
- 味道与营养的比较。
- 有可行性。

学生将通过什么真实性表现任务来证明理解?

任务概述: T

我们已经学习了营养学的知识,户外教育中心的野营负责人要求大家为今年即将举办的三天户外野营活动递交一份营养均衡的菜单。利用美国农业部食物结构金字塔指南以及食物标签上的营养信息来设计若干菜单,包括三顿正餐、三份点心(早上、中午和晚上)。目标是要设计出一份美味且营养均衡的菜单。同时至少有一个包含特殊饮食条件(如糖尿病患者或素食者或考虑宗教因素)的特制版。除了一份菜单外,每人还要给野营负责人写一封信,解释自己的菜单是否符合美国农业部食物结构金字塔指南的要求,另附一张展示脂肪、蛋白质、糖类、维生素、矿物质以及卡路里的示意图。

学生的哪些产品和表现将提供达到预期理解的证据?

- 菜单,包括营养价值示意图。
- 给野营负责人的信。

用什么标准来评价学生的产品和表现?

- 菜单符合美国农业部食物结构金字塔指南的要求。
- 营养价值示意图准确且完整。
- 菜单强调的受众和情境。

- 能合理解释菜单有营养价值且美味可口。
- 正确的书信格式。
- 正确的拼写和语法。

评估任务蓝图设计工具

通过任务评估哪些理解和目标? Ⓖ

在忽略任务细节的情况下,标准和理解中应该隐含哪些准则?
学生达到怎样的任务完成质量才能证明达到了标准?

学生将通过什么真实性表现任务来证明理解?

   任务概述: Ⓣ

学生的哪些产品和表现将提供达到预期理解的证据?

用什么标准来评价学生的产品和表现?

有效性检查

弗吉尼亚历史（注：这是一个有缺陷的例子）

通过任务评估哪些理解和目标？ Ⓖ Ⓤ

> 弗吉尼亚历史课程标准5.7：学生将通过对奴隶制、国家权利、领导、西进运动，脱离联邦和军事事件的重点学习，来了解内战的原因和影响。

> 学生将展示使用地形图的知识和技能。

在忽略任务细节的情况下，标准和理解中应该隐含哪些准则？
学生达到怎样的任务完成质量才能证明达到了标准？

- 全面分析起因和影响。
- 历史的正确性。

- 准确的地图。
- 按比例绘制。

学生将通过什么真实性表现任务来证明理解？

> **任务概述：** Ⓣ
> 你正面向年轻人开办一个内战主题的新博物馆。你的任务是选择一场决定性战争，研究并制作战争的模型。为你的模型附上索引卡，卡上包括时间、敌军称号、双方伤亡数量以及战胜方等信息。最后，制作俯瞰战场的地形图。
> 记住：你的地图必须按一定比例绘制。整洁、拼写正确。

学生的哪些产品和表现将提供达到预期理解的证据？

> 内战战争模型

> 战场的地形图

用什么标准来评价学生的产品和表现？

- 内战的真实描述。
- 索引卡信息准确。
- 整洁美观。
- 拼写正确。

- 准确的地形图。
- 按一定比例绘图。
- 包括罗盘。
- 正确的军队布置。
- 整洁美观。

有效性要求所有这些元素必须一致

有效性检查——分析

内战博物馆展览

参照目标： ⓖ
弗吉尼亚历史课程标准 5.7：学生将通过对奴隶制、国家权利、领导、西进运动，脱离联邦和军事事件的重点学习，来了解内战的原因和影响。

理解： ⓤ
学生将理解内战的原因和影响。
学生将展示使用地形图的知识。

表现任务： ⓣ
你正面向年轻人开办一个内战主题的新博物馆。你的任务是选择一场决定性战争，研究并制作战争的模型。为你的模型附上索引卡，卡上包括时间、敌军称号、双方伤亡数量以及战胜方等信息。最后，制作俯瞰战场的地形图。

学生产品和表现：

- 内战战争模型
- 战场的地形图

标准：
- 内战关键描述。
- 索引卡信息准确。
- 整洁美观。
- 拼写正确。

- 准确的地形图。
- 按一定比例绘图。
- 包括罗盘。
- 正确的军队布置。
- 整洁美观。

一致性检查：从任务能推断出目标吗？

缺少理解的话，任务能成功完成吗？
☐ 能   ☐ 不能
即便理解了，也有可能执行不好吗？
☐ 可能   ☐ 不可能

点评

标准需要能够提供一系列关键分析和证明的证据，以及这些事件之间的因果关系。

虽然任务与主题相关，但是这些任务并不能作为有效的参考。例如，学生不需要证明其对因果关系的理解就可以出色完成模型。除此之外，集中于一场战争，即使是好的模型也无法洞察内战的原因和影响。最后，将重点放在一个小型制作品和艺术技能的任务上是有问题的：学生可能做得很好也可能做得很差（如构建模型），因为这和他们对内容的理解毫无关系。

即使这项任务能充分与标准相关联，判断模型成果的标准也有点不太合适。这里强调准确性和整洁度，其分数与所需的理解（因果关系推理）并没有明确的关系。一个更加合理的标准可能是"战争及其影响分析的缜密性"，因为这与以战争重要性为主题的任务相关（例如，让学生为博物馆参观者制作录音）。

有效性检查 —— 修正

通过任务评估哪些理解和目标？ G U

- 弗吉尼亚历史课程标准5.7：学生将通过对奴隶制、国家权利、领导、西进运动，脱离联邦和军事事件的重点学习，来了解内战的原因和影响。

- 学生将理解内战由复杂的社会、经济、政治因素引起，且仍然对现在产生影响。

在忽略任务细节的情况下，标准和理解中应该隐含哪些准则？
学生达到怎样的任务完成质量才能证明达到了标准？

- 深入分析起因和影响。
- 历史的正确性。

学生将通过什么真实性表现任务来证明理解？

任务概述： T
　　你是即将开张的博物馆的工作人员，博物馆旨在向年轻人传播内战知识。你的任务是挑选3—4个引发战争的决定性趋势和事件，及其对今天的3—4个影响。提供每个展览的草图和视觉流程图或因果时间轴，并建立一个虚拟或真实的展品模型。（一个展览可能会呈现多个起因、影响或组合。）向博物馆馆长呈上你最好的选择和设计（使用的媒体形式不限）。

学生的哪些产品和表现将提供达到预期理解的证据？

| 展览提案 | 展览模型 |

用什么标准来评价学生的产品和表现？

- 缜密的因果分析。
- 历史的正确性。
- 合理选择。

- 展示优美。
- 绘图技术。
- 展览工艺。

自我检测评估

阶段 1

预期结果:

阶段 2

推荐评估:

按照以下情境,学生可能因此而出色完成评估吗?

	非常可能	有点可能	完全不可能
1. 根据有限的理解做出聪明的猜测。	☐	☐	☐
2. 鹦鹉学舌般背诵学过的知识,准确回忆但缺乏理解。	☐	☐	☐
3. 努力积极地学习但缺乏理解。	☐	☐	☐
4. 有出色的产品和表现但缺乏理解。	☐	☐	☐
5. 发挥伶俐的口齿和聪明才智,但缺乏对问题内容的理解。	☐	☐	☐

按照以下情境,学生可能因此而很差地完成评估吗?

6. 尽管对核心观点有深入的理解,但没有实现表现目标(即任务与目标不相关)。

☐ ☐ ☐

7. 尽管对核心观点有深入理解,但未能达到分数和等级标准(即一些标准是随意制定的,将重点放在与预期结果或真正任务无关的事情上)。

☐ ☐ ☐

目标:所有的答案都是"完全不可能"

基于标准的表现清单

表现清单是一种实用的方法,可以根据明确的标准来评判学生表现。表现清单不仅包括标准、元素或特征,还包括等级量表。等级量表十分灵活,其分数的范围是 3—100。

教师可以根据不同元素与成就目标的相对重要程度,给各个元素分配不同的分数,从而衡量某一元素与其他元素的"权重"(例如,准确性的权重高于整洁度)。这张清单应该能容易地转化为常规等级。例如,教师可以分配分值和权重,使总和为 25、50 或 100 分,从而使其能够直接转化为学区或学校的评级方式(例如,90—100=A,80—89=B,等等)。这份列表要事先与学生分享,为学生提供明确的表现目标,暗示他们应该在其成果中展现哪些元素。

虽然表现清单有这么多优点,但其并不能详细描述表现水平。因此,尽管有了明确的标准,不同的教师在使用相同的表现清单时,对学生成果的打分情况也会不相同。

数据图形展示:表现清单

	是	否	分数
1. 图形的标题概述了数据内容。	☐	☐	☐
2. 图形的各部分(如单位、横轴等)标注正确。	☐	☐	☐
3. 图形准确地呈现了所有数据。	☐	☐	☐
4. 图形简洁易懂。	☐	☐	☐

总分 ☐

整体性量规

整体性量规提供学生学习的总体情况，对一件产品或一次表现只生成一个分数或等级。它十分适用于评判简单的产品或表现，例如学生对开放式测试提示的回应。整体性量规可以提供整体质量或成就的快照，因此在大规模的评价环境（国家、州、区层面）下，评估人员常用其来评价大量的学生回应。整体性量规也是判断产品或表现影响力的有效手段（例如，文章在多大程度上有说服力？戏剧有娱乐效果吗？）。

尽管有这些好处，整体性量规也有其局限性，即不能详细分析产品或表现的优缺点，因为一个分数一般不足以体现学生的完成情况和需要改进的地方，因此，分数不能有效地为学生提供具体的反馈。

数据图形展示：整体性量规

3	所有数据呈现准确。图形的所有部分（如单位、横轴等）标注正确。图形包括标题，标题清楚地概述了数据内容。图形简洁易懂。
2	所有数据呈现准确或图形中有小错误。图形的所有部分标注正确或图中有小错误。图形包括标题，标题基本概述了数据内容。图形基本简洁可读。
1	数据呈现不正确，含有重大错误或数据丢失。图形只有少部分标注正确或标注缺失。标题没有反映数据内容或无标题。图形潦草难懂。

分析 — 特征法量规

分析 — 特征法量规将产品或者表现分成不同特征或维度,之后分别评判。各项都会有一个独立的分数(虽然也会计算出一个总分),因为分析性量规会独立地分析每一个明确的特征。

分析性量规更适于判断涉及多个重要维度的复杂表现(例如研究)。作为评价工具,它们为学生、家长和教师提供学生表现的优缺点等更加具体的信息和反馈。教师可以使用分析性评价提供的信息对给定的需求进行目标教学。从教学的角度,分析性量规能帮助学生更好地理解优秀成果的特点,因为其明确了产品或表现的重要维度。

然而,分析性量规通常需要花费更多的时间去学习和应用。由于需要考虑多个特征,分析性评分的评分者信度(不同评分者之间的一致性)可能更低。因此,分析性评分在大规模评价中需求较小,因为大规模评价必须要保证速度和信度。

格式注意:不要混淆分析 — 特征法评分的概念和量规的格式。如果可以在全部段落中明确匹配得分点的独立特征,并且这些特征注定要分别评价,那么就可以在一页纸上完成多个特征的分析 — 特征法评分。类似地,我们可以选择只对一项特定任务的一个标准进行评估,但单一的分析性量规只是重点分析一个特征,而不是进行整体性评价。

数据图形展示:分析 — 特征法量规

权重:	标题 10%	标注 20%	准确性 50%	整洁性 20%
3	图形包括标题,标题清楚地概述了数据内容。	图形的所有部分(如单位、横轴等)标注正确。	所有数据在图形上的呈现准确。	图形简洁易懂。
2	图形包括标题,标题对数据内容的总结基本清楚。	图形部分标注错误。	数据呈现有微小错误。	图形基本整洁可读。
1	标题没有反映数据内容或无标题。	图形只有少部分标注正确或标注缺失。	数据呈现不正确,含有重大错误或数据丢失。	图形潦草难懂。

确定重要的表现特征

第一部分 —— 独立列举_____的重要特征。

☐ _____

☐ _____

☐ _____

☐ _____

☐ _____

☐ _____

☐ _____

☐ _____

- -

第二部分 —— 小组合作,选择 4—6 个公认最重要的特征,列在下面。

1. _____

2. _____

3. _____

4. _____

5. _____

6. _____

初步理解与深入理解
内 战

使用下表制作简单的量规，以评估对预期核心观点或复杂过程的理解。首先明确专家的深入理解的指示，然后列出新手理解的指示（和可能出现的误解）。这份清单提供了量规中由高级到低级的描述。

理解：内战的原因和影响

初步理解 ——————————————————————— 深入理解

新手视角……

- 假设每个结果都有明显的单一原因和可预测的单一影响。

- 认为内战是基于奴隶制道德问题的战争。

- 结论就是好人会胜利，联邦是保守的。

专家视角……

- 理解重大事件通常有多方面的原因和结果，其中有一些是非常细微的。

- 认识到内战由多种因素引发，包括国家权利问题，南北方之间经济基础和文化差异，以及对奴隶制的意见分歧。

- 理解战争的"后遗症"从地区忠诚、对联邦控制的持续抱怨以及对象征（如联邦旗帜）的拥护等方面得以显现。

初步理解与深入理解

说　服

使用下表制作简单的量规，以评估对预期核心观点或复杂过程的理解。首先明确专家的深入理解的指示，然后列出新手理解的指示（和可能出现的误解）。这份清单提供了量规中由高级到低级的描述。

理解：说服

初步理解 ———————————————————————————— 深入理解

新手视角……

- 假设做出逻辑推理就足够具有说服力。

专家视角……

- 理解说服通常基于对受众情绪的洞察，从潜在意识层面发挥作用。

初步理解与深入理解设计工具

使用下表制作简单的量规,以评估对预期核心观点或复杂过程的理解。首先明确专家的深入理解的指示,然后列出新手理解的指示(和可能出现的误解)。这份清单提供了量规中由高级到低级的描述。

理解:

初步理解 ——————————————————————————— 深入理解

新手视角……

- _____
- _____
- _____
- _____
- _____
- _____
- _____
- _____
- _____
- _____
- _____

专家视角……

- _____
- _____
- _____
- _____
- _____
- _____
- _____
- _____
- _____
- _____
- _____

带有两个基本特征的分析性评分量规

使用框架评价：（1）学生的理解程度；（2）产品或表现的效用。

特征 等级	理解 权重 → 65%	表现或表现质量 35%
4	对相关概念和过程有深入的理解。概念、论据、论证、达到的水平、提出的问题和使用的方法具有先进性，远远超出同龄人对该主题的把握程度。	产品或表现非常有效。观点具有吸引力，其呈现精练、清晰、深刻，给受众留下深刻印象，在最终的产品或表现中使用了不同寻常的技巧。
3	对相关概念和过程有扎实的理解。概念、论据、论证和使用的方法恰当地解决了问题。没有误解关键概念，没有过于简单化的做法。	产品或表现是有效的。观点的呈现清晰而深刻，注意到并了解受众、情境和目的。
2	对相关概念或过程的理解有限或有点幼稚。概念、论据、论证和使用的方法简单、粗糙或不足以解决问题。对问题的回答可能存在一些对关键概念或方法的误解。	产品或表现有一定有效性。但是在明确性、深刻性、表达和润色方面存在不足。无法明确判断是否考虑了受众、情境和目的。
1	对相关概念和问题几乎没有理解。概念、论据、论证和使用的方法无法解决问题。对问题的回答反映出对关键概念和方法的重大误解。	产品或表现没有效果。表现贫乏，不能证明事先的规划和实践，以及对受众和目的的考虑，或者表现模糊，无法确定关键点。

标准和量规

应该按什么标准评价理解的表现？挑战在于我们应该确保评价的是理解的核心，而不只是容易评分的东西。此外，我们需要确保我们定义了表现的不同特征（如，一篇论文可以是组织良好但是知识性差的，反之亦然），让学生得到具体有效的反馈。最后，我们需要确保我们考虑了不同类型的标准（例如，理解的质量与展示理解的表现的质量）。接下来我们提供了关于标准和量规的观点。量规示例如下。

4种表现标准及其指示（示例）

内容	过程	质量	结果
描述真实信息知识的程度或对概念、原理和过程的理解。	描述技能的程度或熟练度。也指过程或使用方法的有效性。	描述产品和表现的质量程度。	描述整体影响和目标、目的或结果的实现程度。
准确的	仔细的	有吸引力的	有益的
合适的	聪明的	有竞争力的	确实的
真实的	连贯的	创新的	令人信服的
完整的	合作的	详细的	决定性的
正确的	简洁的	广泛的	有效的
可信的	协调的	聚焦的	吸引人的
能解释的	有效的	优美的	有趣的
合理的	高效的	高超的	见闻广博的
重要的	无瑕疵的	整洁的	鼓舞人心的
深入的	连贯的	新颖的	符合标准的
有洞察力的	有逻辑的	有组织的	难忘的
有逻辑的	机械正确的	精练的	感人的
有联系的	有方法的	精确的	有说服力的
精确的	一丝不苟的	精通的	经过验证的
相关的	有组织的	严格的	赞同的
缜密的	有计划的	熟练的	令人满意的
有支持的	有目的的	流行的	令人满足的
彻底的	有排练的	流畅的	重要的
有效的	连续的	独特的	能理解的
	熟练的	精心制作的	有用的

标准和量规

理解的特征	表现的特征
准确的	全面的
可行的	有效的
关键的	高效的
富有启发性的	文雅的
说明的	吸引人的
有洞察力的	流畅的
基础扎实的	优雅的
正当的	机械性能良好的
有意义的	有说服力的
敏锐的	平衡的
可信的	精练的
发人深省的	实用的
敏感的	精确的
重要的	熟练的
深入的	完成的
不同寻常的	彻底的

标准和理解的六个维度					
维度 1	维度 2	维度 3	维度 4	维度 5	维度 6
解释	释义	应用	洞察	移情	自知
准确的	启发性的	合适的	可靠的	开放的	有洞察力的
连贯的	说明的	有效的	关键的	敏锐的	元认知的
文雅的	重要的	高效的	有洞察力的	宽容的	反思的
正当的	有意义的	流畅的	可信的	赞同的	自我调整的
预测性的	发人深省的	优美的	发人深省的	敏感的	自知的
彻底的	必要的	实用的	不同寻常的	机智的	智慧的

分析性量规框架

理解：_____

具体产品或表现：_____

等级＼特征				
权重→				
4				
3				
2				
1				

程度差异的描述性术语

用四点量表初步构建评分量规时,请运用下列一般术语描述程度差异。应用量规分析学生作品会产生更多精确的描述性语言和一个有更多层次的量规。

理解程度	频繁程度
• 彻底和完整的 • 大量的 • 局部的或不完整的 • 误解或严重的概念错误	• 一直 • 经常 • 偶然 • 很少或从来不

有效程度	独立程度
• 卓有成效 • 基本有效 • 稍微有效 • 无效	学生成功完成任务: • 不需要援助(完全独立) • 需要较少的援助 • 需要适中的援助 • 需要大量的援助

准解程度	清晰程度
• 完全准确;所有(事实、概念、结构、计算)都正确 • 基本准确;少许错误不影响整体 • 不准确;大量错误影响了最终结果 • 重大的不准确;到处是明显错误	• 格外清晰;容易理解 • 一般清晰;能理解 • 不太清晰;理解有困难 • 不清晰;无法理解

针对理解的通用量规

水平程度

5： 学生作品呈现出与主题相关的深刻理解。其概念、证据、论证、达到的水平、提出的问题和使用的方法都体现出深刻的见解，远远超出一般水平的经验对主题的掌握。学生抓住了观点或问题的实质，运用最有力的工具来解决问题。作品表明学生能够进行细微的区分，并将特殊的挑战与更有意义、更复杂、更全面的原理结合起来。

4： 学生作品呈现出与主题相关的较好理解。其概念、证据、论证和使用的方法体现高难度和高水准，为该水平层次的人构建了合适的问题框架。作品可能体现学生理解不全面或解答问题不成熟、缺乏证据，但不存在误解或过于简单化的问题。

3： 学生作品呈现出对相关问题的充分理解。作品显示出对能够解决预期难度问题的知识、概念和方法的控制。与更深入的作品相比，作品不够细致，辨识度不高。同时，作品中可能存在误解关键观点的证据。作品可能得出了正确答案，但是其使用的方式、概念或方法比该层次所要求的更简单。

2： 学生作品呈现出对相关观点和问题不成熟或有限的理解。使用简单的规则、公式和方法。误解或误用重要观点，没有用作品所需要的、之前学过的更高级的规则、公式和方法。学生作品可能足够解决问题的全部或大多数方面，但其使用的概念和方法都过于简单。

1： 学生作品没有呈现对基础观点和相关问题的基本理解。没有用合适、充分的知识解决问题。

0： 没有足够的证据来判断学生对问题涉及的、与主题相关的知识的掌握程度（通常由于没有完成作品）。

来源：Assessment Wizard，一个提供再学习和教育评估服务的合资企业，包括40多个量规和150多种评估，为评估提供了设计和分享的平台。

在通用量规中增加具体指示

议论文写作

有效和高效的方法是找出几组相当普遍的区级量规，之后制定这些通用量规的等级或基准水平。此外，教师可以通过增加具体指示来使量规更加精确，以适应每个人的评估任务。

议论文（带有教师增加的项目指示）：

区级量规

1. 作品极具说服力。观点和论证都格外有力，并以高效和明确的方式呈现。作品处理谨慎，十分注重目的、受众和情境。这是高水平的作品。

更具体的指示

- 文章极好地运用了复杂的修辞和语法元素。
- 有全面的参考书目和丰富的脚注。
- 已考虑关键抗辩并在文章中反驳。
- 语句结构复杂多样。
- 文章结构和拼写中的较小错误（如果存在的话）不妨碍文章的流畅度。

区级量规

4. 作品无说服力。展现的观点和论证存在明显的缺点和分歧。作品存在大量内容和修辞上的错误，或支持证据和资源运用不足或不当。

更具体的指示

- 用于说服的技巧很少或者不成熟（例如，始终表达坚定信念，攻击持有其他观点的评论者，只服从一个权威）。
- 文章存在缺点：缺少规划和修订，对写作任务的目的、受众和情境存在误解，对议论文写作技巧的理解不够。
- 句子结构、用法、文章结构或拼写的主要错误影响了文章的可读性。
- 文章中许多地方的逻辑很难让人理解。
- 语言过于不明确、不适当或不成熟，以至于不能传递预期信息。

设计有效评分工具的小贴士

1. 确保评分工具（量规或检查清单）评价的是最重要的特征，包括评估的**目的**和**优秀作品的特点**。思考：
- 你是否只关注易于评分的特征而不是最重要的特征？
- 一个学生在没有展示出预期的理解或生成优秀的作品时，是否也能符合所有的评分标准并获得高分？
- 评分的标准或原因是否是任意的？换言之，你是否根据该任务中与卓越表现无关的其他特征随意打分？

2. 注意下列评分工具的常见问题：
- 根据文章的长度而不是品质评分。
- 关注结构、组织和描述，而不是内容、实质和影响（例如，一个科学项目展示可能有吸引力但是肤浅）。
- 关注数量而不是结果（例如，追求研究中信息源的数量而不是信息源的合理性与完整性；追求议论文中原因的数量而不是推理的逻辑）。
- 要求作品遵循一种固定格式（例如五段文），尽管成功专家的作品可能采取不同的形式或使用一种非正统的方式。

3. 检查整个评分量表中描述性术语的一致性。例如，如果最高得分点的描述是"总是且彻底"，那么较低得分点的描述是"有时且不完整"。

4. 使用下列提示有助于避免这些问题：
- 因为表现的目的是提供＿＿＿＿＿＿＿＿＿＿的证据，所以我们需要评估表现是否已经＿＿＿＿＿＿＿＿＿＿。（列出适当的特征，考虑任务的目的及其需要的证据。）
- 最好的作品总是＿＿＿＿＿＿＿＿＿（从你的列表中选择特征）的 —— 这个句子有没有意义？如果有，特征就是合适的；如果没有，它可能就是随意的。

为理解而检查量规

检查这个有缺陷的量规。你注意到了哪些问题？如何改善这个量规？

"重演美国内战"量规（有缺陷）

4 在战场上或军营里，重演的人总是从头到脚穿羊毛制品。在演戏的过程中，他去掉了所有 20 世纪的用语。完全依靠硬面包和咖啡维持生活。在进一步重演的过程中，感染了虱子和恼人的肠道疾病。

3 在 7 月，重演的人总是从头到脚穿羊毛制品。她通常听从命令行军和开枪射击。背包里装着硬面包和咖啡。在战场上能正确识别联邦军和同盟军。

2 重演的人穿一套由合成材料制成的蓝色制服。他执行大多数的命令，但比其他同伴慢三到五秒。背包里藏一条士力架巧克力棒，水壶里装啤酒。有时不能记住哪一队穿蓝色，哪一队穿灰色。

1 重演的人穿统一的制服 —— 金莺帽、硬石餐厅的 T 恤和锐步鞋。他不能辨别联邦军和同盟军。经常听到"你属于联邦军还是同盟军?"对战友开枪并且常常误伤自己和战友。19 世纪的野营地落满了奶油夹心饼和巨无霸汉堡的包装纸。

—— 改编自由马里兰州 Anne Arundel Schools 的蒂姆·丹戈尔（Tim Dangel）博士创立的幽默量规。

设计表现任务草稿的步骤

许多种工作表都可以协助你设计表现评估任务来证明学生的理解程度。下列流程举例说明了运用各种 UbD 工作表建立一个表现任务草稿的顺序。

考虑需要的证据

1. 使用下列工作表中的一个或多个来考虑理解需要的证据：
   - 理解意味着什么？
   - 标准对于评估意味着什么？
   - 收集符合标准的充足证据；
   - 考虑到设计的误区。

收集理解的六个维度的证据

2. 通过使用一个或多个"维度工作表"，收集表现任务所需的理解的证据，以完善你的想法：
   - 将理解转化为可能的表现；
   - 基于理解的六个维度描述表现；
   - 从不同维度收集评价观点；
   - 评估理解程度——维度工作表；
   - 标准（和维度）对于评估意味着什么？

运用 GRASPS 设计任务方案

3. 通过使用 GRASPS 工作表更加完整地设计表现任务方案：
   - 构建一个表现任务方案（GRASPS）。

完成表现任务蓝图

4. 使用表现任务蓝图将表现任务各部分具体化，包括参照目标或预期理解、隐含的标准、任务方案、产品和表现、评估标准。

检查有效性和一致性

5. 使用评估任务蓝图检查任务各部分之间的有效性和一致性：有效性检查。

考虑最合适的标准

6. 根据预期的理解、产品或表现考虑最合适的标准：
   - 标准：初步理解与深入理解；
   - 关于标准和量规的观点。

开发评分量规

7. 开发一个或多个评分量规。要使用：
   - 分析性评分量规；
   - Assessment Wizard 上的例子。

根据同行评审和实际测试情况做出适当修改。

生成表现任务的设计思路
拓荒生活

| 学生表现出他们理解 | 大草原上拓荒生活充满了困难和危险。 |

当他们能： 为什么，如何做，是什么（why/how/that/the/of）

解释
- ☐ 连接 ☐ 描述 ☐ 解释
- ☑ 告诉 ☐ 证明 ☐ 说服
- ☐ 教导 ☐ 显示 ☐ 证实

→ 拓荒生活的困难和危险

释义
- ☐ 分析 ☐ 阐明 ☑ 释义
- ☐ 理解……的意义
- ☐ 揭示 ☐ 描绘 ☐ 显示

→ 信件、日记和照片，以深入了解拓荒生活

应用
- ☐ 创造 ☐ 构建 ☐ 调试
- ☐ 选定 ☑ 设计 ☐ 论证
- ☐ 引导 ☐ 使用 ☐ 执行
- ☐ 建议 ☐ 设计 ☐ 解决

→ 一场博物馆展览，以揭示大草原上拓荒生活充满困难和危险

洞察
- ☑ 比较 ☐ 批判 ☐ 辩论
- ☐ 评价 ☐ 转换视角
- ☐ 测试 ☐ 考虑各种各样的观点

→ 为什么人们离开家——当时与现在的对比

移情
- ☐ 移情 ☑ 想象
- ☐ 站在……的角度
- ☐ 考虑……的可能

→ 拓荒者的苦难和勇气

自知
- ☐ 调整 ☑ 反思 ☐ 修正
- ☐ 自评 ☐ 了解他们的习惯

→ 当时的生活与现在相比要困难多少

生成表现任务的设计思路

拓荒生活

关键词：○角色　△受众

- ○△ 演员
- ○△ 广告客户
- ○△ 艺术家或插画家
- ○△ 作家
- ○△ 传记作者
- ○△ 董事会成员
- ○△ 老板
- ○△ 男／女童子军
- ○△ 商人
- ○△ 候选人
- ○△ 卡通人物
- ○△ 漫画家
- ○△ 餐饮服务者
- ○△ 名人
- ○△ 主席
- ○△ 首席执行官
- ○△ 厨师
- ○△ 教练
- ○△ 社区成员
- ○△ 作曲家
- ○△ 客户或顾客
- ○△ 建筑工人
- ○△ 侦探
- ○△ 编辑
- ○△ 推选的官员
- ○△ 工程师
- ○△ 专家（在____领域）
- ○△ 目击者

- ○△ 家庭成员
- ○△ 电影制作人
- ○△ 消防员
- ○△ 外国使馆工作人员
- ○△ 朋友
- ○△ 政府职员
- ○△ 历史学家
- ○△ 历史人物
- ○△ 实习生
- ○△ 面试官
- ○△ 发明家
- ○△ 法官
- ○△ 陪审团
- ○△ 律师
- ○△ 文学评论家
- ○△ 说客
- ☑○ 博物馆馆长
- ○△ 博物馆参观者
- ○△ 邻居
- ○△ 新闻主播
- ○△ 小说家
- ○△ 营养师
- ○△ 辩论队成员
- ○△ 公园管理员
- ○△ 笔友
- ○△ 摄影师
- ○△ 飞行员
- ○△ 剧作家

- ○△ 诗人
- ○△ 警察
- ○△ 产品设计师
- ○△ 广播听众
- ○△ 读者
- ○△ 记者
- ○△ 研究员
- ○△ 评论家
- ○△ 学校职员
- ○△ 科学家
- ○△ 船长
- ○△ 社会科学家
- ○△ 学生
- ○△ 出租车司机
- ○△ 教师
- ○△ 电视观众
- ○△ 导游
- ○△ 旅行代理人
- ○△ 旅客
- ○△ 电视或电影角色
- ○△ 导师
- ○△ 观众
- ○▲ 游客
- ○△ 网页设计师
- ○△ 动物园管理员
- ○△ 其他：_____

<u>产品和表现</u>

☐ 广告　☐ 文章　☐ 录音带　☐ 读书报告　☐ 手册　☐ 卡通片　☐ 拼贴画　☐ 建筑　☐ 数据展示　☐ 示范　☐ 设计　☐ 图表　☑ 日记　☐ 立体模型　☐ 指示　☐ 陈列　☐ 戏剧　☑ 绘画　☐ 社论　☐ 电子邮件　☐ 文章　☑ 展览　☐ 实验　☐ 游戏　☐ 图　☐ 图形　☐ 采访　☐ 调查　☐ 杂志　☐ 课堂　☑ 信　☐ 日志　☐ 地图　☐ 备忘录　☐ 模型　☐ 博物馆展览　☐ 新闻广播　☐ 画　☐ 照片　☐ 计划　☐ 游戏　☐ 诗　☐ 意见书　☐ 海报　☐ PPT　☐ 提案　☐ 说唱歌曲　☐ 报告　☐ 评论　☐ 脚本　☐ 小品　☐ 幻灯片　☐ 歌曲　☐ 演讲　☐ 故事　☐ 测试或考试　☐ 录像带　☐ 网站

生成表现任务的设计思路

拓荒生活

表现任务想法

你是一位美国历史博物馆的馆长。

设计一场关于拓荒生活的博物馆展览，包括图、模拟日志和给家人的信件。展览的目的是告诉游客拓荒者面临的挑战。

你的展览应该……

符合下列标准

- ✓ 准确的　○ 适当的　○ 恰当的　○ 清楚的　○ 令人信服的　○ 正确的
- ○ 创造性的　○ 可拥护的　○ 有效的　○ 高效的　○ 优雅的　○ 设身处地的
- ○ 令人愉快的　✓ 增长见闻的　○ 有深刻见解的　○ 合理的　○ 新奇的
- ○ 有组织的　○ 洞察力强的　○ 有说服力的　○ 完美的　○ 精确的
- ○ 精通的　○ 沉思的　○ 反应灵敏的　○ 有启迪作用的　✓ 善解人意的
- ○ 熟练的　○ 高水平的　○ 被支持的　○ 彻底的　○ 可理解的　○ 独特的
- ○ 有根据的　○ 已被证实的　✓ 精心设计的
- ○ 其他：_____

从而为了

让博物馆的游客能更好地理解大草原上拓荒生活的困难和危险。

生成表现任务的设计思路

科学方法

| 学生表现出他们理解 | 科学家通过系统隔离和控制关键变量来确定因果关系。 |

当他们能 → 为什么，如何做，是什么（why/how/that/the/of）

解释
- ☐ 连接　☐ 描述　☑ 解释
- ☐ 告诉　☐ 证明　☐ 说服
- ☐ 教导　☐ 显示　☐ 证实

→ 为什么要控制变量以及如何控制变量

释义
- ☐ 分析　☐ 阐明　☑ 释义
- ☐ 理解……的意义
- ☐ 揭示　☐ 描绘　☐ 显示

→ 实验结果，以确定实验设计的有效性

应用
- ☐ 创造　☐ 构建　☑ 调试
- ☐ 选定　☑ 设计　☐ 论证
- ☐ 引导　☐ 使用　☐ 执行
- ☐ 建议　☐ 设计　☐ 解决

→
- 实验，以确定起因和影响
- 其他人设计的有缺陷的实验

洞察
- ☐ 比较　☐ 批判　☐ 辩论
- ☐ 评价　☐ 转换视角
- ☐ 测试　☐ 考虑各种各样的观点

→

移情
- ☐ 移情　☐ 想象
- ☐ 站在……的角度
- ☐ 考虑……的可能

→

自知
- ☐ 调整　☐ 反思　☐ 修正
- ☐ 自评　☑ 了解他们的习惯

→ 快速得出结论

生成表现任务的设计思路

科学方法

关键词：○角色　△受众

○△ 演员	○△ 家庭成员	○△ 诗人
○△ 广告客户	○△ 电影制作人	○△ 警察
○△ 艺术家或插画家	○△ 消防员	○△ 产品设计师
○△ 作家	○△ 外国使馆工作人员	○△ 广播听众
○△ 传记作者	○△ 朋友	○△ 读者
○△ 董事会成员	○△ 政府职员	○△ 记者
○△ 老板	○△ 历史学家	○△ 研究员
○△ 男/女童子军	○△ 历史人物	○△ 评论家
○△ 商人	○△ 实习生	○△ 学校职员
○△ 候选人	○△ 面试官	○△ 科学家
○△ 卡通人物	○△ 发明家	○△ 船长
○△ 漫画家	○△ 法官	○△ 社会科学家
○△ 餐饮服务者	○△ 陪审团	○△ 学生
○△ 名人	○△ 律师	○△ 出租车司机
○△ 主席	○△ 文学评论家	○△ 教师
○△ 首席执行官	○△ 说客	○△ 电视观众
○△ 厨师	○△ 博物馆馆长	○△ 导游
○△ 教练	○△ 博物馆参观者	○△ 旅行代理人
○△ 社区成员	○△ 邻居	○△ 旅客
○△ 作曲家	○△ 新闻主播	○△ 电视或电影角色
○△ 客户或顾客	○△ 小说家	○△ 导师
○△ 建筑工人	○△ 营养师	○△ 观众
○△ 侦探	○△ 辩论队成员	○△ 游客
○△ 编辑	○△ 公园管理员	○△ 网页设计师
○△ 推选的官员	○△ 笔友	○△ 动物园管理员
○△ 工程师	○△ 摄影师	○△ 其他：_____
○△ 专家（在____领域）	○△ 飞行员	
○△ 目击者	○△ 剧作家	

<u>产品和表现</u>

☐ 广告　☐ 文章　☐ 录音带　☐ 读书报告　☐ 手册　☐ 卡通片　☐ 拼贴画　☐ 建筑
☐ 数据显示　☐ 示范　☐ 设计　☐ 图表　☐ 日记　☐ 立体模型　☐ 指示　☐ 陈列
☐ 戏剧　☐ 绘画　☐ 社论　☐ 电子邮件　☐ 文章　☐ 展览　☐ 实验　☐ 游戏　☐ 图
☐ 图形　☐ 采访　☐ 调查　☐ 杂志　☐ 课堂　☐ 信　☐ 日志　☐ 地图　☐ 备忘录
☐ 模型　☐ 博物馆展览　☐ 新闻广播　☐ 画　☐ 照片　☐ 计划　☐ 游戏　☐ 诗
☐ 意见书　☐ 海报　☐ PPT　☐ 提案　☐ 说唱歌曲　☐ 报告　☐ 评论　☐ 脚本　☐ 小品
☐ 幻灯片　☐ 歌曲　☐ 演讲　☐ 故事　☐ 测试或考试　☐ 录像带　☐ 网站

生成表现任务的设计思路

科学方法

表现任务想法

设计一个实验,以确定在四个品牌的清洁剂中,哪一个能最有效去除棉织物上三种不同类型的污渍。提供书面说明和示意图,以指导缺席的同学。

你的实验步骤需要……

符合下列标准

- ✓ 准确的 ○ 适当的 ○ 恰当的 ✓ 清楚的 ○ 令人信服的 ✓ 正确的
- ○ 创造性的 ○ 可拥护的 ○ 有效的 ○ 高效的 ○ 优雅的 ○ 设身处地的
- ○ 令人愉快的 ○ 增长见闻的 ○ 有深刻见解的 ○ 合理的 ○ 新奇的
- ✓ 有组织的 ○ 洞察力强的 ○ 有说服力的 ○ 完美的 ○ 精确的
- ○ 精通的 ○ 沉思的 ○ 反应灵敏的 ○ 有启迪作用的 ○ 善解人意的
- ○ 熟练的 ○ 高水平的 ○ 被支持的 ○ 彻底的 ○ 可理解的 ○ 独特的
- ✓ 有根据的 ○ 已被证实的 ○ 精心设计的
- ○ 其他:＿＿＿＿＿＿＿＿＿＿

从而为了

其他实验者可以根据你的步骤,确定去除每种污渍的最有效的清洁剂。

生成表现任务的设计思路设计工具

学生表现出他们理解

→ 当他们能　　　　　　　　为什么，如何做，是什么（why/how/that/the/of）

解释
- ☐ 连接　☐ 描述　☐ 解释
- ☐ 告诉　☐ 证明　☐ 说服
- ☐ 教导　☐ 显示　☐ 证实

→

释义
- ☐ 分析　☐ 阐明　☐ 释义
- ☐ 理解……的意义
- ☐ 揭示　☐ 描绘　☐ 显示

→

应用
- ☐ 创造　☐ 构建　☐ 调试
- ☐ 选定　☐ 设计　☐ 论证
- ☐ 引导　☐ 使用　☐ 执行
- ☐ 建议　☐ 设计　☐ 解决

→

洞察
- ☐ 比较　☐ 批判　☐ 辩论
- ☐ 评价　☐ 转换视角
- ☐ 测试　☐ 考虑各种各样的观点

→

移情
- ☐ 移情　☐ 想象
- ☐ 站在……的角度
- ☐ 考虑……的可能

→

自知
- ☐ 调整　☐ 反思　☐ 修正
- ☐ 自评　☐ 了解他们的习惯

→

生成表现任务的设计思路设计工具

关键词：○角色　△受众

- ○△ 演员
- ○△ 广告客户
- ○△ 艺术家或插画家
- ○△ 作家
- ○△ 传记作者
- ○△ 董事会成员
- ○△ 老板
- ○△ 男/女童子军
- ○△ 商人
- ○△ 候选人
- ○△ 卡通人物
- ○△ 漫画家
- ○△ 餐饮服务者
- ○△ 名人
- ○△ 主席
- ○△ 首席执行官
- ○△ 厨师
- ○△ 教练
- ○△ 社区成员
- ○△ 作曲家
- ○△ 客户或顾客
- ○△ 建筑工人
- ○△ 侦探
- ○△ 编辑
- ○△ 推选的官员
- ○△ 工程师
- ○△ 专家（在____领域）
- ○△ 目击者

- ○△ 家庭成员
- ○△ 电影制作人
- ○△ 消防员
- ○△ 外国使馆工作人员
- ○△ 朋友
- ○△ 政府职员
- ○△ 历史学家
- ○△ 历史人物
- ○△ 实习生
- ○△ 面试官
- ○△ 发明家
- ○△ 法官
- ○△ 陪审团
- ○△ 律师
- ○△ 文学评论家
- ○△ 说客
- ○△ 博物馆馆长
- ○△ 博物馆参观者
- ○△ 邻居
- ○△ 新闻主播
- ○△ 小说家
- ○△ 营养师
- ○△ 辩论队成员
- ○△ 公园管理员
- ○△ 笔友
- ○△ 摄影师
- ○△ 飞行员
- ○△ 剧作家

- ○△ 诗人
- ○△ 警察
- ○△ 产品设计师
- ○△ 广播听众
- ○△ 读者
- ○△ 记者
- ○△ 研究员
- ○△ 评论家
- ○△ 学校职员
- ○△ 科学家
- ○△ 船长
- ○△ 社会科学家
- ○△ 学生
- ○△ 出租车司机
- ○△ 教师
- ○△ 电视观众
- ○△ 导游
- ○△ 旅行代理人
- ○△ 旅客
- ○△ 电视或电影角色
- ○△ 导师
- ○△ 观众
- ○△ 游客
- ○△ 网页设计师
- ○△ 动物园管理员
- ○△ 其他：_____

<u>产品和表现</u>

- ☐ 广告　☐ 文章　☐ 录音带　☐ 读书报告　☐ 手册　☐ 卡通片　☐ 拼贴画　☐ 建筑
- ☐ 数据显示　☐ 示范　☐ 设计　☐ 图表　☐ 日记　☐ 立体模型　☐ 指示　☐ 陈列
- ☐ 戏剧　☐ 绘画　☐ 社论　☐ 电子邮件　☐ 文章　☐ 展览　☐ 实验　☐ 游戏　☐ 图
- ☐ 图形　☐ 采访　☐ 调查　☐ 杂志　☐ 课堂　☐ 信　☐ 日志　☐ 地图　☐ 备忘录
- ☐ 模型　☐ 博物馆展览　☐ 新闻广播　☐ 画　☐ 照片　☐ 计划　☐ 游戏　☐ 诗
- ☐ 意见书　☐ 海报　☐ PPT　☐ 提案　☐ 说唱歌曲　☐ 报告　☐ 评论　☐ 脚本　☐ 小品
- ☐ 幻灯片　☐ 歌曲　☐ 演讲　☐ 故事　☐ 测试或考试　☐ 录像带　☐ 网站

生成表现任务的设计思路设计工具

表现任务想法

符合下列标准

- ○ 准确的 ○ 适当的 ○ 恰当的 ○ 清楚的 ○ 令人信服的 ○ 正确的
- ○ 创造性的 ○ 可拥护的 ○ 有效的 ○ 高效的 ○ 优雅的 ○ 设身处地的
- ○ 令人愉快的 ○ 增长见闻的 ○ 有深刻见解的 ○ 合理的 ○ 新奇的
- ○ 有组织的 ○ 洞察力强的 ○ 有说服力的 ○ 完美的 ○ 精确的
- ○ 精通的 ○ 沉思的 ○ 反应灵敏的 ○ 有启迪作用的 ○ 善解人意的
- ○ 熟练的 ○ 高水平的 ○ 被支持的 ○ 彻底的 ○ 可理解的 ○ 独特的
- ○ 有根据的 ○ 已被证实的 ○ 精心设计的
- ○ 其他：_____

从而为了

教学设计检查单：阶段 2

表现任务 ⓣ

1. _____ ⓣ中的表现任务与阶段 1 中某一个或多个预期结果相一致，并将为需要的理解提供合理证据。

2. _____ 任务涉及将已有的知识、技能和理解应用于一个复杂的、现实世界的（真实性）问题。

3. _____ 任务以 GRASPS 形式编写。

4. _____ 任务允许学生利用某些选择、倾向性以及产品和表现的多样性展示理解。

5. _____ 如果不能明确把握任务评估的目的性，就不能很好地完成任务。

6. _____ 任务至少要涉及理解的一个维度。

7. _____ 评分量规包括理解和良好表现的显著特征。

8. _____ 评分量规根据阶段 1 中预期结果所需的证据强调了什么是合适的标准。

其他证据 ⓞⓔ

9. _____ 其他的合理证据已作为表现任务证据的补充整理在了总结表中（例如，关键测验、考试、学生自我评估）。

10. _____ 学生有机会进行自我评估，并反思其学习和表现。

备注

_____

_____

_____

_____

阶段 2 的常见问题

1. 理解的六个维度与布卢姆的教育目标分类学之间有什么关系?

虽然两者都是评价的框架,但一个关键的区别在于布卢姆的分类学体现了认知的复杂层次结构。布卢姆的分类学最初用于分析大学层面的评价,通过六个分类来确定测试对象的智力水平。

理解的六个维度是理解的六个同等层次的指示,因此用于开发或选择评估任务和提示。理解的六个维度不是一种层次结构。相反,对一个或多个维度的适当选择取决于内容本身,以及对该内容的预期理解。

在这两个框架中,"应用"的意义相同,但许多评估任务往往同时需要"分析""综合"和"评价"(因为产品和表现要求"解释"或"洞察")。

2. 为什么我们需要运用 GRASPS 来建立评价任务?

UbD 的一个基本论点是真实性表现能最优地体现理解,即在新的情境中运用所知。简单地反馈所学知识或在一组选项中选出"正确"答案并不能保证实现真正意义上的理解。

UbD 中评估设计的第二个考量是让评估尽可能有意义、真实、参与度高,这样才能让学生尽最大努力。要达到这两个目的,就要让学生通过真实性表现任务来展现他们的理解。GRASPS 只是用于构建此类任务的一个设计工具。

我们并不是说每一个评价任务都需要用 GRASPS 来开发。不过,我们建议在每一个 UbD 单元中至少有一个核心表现任务是以这种真实的方式来制定的。当然,GRASPS 表现任务需要其他评估证据的补充,包括传统的考试和测验。

3. 我们该如何将量规的评分转化为字母等级?

因为大多数的评分和报告系统依赖于字母等级,因此运用量规的教师需要将分数转化为等级。在我们直接回答之前,考虑以下问题:字母等级(如 B)代表什么?计分 3 又代表了什么?在两种情况下,等级 B 和计分 3 都是一种符号,反映了基于一定标准的表现评价。例如,在选择题测试中,等级 B 代表答对了 83% 题目的学生的分数。在这种情况下,等级 B 的表现标准是 80%—89%。在议论文写作的四点量表中,3 分可以形容一篇文章是可信但不是示范性的。这两种符号系统是兼容的,但又不是完全相同的。

将获得的总分简单除以量规的最高分,自然而然地就得出了字母等级。

在之前的例子中，大多数学校将四点量表中的量规得分 3 转化为 75% 或等级 C。同样地，在一个包含四个特征（例如，组织、语言选择、观点与说服力、技巧性）并运用四点量表的写作量规中，一个得分为 11 的学生（可得的总分为 16）的得分比例为 68.75%，即大多数的等级标准中的 D。然而，以上两种情况中，学生得到的字母等级都比其真实表现应得的分数要低。所以，在不假思索地将得分与等级对应之前，我们需要反思我们希望分数和等级传达的是什么。

转换的另一方法是运用分析性量规，基于特征的相对重要程度对特征进行加权。例如，运用一个通用量规时，所有的数学老师可根据以下特征评价学生的问题解决能力：计算准确度、推理与策略思维、表达、沟通和连接。数学组可以确定前两条标准占 30% 的权重，其余的标准各占 20% 的权重（或根据特定的问题确定最适当的权重）。然后将最终得到的加权量规分数转化为等级。这种方式不仅可以给出单字母等级，而且使结果更精确，对学生更有用。

一个类似的方法是，基于量规描述来确定对应的字母等级。例如，费尔法克斯县（弗吉尼亚州）公立学校的外语学院已经建立了基于预期表现和量规描述的等级与量规转化表。如，在一个总分为 4 分的量规中，他们使用下列转化方式：

量规评分 4：超出预期 =93.5%—100%

量规评分 3：达到预期 =84%—93%

量规评分 2：差不多达到预期 =74%—83%

量规评分 1：没有达到预期 =54%—73%

在这个大的学区内，每一位外语教师都使用相同的量规和等级转化系统。这种系统的方法让班级和学校之间的评价更一致，从而使学校与学生及其家长之间的沟通更有效。

当然，重要的不是某一种转化方式，而是不要忽视评分的总体目标 —— 基于既定的表现标准，为学生的表现提供一种清楚、一致、公平的呈现。一个良好的量规，能够清楚地描述关键特征和表现水平，从而让任何分级系统都变得更加可靠、合理。

* 想知道费尔法克斯县公立学校及其等级转化系统的更多例子和信息，请访问：http://www.fcps.edu/DIS/OHSICS/forlang/PALS/rubrics/index.htm.

Stage3
Learning Plan   Design Tools and Samples

阶段3　学习计划
教学设计工具和实例

逆向教学设计：阶段3

阶段3——学习计划

教学与学习活动： **L**

在阶段2中，我们通过收集评估证据来反映阶段1的预期结果。而在阶段3中，我们将考虑到实现预期结果所需的教学策略和学习经验。这些活动**L**旨在扩展阶段1中确定的预期理解、知识和技能，并促使学生更好地完成阶段2中规定的学习任务。WHERETO总结了设计一个有效的、参与度高的学习计划需要考虑的关键元素。

阶段3 设计标准：学习计划在多大程度上是有效的、参与度高的？

考虑：学生是否……

W ○ 知道他们将要去到哪里（where，学习目标），为什么（why）学（学习这些内容的原因），学习的要求是什么（what，单元目标、表现要求和评价标准）？

H ○ 会被吸引的（hooked）——深入钻研核心观点（例如，通过调查、研究、问题解决和实验）？

E ○ 有足够的机会去探索（explore）、体验（experience）核心观点，并通过一些指导来更好地达到所要求的表现？

R ○ 在及时反馈的基础上，有充足的机会重新思考（rethink）、排练（rehearse）、修正（revise）和完善（refine）其作品？

E ○ 有机会评价（evaluate）自己的作品并设立未来的目标？

考虑：在多大程度上，学习计划是……

T ○ 合适（tailored）、灵活的，能够适应所有学生的兴趣和学习风格？

O ○ 有组织（organized）、有顺序的，最有吸引力和有效？

阶段3：关键设计元素

当你在设计学习计划时，考虑下列元素：阶段1中确定的预期结果和阶段2中所需的证据。"为理解而教"的方式有很多，并且UbD模式与许多教学设计框架都非常匹配。不管用什么教学方法和具体的教学技巧，我们都鼓励设计者在制订计划时考虑WHERETO元素。

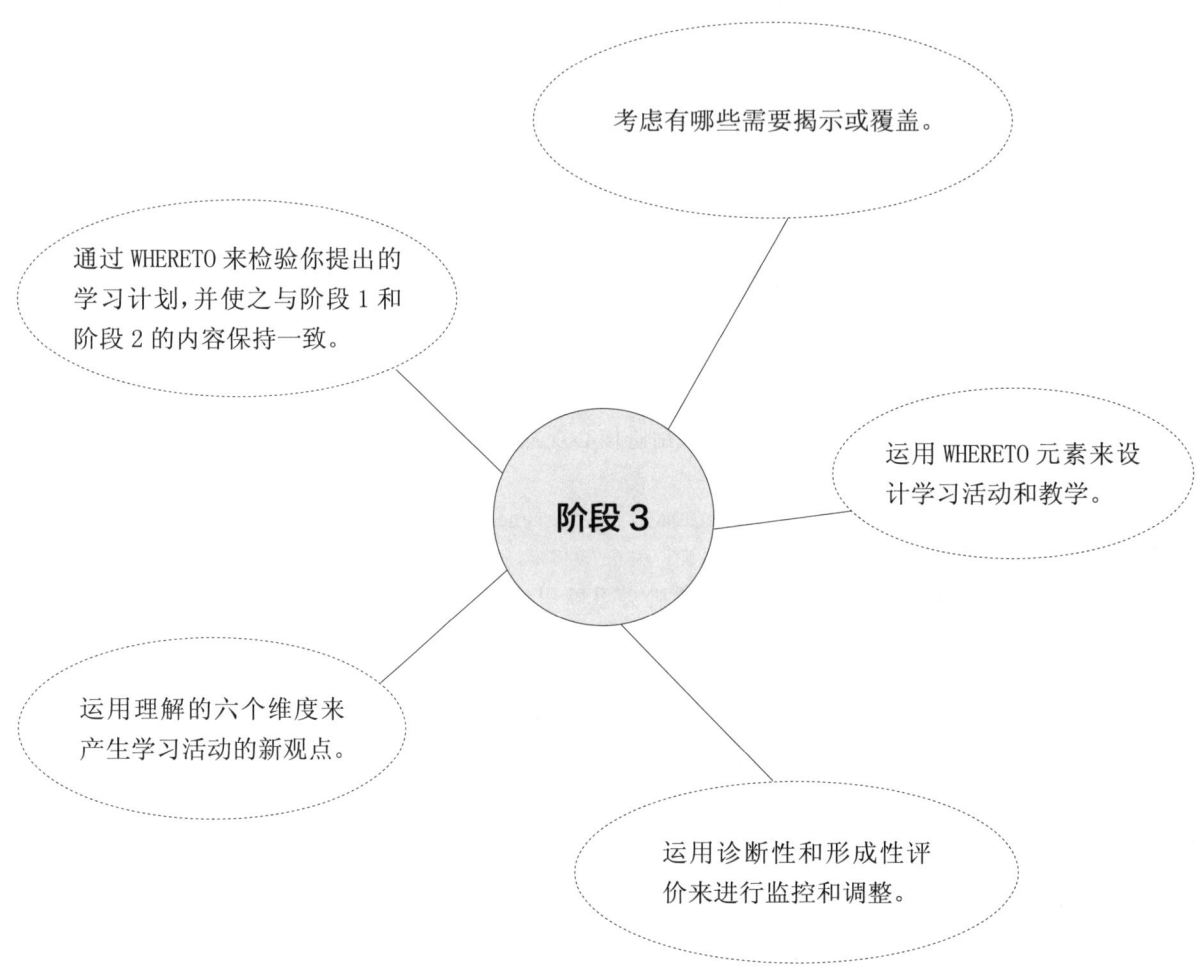

WHERETO

学习计划的关键元素

WHERETO 根据阶段 1 和阶段 2 中的预期结果和评估,总结了学习计划应有的关键元素。注意这些元素并不需要按照字母顺序呈现。我们建议你将 WHERETO 作为制订和评价最终学习计划的检查清单,而不是一个顺序。例如,学习可以从兴趣(H)着手,其次是针对最终任务要求(W)的教学,最后回想一下先前的任务(R)。

WHERETO

一组"W"开头的问题

设计者应该从学生的视角出发，考虑 WHERETO 中的 W。通过逆向设计，设计者应该明确目标以及能够展现学生实现目标程度的评估证据。现在，我们试图帮助学生明确目标和期望以及实现目标的目的和益处。研究和经验表明，当学生明确目标和期望并领会了学习目的和价值时，他们更有可能集中精力并为此付出努力。

目标
- 本单元或课程的目标是什么？
- 我们追求的目标或标准是什么？
- 学生将学习什么？
- 有利于实现目标的资源和学习经验有哪些？

期望
- 对学生的期望是什么？
- 关键任务和评估是什么？
- 教师希望学生用什么方式展示学习或理解？
- 将要在评估中使用哪些评价和表现标准？

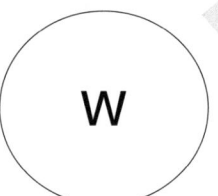

关联性和价值
- 为什么这些内容值得学习？
- 这些知识和技能将从哪些方面有利于学生的学校生活和未来的社会生活？

诊断
- 学生从哪里来（初始水平）？
- 学生拥有哪些旧知识、兴趣、学习风格、天赋？
- 可能存在哪些误解？

WHERETO

解决"W"开头问题的做法实例

目标
- ☐ 在单元开始时直接告知预期结果。
- ☐ 在第一天呈现单元和课程的目标、教学大纲和时间表。
- ☐ 在单元开始时公布和讨论基本问题。
- ☐ 请学生提出问题。
- ☐ 要求学生明确个人目标。

期望
- ☐ 呈现最终的表现任务要求。
- ☐ 回顾评分规则。
- ☐ 呈现预期产品和表现的模型与范例。
- ☐ 让学生参与确定评价标准。

W

关联性和价值
- ☐ 呈现单元和课程目标要求的基本原理。
- ☐ 讨论给学生带来的好处。
- ☐ 确定在课堂外应用这些知识和技能的领域。
- ☐ 运用 K-W-L 来使学生明确他们想学习什么。

诊断
- ☐ 进行一次针对内容的前测。
- ☐ 进行一次技能诊断测试。
- ☐ 使用 K-W-L 确定学生已经掌握(或认为他们已经掌握)的知识和技能。
- ☐ 让学生自己创建可视化的组织图来呈现他们最初的知识和理解。
- ☐ 检查可能的和潜在的误解。

WHERETO

吸引并保持学生的兴趣（H）

高效的教师会认识到在新的学习经验之初吸引并保持学生兴趣的重要性。WHERETO 中的 H 指导设计者思考如何使学生参与到话题中，指出设计核心观点、基本问题和表现任务的方法。运用下表来为你的单元设计思考一些吸引学生的想法。

H

吸引   **保持**

你将如何吸引并保持学生的兴趣？

- ☐ 奇特的事实、异常事物、反常的例子 _____
- ☐ 激动人心的导入问题 _____
- ☐ 谜团 _____
- ☐ 挑战 _____
- ☐ 难题或问题 _____
- ☐ 实验——预测结果 _____
- ☐ 角色扮演或模仿 _____
- ☐ 个人经历 _____
- ☐ 让学生选择 _____
- ☐ 情感联系 _____
- ☐ 幽默 _____

WHERETO（第1页）

让学生做好准备

WHERETO 中的第一个 E 提示设计者去思考：(1) 帮助学生探索核心观点和基本问题的方法；(2) 如何让学生为最终的表现做好准备。为了让学生充分理解核心观点，学生必须参与一些归纳学习体验，以促进意义建构。此外，直导教学和课外活动也至关重要，它们使学生获得完成任务所需的知识与技能。运用理解的六个维度来生成有效的、吸引人的学习活动。

经验和归纳学习

- 哪些经验学习或归纳学习将有利于学生探索核心观点和问题
  —— 以实现预期理解（阶段1）？
  —— 以使表现达到期望（阶段2）？

直导教学

- 需要教给学生哪些信息或技能，以让学生做好准备
  —— 去实现预期理解（阶段1）？
  —— 去使表现达到期望（阶段2）？

课后作业和其他课外经验

- 要安排什么样的课后作业和课外经验，以让学生做好准备
  —— 去实现预期理解（阶段1）？
  —— 去使表现达到期望（阶段2）？

WHERETO（第1页）

让学生为表现做好准备

经验和归纳学习

例如：
- ☐ 概念获得
- ☐ 研究 / 自我探索项目
- ☐ 历史考察
- ☐ 科学实验
- ☐ 基于问题的学习
- ☐ 创造性表达
- ☐ 艺术或生产
- ☐ 问题探究
- ☐ 项目建设
- ☐ 苏格拉底研讨会
- ☐ 模拟

直导教学

帮助学生：
- ☐ 比较想法和信息
- ☐ 发现信息（例如，研究）
- ☐ 评估信息和想法
- ☐ 提出并验证假设
- ☐ 交流想法
- ☐ 管理时间
- ☐ 监控理解
- ☐ 组织信息
- ☐ 说服
- ☐ 互相检查作业
- ☐ 订正自己的作业
- ☐ 运用问题解决策略
- ☐ 自我评价
- ☐ 总结关键想法

E

课后作业和其他课外经验

例如：
- ☐ 练习技能
- ☐ 带着目的阅读
- ☐ 进行项目或表现任务
- ☐ 学习并合成信息（例如，创建一张概念图）
- ☐ 反思观点、过程或产品（例如，日志）
- ☐ 订正作业

让学生为表现做好准备

历史角色扮演

根据给定的总体目标(阶段1)和评估(阶段2),学生需要哪些知识和技能以实现完美的表现?

表现任务或其他证据　　　　　　　　　　　　　　　　　　OE　T

　　　角色扮演一个假定的历史人物,之后参与当前问题的辩论。

为了成功地表现,学生需要
知道
　　辩论规则
　　辩论程序
并且能够
　　简明扼要地陈述立场
　　运用驳斥技巧

那么 为了让学生成功表现,需要哪些知识和技能?
- 回顾辩论规则
- 呈现辩论会的节选视频来说明辩论程序和有效的辩论策略
- 讲解驳斥技巧

设计工具

表现任务或其他证据　　　　　　　　　　　　　　　　　　OE　T

为了成功地表现,学生需要
知道
_____
_____
并且能够
_____
_____

那么 为了让学生成功表现,需要哪些知识和技能?
_____
_____
_____
_____

WHERETO

一组"R"开头的问题

WHERETO 中的 R 提醒我们,理解的发展与深化是重新思考和反思的结果。因此,我们需要设计这样的机会。当你设计学习经验和教学时,你需要考虑以下问题,以促使学生重新思考和反思(例如,深度揭示核心观点),并根据反馈,修正并完善他们自己的成果。运用理解的六个维度来设计需要重新思考的学习活动。

重新思考

- 我们想要学生重新思考的核心观点有哪些?
- 你的教学设计将如何引导学生进一步探讨重要观点?

修正或完善

- 需要练习的技能有哪些?
- 如何改善学生的产品和表现?

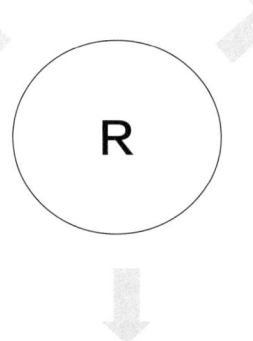

反 思

- 你将如何鼓励学生反思关于
  —— 他们的学习和思考?
  —— 他们理解的深入性?
  —— 他们的策略使用?
- 你的设计将如何帮助学生增强元认知?

WHERETO

解决"R"开头问题的做法实例

重新思考

通过以下几点帮助学生重新思考：
- ☐ 转变视角
- ☐ 重新考虑关键假设
- ☐ 正视可替代版本
- ☐ 扮演……的角色
- ☐ 唱反调
- ☐ 重新审视论点和证据
- ☐ 进行研究
- ☐ 考虑新的信息
- ☐ 重新思考天真的观点
- ☐ 争论和辩论
- ☐ 正视意外和异常情况

修正或完善

通过以下几点为学生提供修正和完善成果的机会：
- ☐ 起草和编辑
- ☐ 同行评审
- ☐ 复述
- ☐ 同行互评小组
- ☐ 练习赛
- ☐ 自我评估

R

反思

通过以下几点鼓励学生进行反思：
- ☐ 反思日志和想法记录
- ☐ 定期自我评估
- ☐ 元认知提示
- ☐ 有声思维
- ☐ 使用"I-Search法"撰写论文

WHERETO

鼓励自我评估（E）

逆向设计的阶段 2 详细说明了评估证据，这些证据与阶段 1 中的预期结果相匹配。WHERETO 中的第二个 E 要求设计者创造持续评价的机会，包括学生自我评估的机会。设计者可以将下列问题作为引导学生自我评估和反思的提示。（注意：这一步与 WHERETO 中的 R 是连在一起的。）

E

- 你对_____的真正理解是什么？
- 你对_____仍有哪些问题和不确定？
- 在_____中，什么是最高效的？
- 在_____中，什么是最低效的？
- 你将如何提高_____？
- 在_____方面，你的优势有哪些？
- 在_____方面，你的不足有哪些？
- 对你来说，_____有多么困难？
- 你的首选学习风格如何影响_____？
- 下一次_____时，你将有哪些不同的做法？
- 你最骄傲的是什么？为什么？_____
- 你最失望的是什么？为什么？_____
- 你应得的成绩或分数是多少？为什么？_____
- 如何将你学到的东西与其他的学习任务联系起来？_____
- 你学到的东西如何影响你的思考？_____
- 你学到的东西如何与现在和未来相联系？_____
- 接下来需要做什么？_____
- 其他：_____

WHERETO

为不同的学习者调整教学设计(T)

WHERETO中的T是指为不同背景知识与经验、技能水平、兴趣、天赋和学习风格的学生调整设计方案。设计者需要考虑在不牺牲单元目标或标准的情况下将课程、活动、资源和评估个性化,设计适当的差异化内容、过程和最终方案以适应不同的学习者。

内容

- ☐ 在一个单元的开始时评估学生原有知识和技能,并设定差异化的活动以适应不同的知识和技能水平的学生。
- ☐ 为学生提供开放式的问题、活动、任务和评估,使学生能给出不同但同样有效的回答。
- ☐ 运用不同的形式(例如,口头、视觉或书面表达信息)。
- ☐ 使用大量资源材料(例如,不同层次的多种阅读材料)以帮助学生理解较难的概念。

T

过程

- ☐ 提供个人或小组学习的机会以适应不同学习风格的学生。
- ☐ 鼓励学生自己开发研究问题,从而实现其对关键观点或问题的深度探索。

最终结果

- ☐ 允许学生选择活动和任务的成果形式(例如,视觉的、书面的、口头的)。
- ☐ 在不违背目标和标准的前提下,允许学生提供多样的产品和表现,以展示其理解。

WHERETO

组织学习（O）

WHERETO中的O涉及设计的组织与顺序。我们鼓励设计者在制订学习计划时思考以下问题：如何组织学习活动以使学生实现预期结果？根据预期结果，应该用什么样的顺序来实现最有吸引力和有效的学习？如何自然地开展教学工作，以使新的教学和活动适合学生，而不是随意的或无意义的？两大组织模式如下所示。

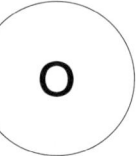

在线性和说教的教学范式下，最合适和有效的"覆盖"是什么？

在归纳、面向探究、体验的教学范式下，最合适和有效的"揭示"是什么？

"覆盖"的逻辑

- ☐ 有逻辑地逐步呈现信息（教师作为引导者）。
- ☐ 遵循教科书的顺序。
- ☐ 从事实和基础技能转移到更高级的概念和过程。
- ☐ 基于参照目标，给学生提供大量资源。
- ☐ 选择性地运用动手做和其他体验活动，因为这些活动需要相当长的时间。
- ☐ 在学生应用所学之前，教授和测试离散的知识点。

"揭示"的逻辑

- ☐ 将单元视作一个正在展开的故事或问题，而不是一次导览或一篇百科全书式的文章。
- ☐ 从吸引学生出发，根据需要教学。不在应用之前呈现所有的信息。
- ☐ 使顺序令人惊讶和难以预料。
- ☐ 确保单元中一直循环执行"示范、实践、反馈、调整"四个步骤。
- ☐ 聚焦可迁移的知识和核心观点。
- ☐ 反复关注整体与部分，而不是在脱离上下文的基础上教授所有的知识点。（想想体育、艺术和职业技术项目。）

WHERETO——学习计划排序（清单式）

营 养

为了使学生能够参与、发展和展示预期理解，应该怎样安排教学和学习经验顺序？运用下表有序地列出关键的教学与学习活动。

每一条都要用WHERETO中适当的字母编码（注：E代表WHERETO中的第一个E，E-2代表其中的第二个E）。

1. 以一个导入性问题（如你吃的食物会导致青春痘吗？）吸引学生思考营养对生活的影响。H
2. 介绍基本问题并讨论单元的终极表现任务（"大快朵颐"和饮食计划）。W
3. 注：介绍关键术语，以满足多种学习活动和表现任务的需要。学生阅读并讨论《健康》教科书中的相关部分来支持学习活动和任务。作为一项持续推进的活动，学生将自己的日常饮食以图表的形式记录，以供后期的检查和评价。E
4. 在课上学习食物群概念。然后让学生用食物图片练习分类。E
5. 介绍食物结构金字塔并区分每一组别中的食物。学生以小组形式完成食物结构金字塔的海报，要求海报中食物结构金字塔的每一层都有相应食物的图片。将海报在课堂里或走廊上展示。E
6. 测验：食物群和食物结构金字塔（连线题）。E
7. 回顾和讨论美国农业部发布的营养手册。讨论：为了健康，每个人都必须遵循同样的饮食习惯吗？R
8. 学生以小组合作的形式分析一个虚拟家庭的饮食（故意失去均衡的），并提出改善的建议。在此过程中，教师观察并指导学生。E-2
9. 让各组分享其饮食分析的结果并进行全班讨论。E, E-2
   （注意：教师收集和检查各组的饮食分析结果，以寻找教学中需要关注的误区）
10. 每个学生设计一本有插图的手册，以告诉更小的儿童营养均衡对健康生活的重要性以及不健康的饮食引起的问题。这个活动在课外完成。E, T
11. 学生与组内成员交换手册并根据量规进行组内互评。允许学生基于反馈做出修改。R, E-2
12. 观看并讨论视频《营养与你》。讨论不健康的饮食引起的健康问题。E
13. 学生聆听并提问特邀发言人（当地医院的营养专家）关于营养不良引起的健康问题。E
14. 学生根据写作提示做出回答：描述两个由营养不良引起的健康问题，并说明为避免这些问题应如何改变饮食。（教师收集这些回答并打分。）E-2
15. 教师示范如何阅读和解释食品标签包含的营养价值信息。然后让学生用食品盒子、罐子和瓶子（空的！）进行练习。E
16. 学生独立制作一份三天的野营菜单。评价野营菜单项目并给予反馈。学生运用量规进行自评和同伴互评。E-2, T
17. 在单元结束时，学生回顾他们完成的日常饮食图表并对饮食的健康性进行自我评估。他们是否已经注意到了改变或者进步？他们是否注意到了自己在感受和表现上的变化？E-2
18. 学生制订一份健康的个人饮食行动计划。保存这些计划并在接下来（学生也参与）的家长会上呈现。E-2, T
19. 单元总结：学生结合其个人饮食习惯进行自我评价。让每个学生为其健康饮食的目标制作一份个人行动计划。E-2, T

WHERETO——学习计划排序设计工具
（清单式）

为了使学生能够参与、发展和展示预期理解，应该怎样安排教学和学习经验顺序？运用下表有序地列出关键的教学与学习活动。

每一条都要用 WHERETO 中适当的字母编码（注：E 代表 WHERETO 中的第一个 E，E-2 代表其中的第二个 E）。

WHERETO——学习计划排序（日历式）

营 养

为了使学生能够参与、发展和展示预期理解，应该怎样安排教学和学习经验顺序？用下面的日历来安排单元顺序。在小格中填入 WHERETO 中适当的字母，以编码每一条日程安排。

星期一	星期二	星期三	星期四	星期五
1. 以饮食习惯和青春痘的讨论吸引学生。 2. 介绍基本问题和关键术语。 3. 让学生开始用食物日记来记录他们的日常饮食模式。 **HW**	4. 在课上学习食物群概念，然后将给定食物进行分类。 5. 让学生阅读并讨论美国农业部发布的营养手册。 **E**	6. 介绍食物结构金字塔并区分每一层的食物。 7. 阅读并讨论《健康》教科书中的相关部分。为更低层次的读者提供带有插图的手册。 **ET**	8. 播放并讨论视频《营养与你》。 9. 让学生设计一本营养手册并绘制插图，以告诉更小的儿童营养均衡对健康生活的重要性。 **ET**	10. 对手册进行评估并给予反馈。允许学生基于评估标准进行自评和同伴互评。 **ET**
11. 学生以小组合作的形式分析一个虚拟家庭的饮食并提出改善的建议。 **E**	12. 检查各小组的饮食分析结果并给予反馈。允许修改。 **R**	13. 学生聆听并提问特邀发言人（当地医院的营养专家）关于营养不良引起的健康问题。 **E**	14. 让学生研究不合理的饮食引发的健康问题。提供学生儿种分享发现的方式。 **ET**	15. 示范如何解释食品标签包含的营养信息。让学生练习阅读食品标签。 **E**
16. 让学生回顾野营菜单量规，从而理解评估标准。独立制定一份三天的野营菜单。 **E**	17. 在学生制定菜单时观察并指导学生。 **E**	18. 评价野营菜单设计并给予反馈。让学生运用量规进行自评和同伴互评。 **E**	19. 让学生回顾自己的饮食日记，寻找自己在饮食上的变化。让每个学生为其健康饮食的目标制定改善营养的个人目标。 **E**	20. 单元总结：学生结合其个人饮食习惯进行自我评价。让每个学生为其健康饮食的目标制作一份个人行动计划。 **ET**

WHERETO——学习计划排序设计工具
（日历式）

为了使学生能够参与、发展和展示预期理解，应该怎样安排教学和学习经验顺序？用下面的日历来安排单元顺序。在小格中填入WHERETO中适当的字母以编码每一条日程安排。

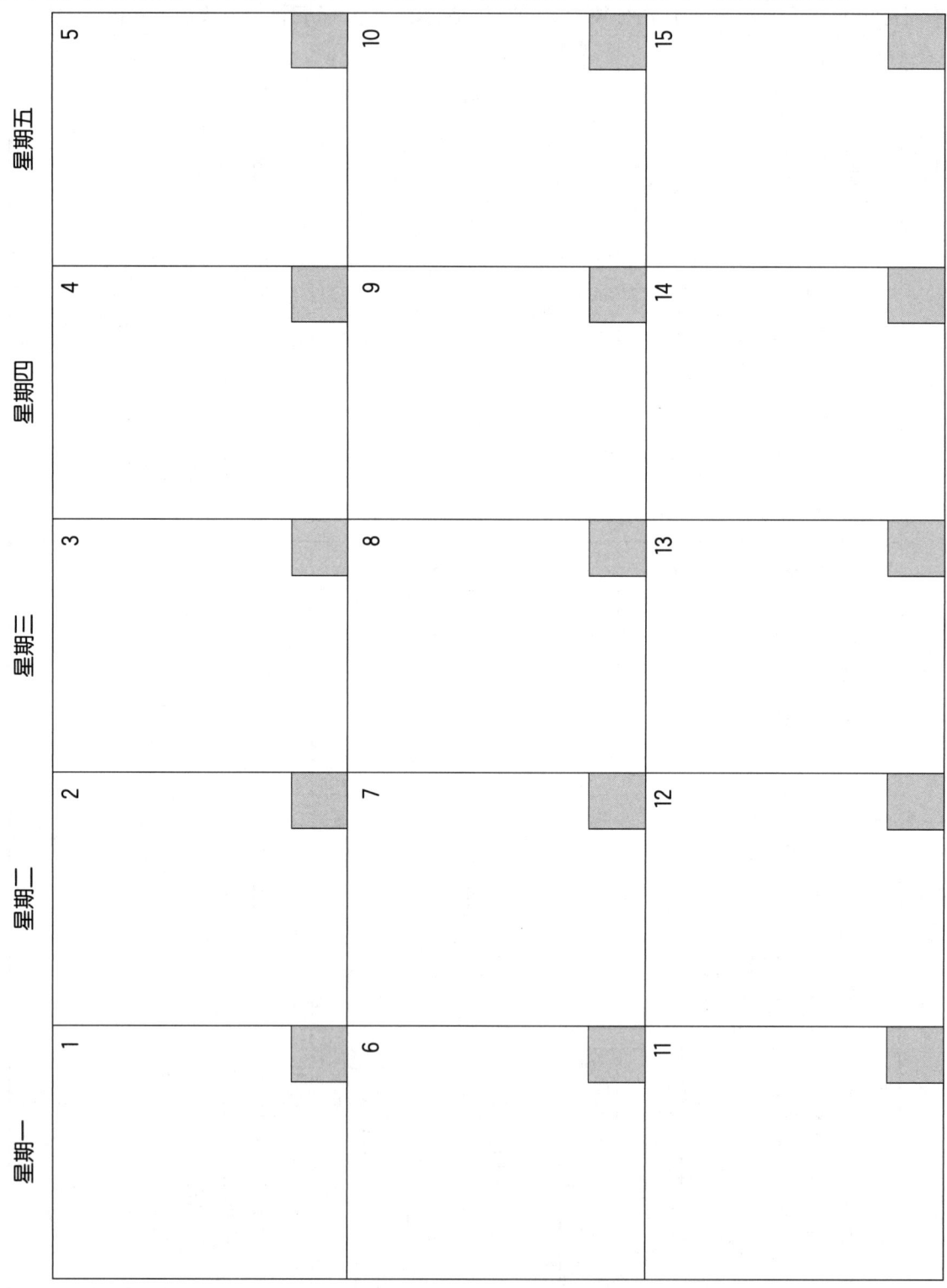

使用理解的六个维度收集学习计划
统　计

使用理解的六个维度来设计吸引学生的学习活动,使其参与其中,为预期表现做好准备,并重新思考之前的想法。

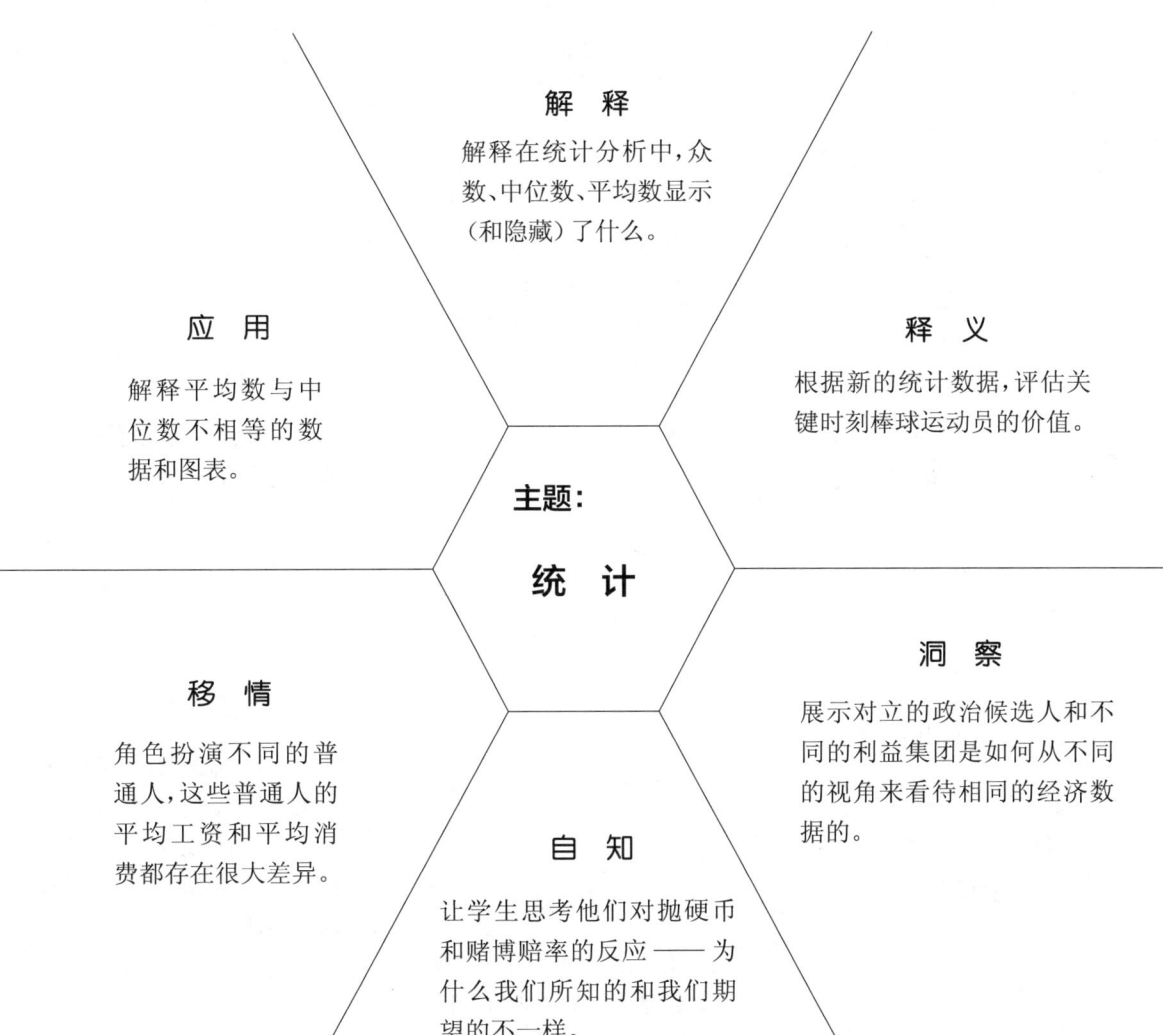

解　释
解释在统计分析中,众数、中位数、平均数显示(和隐藏)了什么。

释　义
根据新的统计数据,评估关键时刻棒球运动员的价值。

应　用
解释平均数与中位数不相等的数据和图表。

主题：统　计

移　情
角色扮演不同的普通人,这些普通人的平均工资和平均消费都存在很大差异。

洞　察
展示对立的政治候选人和不同的利益集团是如何从不同的视角来看待相同的经济数据的。

自　知
让学生思考他们对抛硬币和赌博赔率的反应 —— 为什么我们所知的和我们期望的不一样。

使用理解的六个维度收集学习计划

营 养

使用理解的六个维度来设计吸引学生的学习活动,使其参与其中,为预期表现做好准备,并重新思考之前的想法。

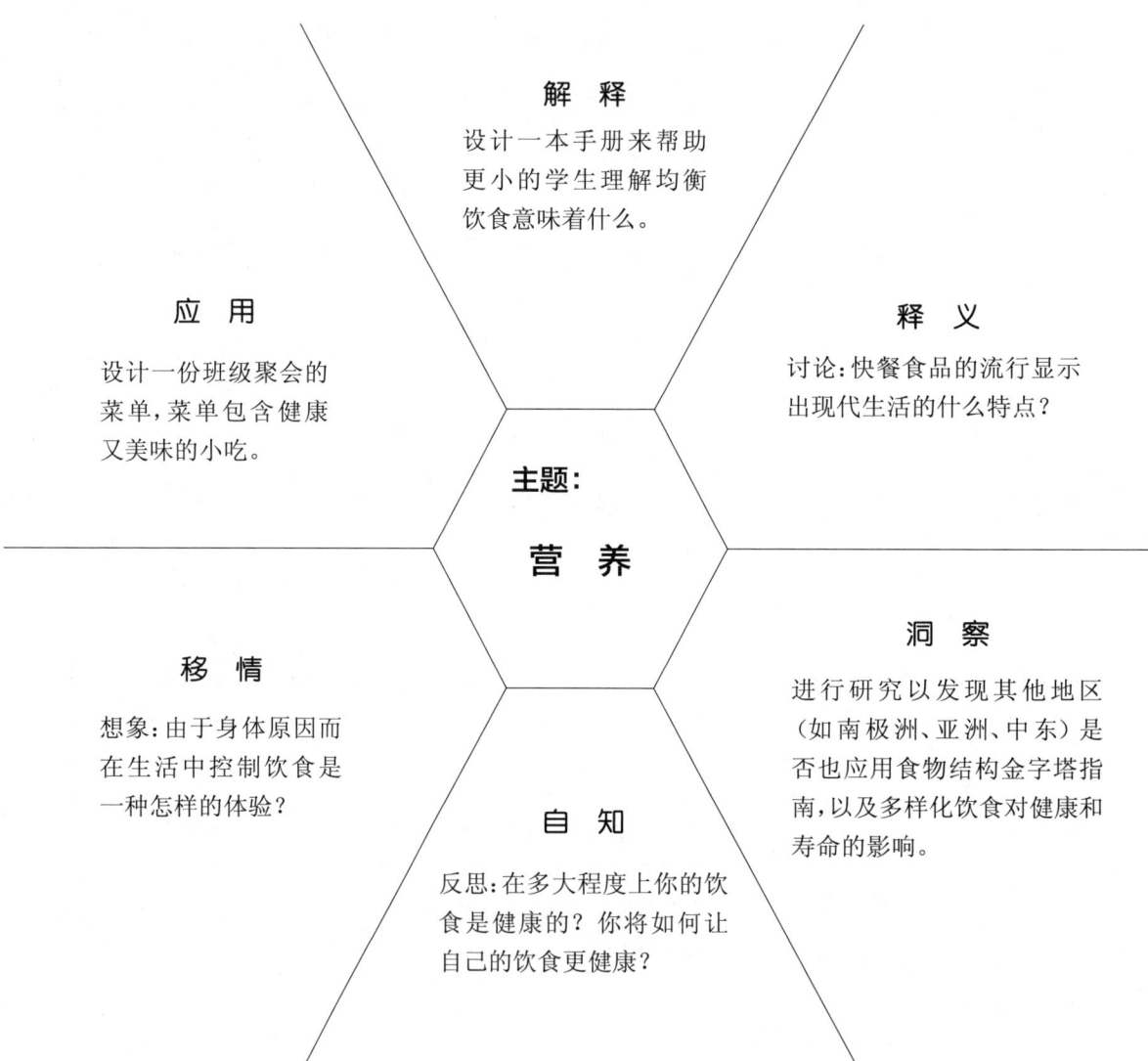

解 释
设计一本手册来帮助更小的学生理解均衡饮食意味着什么。

释 义
讨论:快餐食品的流行显示出现代生活的什么特点?

应 用
设计一份班级聚会的菜单,菜单包含健康又美味的小吃。

洞 察
进行研究以发现其他地区(如南极洲、亚洲、中东)是否也应用食物结构金字塔指南,以及多样化饮食对健康和寿命的影响。

移 情
想象:由于身体原因而在生活中控制饮食是一种怎样的体验?

自 知
反思:在多大程度上你的饮食是健康的?你将如何让自己的饮食更健康?

主题:营养

使用理解的六个维度收集学习计划设计工具

使用理解的六个维度来设计吸引学生的学习活动,使其参与其中,为预期表现做好准备,并重新思考之前的想法。

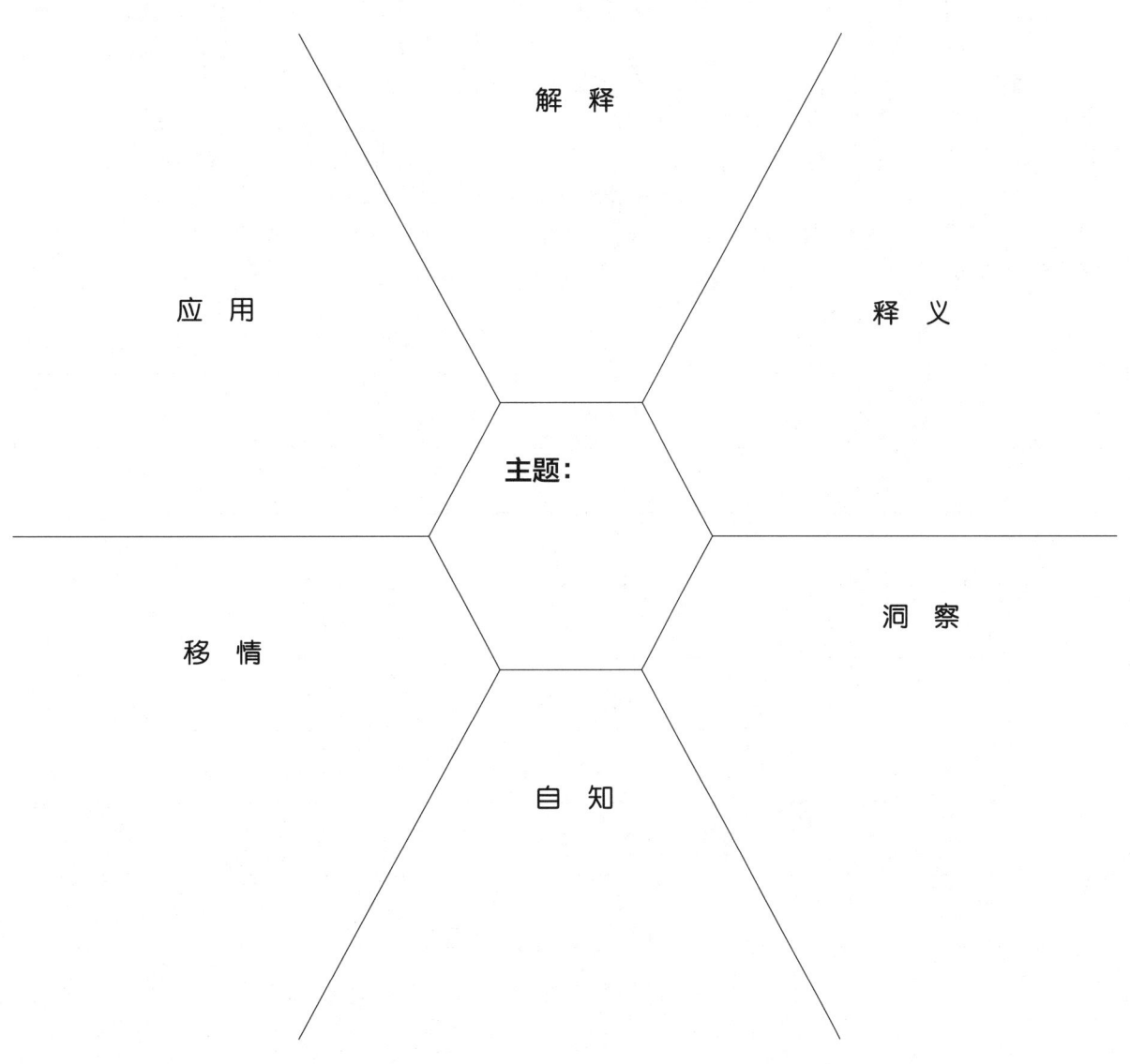

三种类型的课堂评估

阶段 3——促进学习的评估

诊断性评估

先于教学的评估,检查学生的原有知识并确定其误解、兴趣和学习风格偏好。

诊断性评估提供信息,协助教师计划和指导差异化教学。

例子:前测、学生调查、技能检查、K-W-L。

形成性评估

正在进行的评估,提供信息以指导教学和学习,进而改善学习和表现。

形成性评估可以是正式的,也可以是非正式的。

例子:测验、口头提问、观察、任务草案、"有声思维"、彩排、组合评审。

阶段 2——对学习的评估

总结性评估

总结性评估在一个单元、课程或年级的最后阶段。根据明确的成就目标实施总结性评估可以确定掌握和熟练程度。

总结性评估本质上是评价性的,通常得出一个分数或等级。

例子:测验、表现任务、期末考试、最终项目或表现、作品合集。

你的设计构思

_____ _____ _____

_____ _____ _____

_____ _____ _____

_____ _____ _____

_____ _____ _____

_____ _____ _____

_____ _____ _____

对理解的非正式检查

下面提供一些方法,以有效地对学生的理解和误解进行诊断性和形成性评估。

手 势

要求学生用指定的手势来展示他们对指定的概念、原则或过程的理解:

1. 我理解_____并能做出解释(例如,竖起大拇指)。

2. 我还没有_____理解(例如,大拇指朝下)。

3. 我不能完全肯定_____(例如,摇手)。

索引卡总结和问题

定期发放索引卡并要求学生完成:

　　第一面 —— 基于对单元主题的学习,用总结陈述的方式列出一个你理解的核心观点。

　　第二面 —— 提出一个关于单元主题你还没有完全理解的陈述或问题。

思考和绘画

要求学生创建一个组织图或以绘画的形式呈现重要观点间的关系。鼓励学生使用最少的文字或标签。然后,让学生解释他们的视觉材料。

类比提示

定期向学生提供类比提示:

(指定的概念、原则或过程)像_____,因为_____。

网状图或概念图

要求学生创建一张网状图或概念图,展示一个主题或过程的元素或组成部分。这种方法在表明学生对元素间关系的理解程度方面特别有效。

一分钟文章

定期让学生完成一篇短文,总结自己对给定主题的理解。

检查误解

向学生呈现对于指定概念、原则或过程共同的或可预见的误解。要求学生表明观点(同意/不同意)并解释。(检查误解也能以选择题或判断题的形式进行。)

评估并消除误解

研究和经验表明，学生常常对在学校中遇到的概念和过程存在误解，尤其是对抽象的、违反直觉的观点。如果不及时发现并消除，那么这些误解将持续存在，并干扰学习者的理解和表现。运用下表识别潜在的误解或可预见的技能问题，规划适当的诊断性评估和教学干预措施。

阶段 1		阶段 3
明确在表现中可预见的误解或错误。 →	开发诊断性和过程性评估，检查这些误解和错误。 →	然后，计划需要的教学和学习活动，以解决这些误解和错误。
例如： ☐ 因核心观点违反直觉或比较深奥而产生的可预见的误解。 ☐ 因对技能的作用机制及其在具体情境中的使用存在误解而产生的普遍的表现错误。	例如： ☐ 前测 ☐ K–W–L ☐ "无误"测验 ☐ 诊断性技能测试 ☐ 学生生成的概念图 ☐ 其他：_____	例如： ☐ 直导教学 ☐ 概念获得 ☐ 教师建模或"有声思维" ☐ 技能示范 ☐ 有反馈的练习指导 ☐ 独立练习计划 ☐ 其他：_____
你的设计构思		

消除误解：促进学习的评估

阶段 1		阶段 3
明确在表现中可预见的误解或错误。	→ 开发诊断性和过程性评估，检查这些误解和错误。	→ 然后，计划需要的教学和学习活动，以处理这些误解和错误。
可能的误解： 许多物理系学生认为扔在空气中的物体受多个力的作用——例如，一种不仅可以解释下落，也可以解释上升的力。（真正的答案是违反直觉的。）	☑ 前测 ☑ "无误"测验 运用力学概念测试卷（多选题）作为前测和后测，不评价等级。同时，要求学生回答四个关于重力的问题，并写一个简短的书面解释。	☑ 直导教学 ☑ 概念获得 运用教师示范和非正式的学生实验来说明方向或速度的改变不受重力以外任何力的影响。
可能的表现错误： 游泳者学习蝶泳，在水下划水时保持手臂笔直。这就导致游泳者在上下运动的同时产生波浪，并消耗大量体力。	☑ 诊断性技能测试 观察游泳者蝶泳，特别关注其水下的动作。留心手臂伸直的划水动作。	☑ 技能示范 ☑ 有反馈的练习指导 先在陆地，随后在水里示范有缺陷的以及正确的划水技术（如漏斗形划水）。让学生在陆地上和水里练习正确动作。需要时提供纠正性反馈。
	你的设计构思	
可能的误解或表现错误		

设计逻辑与教学顺序

设计顺序	教学顺序
阶段 1：从预期结果开始 • 内容标准 • 核心观点和理解 • 基本问题 • 知识和技能 **阶段 2：确定评估证据** • 理解的维度 • 表现评估和标准 　—— 真实性任务和量规 　—— 提示和量规 • 其他证据和检查清单 • 学生自我评估 **阶段 3：开发学习计划** • 关键教学活动 　—— WHERETO 元素 　—— 顺序 • 学习材料和资源	**在开始时：** • 介绍主题、预期结果、基本原理、基本问题和表现要求 • 吸引学习者 • 运用诊断性评估 　—— 原有的知识和技能水平 　—— 误解 **在进行单元学习时，提供：** • 问题、议题、困难以激励学生揭示核心观点 • 经验，以帮助学生为最终表现做好准备 • 直导教学 • 持续的过程性评价 • 反馈，以及重新思考与修正的机会 **在即将结束时，包括：** • 总结性（最终）评估 • 学生自我评估和反思

教学设计检查单：阶段3

1.＿＿＿＿＿＿学习计划让学生清楚地知道他们将学习什么，教师对他们的期望是什么（例如表现目标），以及评估人员将如何评估他们的成果。Ⓦ

2.＿＿＿＿＿＿开始时使用诊断性评估，以检查潜在的误解和可预见的表现（技能）错误。Ⓦ

3.＿＿＿＿＿＿学习计划有明显的吸引学生的设计，并且特别强调开放的课堂和活动。Ⓗ

4.＿＿＿＿＿＿设计学习计划的目的在于让学生掌握理解核心观点所需的先决经验以及理解和表现所需的信息和技巧。Ⓔ

5.＿＿＿＿＿＿为学生提供机会，使其能重新思考先前的和新生成的理解，并基于反馈和指导修正他们的成果。Ⓡ

6.＿＿＿＿＿＿对个人和小组进展进行持续的评估，并为学生提供反馈和指导。Ⓔ

7.＿＿＿＿＿＿通过设计差异化的内容、过程和最终方案将学习个性化，以适应不同学习者的兴趣、学习风格和能力。Ⓣ

8.＿＿＿＿＿＿学习活动顺序的安排已经最大程度地提高了学生的参与度和学习效果。Ⓞ

备注

_____

_____

_____

_____

_____

_____

_____

_____

阶段 3 的常见问题

1. 课时计划适合放在逆向教学设计的哪个部分？

课时计划在阶段 3 中构建。虽然我们不指望每一节课都能解决阶段 1 确定的所有基本问题，或让学生参与到阶段 2 的表现任务中，但是我们（和学生）应该清楚地知道课时与更大的目标和评估之间的关系。

2. 多年来，我们学区已经使用多种教学模型来促进教师发展，包括学习的维度、贯串课程的写作、合作学习和 5E 科学教学法。这些方法是否与理解为先教学设计一致？

是的！这些都是行之有效的教学模型，且与理解为先教学设计（UbD）相一致。UbD 注重在阶段 1 明确内容优先顺序（例如，值得理解的重要核心观点是什么？需要探索的基本问题有哪些？所需的离散知识和技能有哪些？）以及在阶段 2 设计适当的评估（例如，需要哪些学习证据？如何知道学生已经真正理解？）。

UbD 没有在阶段 3 指定任何的教学方法或策略。我们坚信促进理解的教学方法有很多。具体教学方法的选择受到变量间交互作用的影响，如内容、年龄、学习者的经验层次、教师风格和大量成就测试结果。基于逆向设计视角的关键问题是：教学方法或模型是否帮助学生实现了预期结果？又是否会让重要观点的学习更有吸引力和有效？

3. 对我来说，使用 UbD 设计一个单元就已经很难了。怎样才能将这个方法应用于所有教学内容的设计呢？

不可否认，UbD 是一个复杂的、高要求的设计框架（虽然我们坚信这种设计模式将使教学和学习更有吸引力和有效）。用这种方式设计需要教学的全部课程可能是令人畏惧的。

我们可以用烹饪来做一个类比：单元教学设计对于 UbD，就像是日常做饭对于烹饪美食。即使是热爱烹饪的人，大多数也不会计划每晚的菜单，这个要求太高了。类似地，试图马上用 UbD 框架设计所有的课程是不可行的。然而，想象一下，一个学校或学区（或州）的每一位教师每年都有机会使用 UbD（理想状态是与一到两个同事合作）设计一个美食单元。一旦他们对过程熟悉起来（它就变得简单了！），他们就可以在下一年设计两个单元。然后，再想象一下，如果每一位教师都在 ubdexchange.org 上分享他们的单元教学设计，那么其他人就能使用他们的设计。通过这种方式可以让教学变得更智能，每位教师都可以获取数十个美食单元的教学设计，并将其用于他们所教的主题。

Peer Review

同行评审

UbD 设计标准

阶段 1：教学设计在多大程度上注重目标教学内容的核心观点？

考虑……
- 目标理解是否持久？是否基于可迁移的核心观点？这些核心观点是否处在学科核心，并且是"揭示"需要的？
- 目标理解的组成问题是否能激发有意义的联系、引发真正的探究和深思并鼓励迁移？
- 基本问题是否具有启发性、可辩性，并能引发关于中心观点的探究（而不是一个"熟练的"回答）？
- 是否明确了适当的目标（例如，内容标准、基准、课程目标）？
- 是否明确了有效的、与单元相关的知识和技能？

阶段 2：评估在多大程度上为预期结果提供了有效、可靠而充分的测量标准？

考虑：我们是否……
- 要求学生通过真实性表现任务来展示他们的理解？
- 使用基于标准的评分规则来适当地评估学生的产品和表现？
- 为学习的额外证据提供了各种合理的评估方式？
- 用评估为教师和学生提供反馈，并将其用于最终评价？
- 鼓励学生进行自我评估？

阶段 3：学习计划在多大程度上是有效的、参与度高的？

考虑：学生是否……
- 知道他们将要去到哪里（学习目标），学习材料为什么重要（学习这些内容的原因），学习的要求是什么（单元目标、表现要求和评价标准）？
- 会被吸引的——深入钻研核心观点（例如，通过调查、研究、解决问题和实验）？
- 有足够的机会探索、体验核心观点，并通过一些指导来更好地达到所要求的表现？
- 在及时反馈的基础上，有充足的机会重新思考、排练、修正和完善其作品？
- 有机会评价自己的作品、反思学习并设立目标？

考虑：学习计划是否……
- 合适、灵活的，能够适应所有学生的兴趣和学习风格？
- 有组织、有顺序的，最有吸引力和有效？

总体设计：整体单元设计在多大程度上是连贯的，三个阶段的设计元素是否一致？

基于设计标准的同行评审

我们很少将教师设计的单元和评估纳入这种层次的严格评审。尽管如此,我们还是认为,设计标准指导下的结构化同行评审对教师及其教学设计都非常有益。

同行评审的主要目标是通过为设计者提供反馈来帮助其改善教学设计。不过,同行评审还有其他的益处。同行评审的参与者定期发表意见,从而明确了与同事分享和讨论教学与评价设计的价值。我们坚信这样的评审是促进教师专业发展的好方法,因为我们的话题聚焦在了教与学的核心:本单元中值得理解的是什么?学生能够真正理解并能使用所学知识的证据有哪些?为了使学生能够用有意义的方式实现和应用其理解,我们需要教哪些知识和技能?

同行评审过程

从评审和讨论教学设计标准开始,确保所有参与者理解了单元教学设计标准。

步骤 1—— 单元综述(设计者展示)

1. 设计者简要概述整个单元,并陈述他希望在反馈阶段重点解决的问题。

2. 评审员只问基本的事实和背景问题以了解设计者的作品。(例如,在一年中该单元出现在什么时候?该单元的前一单元是什么?)

3. 设计者离开评审小组。

步骤 2—— 评审单元教学设计(无设计者展示)

> 独立评审
> 时间:_____分钟

4. 分好角色(计时员、引导者、面向设计者的发言人)。引导者的主要工作是留意时间,以及用温柔的态度确保提出评审意见时设计者在听(而不是拒绝)。

5. 评审员默读单元和评审材料(模板、量规、文字资料)。

6. 每位评审员无声地评估教学设计的优点,然后评估缺点(涉及具体的设计标准)。

7. 在整个评审小组讨论单元设计前,每位评审员填写个人评审表,总结教学设计的优点和缺点。

步骤 3——同行讨论独立评审

小组评审
时间：____分钟

8. 评审小组根据设计标准，讨论之前每个人评出的优点和缺点。
9. 小组考虑设计者之前重点提出的问题。
10. 小组对提供给设计者的重要反馈和指导达成共识。

步骤 4——同行讨论如何组织和报告反馈与指导

11. 记录员填写小组评审表，总结小组的重要反馈与指导。
12. 小组选出向设计者口头总结评审意见的发言人，同时准备分享与设计者的分歧。

步骤 5——同行与设计者讨论评审结果

与设计者小组讨论
时间：____分钟

13. 设计者的主要角色是倾听者——记笔记、理解评审员提出的问题，尽力思考可能的修正。
14. 设计者能按照要求对问题做出解释，而不是证明选择背后的意图、历史或原因的合理性。教学设计必须尽可能独立。
15. 同行提供反馈和指导后，可以就评审员提出的设计问题展开讨论。（标出常见的设计问题、议题和难题，在同行评审结束后进行汇报讨论。）

有效同行评审的小贴士

1. 评审员应该是设计者友好而诚实的顾问（重要的朋友）。设计者的意图是评审的基础。目标是改善设计者的想法，而不是用评审员的教学重点、风格或喜爱的活动取而代之。

2. 在第二阶段，设计者的主要工作是倾听，而不是解释、辩护或证明设计决心。

3. 评审员的工作有两个：（1）提供有益的反馈（结果与预期的一样吗？）；（2）提供有益的指导（如何消除结果与预期的差距？考虑到意图，如何改善设计？）

4. 设计者通常会在想象中认为自己的设计比实际情况更清晰。想象你自己是一个天真的学生，你知道自己该做什么吗？单元的进展是否明显？你是否知道评估你的方式？作品的目的是否清晰？

5. 当设计者觉得同行理解自己的设计，且通过随后的评论和讨论使设计得到改善时，该次同行评审是成功的。

6. 总是从最符合设计标准的地方（例如优点）开始提供反馈，详细描述设计的某个地方是如何满足标准的。

7. 评审员先弄清评审意见中目标、评估和学习计划三者之间匹配（或不匹配）的依据（参考设计标准），之后再给予反馈。恰当的做法是，针对可能不匹配的地方，以疑问句或条件句的形式提供反馈："我们想知道评估任务对于特定目标的有效性"或"如果你的目标是批判性思维，那么评估似乎只停留在记忆层面。"

8. 评审员需要察觉到在哪些地方意图与实际效果存在差距，或者对设计者的目的或实施存在一些困惑，并对此给予指导。注意指导设计者改善自己的意图，而不是用评审员的目标或方法取而代之。

误解警示：

关于同行评审的一种常见的误解是这样一个设想：我们应该先评判别人的设计，然后别人评判我们的设计。然而，同行评审的目标在于提供有益的反馈和指导，而不是评判。

此外，人们普遍误解了反馈与指导的区别。通俗地说，反馈只是描述发生的事情，而不是你的看法和你认为应该改变的地方。

因此，由于这种误解的存在，同行评审中最常见的错误就是假定同行评审过程是为了提供表扬和批评。然而，最重要的其实是基于教学设计标准，精确地描述设计的优点和缺点，以帮助设计者理解为什么评审员会提供这些建议。

同行评审入门

如何介绍同行评审

针对教学设计的同行评审对许多教师来说是陌生的。参考以下观点，向你所在学校或学区的教师介绍教学设计标准和同行评审过程。

1. 讨论在我们自己的工作中言行一致和应用标准的必要性（就像我们根据内容和表现标准评判学生的作品一样）。

2. 练习设计实例，让全体人员参与其中，创造一套基于经验的教学设计标准。然后，让他们根据自己确定的教学设计标准来修改练习。讨论：使用已明确制定的标准来改善教学和评价设计的好处。

3. 介绍并讨论 UbD 设计标准。你可以为初学者选择标准的一部分进行学习。通过设计实例示范其使用方法（例如，测试 4：采用"立体模型"评估任务的有效性）。

4. 要求教师根据 UbD 设计标准评审一门课、一个单元（如拓荒生活）或一项评估任务。分享基于教学设计标准改善设计的方法。

5. 将同行评审作为一种应用标准来设计教学和评估的工具。评审的是目标、结构、步骤和过程中的角色。

6. 通过评审一个 UbD 单元，示范同行评审过程。例如，营养单元《人如其"食"》或从 ubdexchange.org 网站上下载的单元。讨论评审员和设计者所扮演的角色。（"鱼缸法"能很好地模拟这些角色。）

7. 首先，寻找有兴趣同行评审自己作品（单元或评估任务）的志愿者。

8. 当人们对评审过程变得更加熟悉且更能接受时，让更多的教师参与同行评审。

个人评审表

教学设计标准	优 点	缺 点
教学设计在多大程度上 • 聚焦于目标内容的核心观点？ • 围绕基本问题建立核心观点？		
评估在多大程度上 • 为预期结果提供了有效、可靠而充分的测量标准？		
学习计划在多大程度上 • 是有效的、参与度高的？		
整体单元设计在多大程度上 • 是连贯的，并且三个阶段的设计元素是一致的？		

小组评审表

教学设计标准	优 点	缺 点
教学设计在多大程度上 • 聚焦于目标内容的核心观点？ • 围绕基本问题建立核心观点？		
评估在多大程度上 • 为预期结果提供了有效、可靠而充分的测量标准？		
学习计划在多大程度上 • 是有效的、参与度高的？		
整体单元设计在多大程度上 • 是连贯的，并且三个阶段的设计元素是一致的？		

Exercises

练 习

典型的教学设计是什么样的

1. 回想一下你在学校内外体验过的那些好的教学设计。你认为其中哪一个可以为学习者带来最佳学习体验？这个设计的哪些特征，而非教师的风格或者你的兴趣，将学习变得如此有吸引力和高效？（设计元素包括提出的挑战、活动的顺序、提供的资源、作业、评估、分组、场地和教师的角色。）

请简要描述一下这个设计。

_____

_____

_____

_____

_____

_____

2. 在与同事分享你的回忆和分析的同时，请你概括好的教学设计的共同点。换句话说，为了让学生的学习效率和学习动机最大化，你在设计中应该添加哪些要点？

最佳的教学设计：

- _____
- _____
- _____
- _____
- _____
- _____

典型的教学设计是什么样的

3. 在你的学校的实际教学中，最有可能在哪里体现出上述特征？与其他课程或学科相比，我们最希望在哪些课程和学科领域看到这些特征？你可以举出一些例子吗？为什么你要举出这些例子？

4. 在对样本单元和一个你自己的教学设计进行研究之后，根据需要修改或重新编写最佳教学设计的特征清单。

最佳的教学设计：

-
-
-
-
-

最佳教学设计的特征

在下面的表格中,根据逆向教学设计的三个阶段,对最佳教学设计的特征进行分类。你注意到哪些规律?

阶段 1——预期结果

阶段 2——评估证据

阶段 3——学习计划

深入思考理解和教学设计

导语 —— 从下面的语录中选择一则你认同的，或令你产生共鸣的。解释一下你为什么喜欢这则语录，最好能举一个例子来说明你的想法。

1. "从终点出发意味着你在刚一开始时就已经对目标有了清楚的理解。你知道你要去到哪里，这会使你更加了解目前你在哪里，并且让你之后踏出的每一步，都是最接近目标的一步。"

　　—— 史蒂芬·柯维《成功人士的7个习惯》

2. 在备课时使用逆向教学设计可以避免教师陷入活动导向和覆盖教材内容导向的双重误区。

3. 理解："用适当的方式在新的情境下应用事实、概念和技能的能力。"

　　—— 霍华德·加德纳（Howard Gardner）博士

4. 如果教科书提供的是答案，那么我们应当寻找的是能够得到这个答案的问题。

5. "课堂评估的主要目的是为教学提供信息，进而促进学习，而不是对学生进行筛选和分类，或者确定一个等级。"

　　—— 杰伊·麦克泰和史蒂文·费拉拉（Steven Ferrara）《评估课堂学习》（*Assessing Learning in the Classroom*）

6. 一名教师的首要工作是揭示学科的重要观点，而不是仅仅覆盖教材中的知识。

7. "只听就会忘，看见能记牢，做了才理解。"

　　—— 中国谚语

思考：

深入思考理解

导语 —— 从下面的语录中选择一则你认同的，或令你产生共鸣的。解释一下你为什么喜欢这则语录，最好能再举一个例子来说明你的想法。

想法：

1. 教育："它揭示智者的所知无几，却掩盖愚人的无知。"
  —— 安布罗斯·比尔斯（Ambrose Bierce）（1842—1914）《魔鬼辞典》（*The Devil's Dictionary*）

2. "我们在理解力最差的年代才开始积累我们的想法。"
  ——G.C. 利希腾伯格（G. C. Lichtenberg）（1742—1799）《格言》（*Aphorisms*）

3. "理解：知道含义或明白重要性；彻底地熟悉一种艺术（技巧）；有能力去正确地实践。"
  ——《牛津英语词典》

4. "只有在教育中，知识才主要指信息的存储。在农民、水手、商人、医生或科学家的生活中，知识并非如此。"
  —— 约翰·杜威（John Dewey）《民主主义与教育》（*Democracy and Education*）

5. "智力教育的目标不是重复或保留现成的真理，而是让一个人在学习过程中能够自己掌握真相，即便他有可能为此耗费大量时间……进行一项实验的人如果没有充分的主动性，那么从理论上来说，他所做的就不是一个实验，而仅仅是没有教育价值的训练。"
  —— 让·皮亚杰（Jean Piaget）《数学教育》（*Mathematical Education*）

6. "实现理解的方式有许多种，这些方式之间有交集但不能相互简化，与之对应的教学方法也有许多种。"
  ——J. 帕斯莫尔（J. Passmore）《教学哲学》（*The Philosophy of Teaching*）

反思逆向教学设计

1. 采用逆向教学设计之前和之后的教学设计实例有哪些主要的异同点?

2. 模板中的逆向教学设计在多大程度上反映了学校或学区人员通常采用的设计方式?又从多大程度上反映了你自己的教学设计过程?

3. 请你预测一下,参考模板中给出的基于逆向教学设计的 UbD 版本会遇到哪些挑战?

反思逆向教学设计（版本二）

1. 列出各种情境下的教学设计实例（例如，计划一场旅行）。

- ☐ _____
- ☐ _____
- ☐ _____
- ☐ _____
- ☐ _____

2. 考虑这样一个例子：因为在心中没能明确目标，所以带来了许多问题或者导致了无效结果。请简要描述这个困境。

3. 与小组成员一起讨论这些实例，从中你们总结出了哪些关于逆向教学设计的观点？

解析内容标准的一次实践

在所有领域内批判地阅读（宾夕法尼亚州 1.2.5. 五年级）

A. 阅读并理解所有学术领域的信息和文件的基本内容。

- 区分文本中观点蕴含的事实信息。
- 区分各种文本中的基本信息和非必要信息，指出其中存在的刻板印象和夸张表述。

写作风格（宾夕法尼亚州 1.4.5. 五年级）

C. 写下有说服力的作品，其中包含明确的立场或意见以及支持细节，并在需要时引用来源。

4.9 环境法律法规（宾夕法尼亚州 4.9.7. 七年级）

A. 解释环境法律法规的作用。

- 认识并解释各项环境法律法规（例如，《清洁空气法》《清洁水法》《回收和废物减少法》《关于农业教育的第 26 号法案》，等等）。
- 解释地方一级和州一级相关机构（例如，环境保护部、农业部，等等）在执行环境法律法规方面起到的作用。

预期结果
请列出学科领域和内容标准编号　　Ⓖ
理解 学生将理解：　　Ⓤ
基本问题　　Ⓠ

深入思考理解

理解,究竟是什么意思?我们应该把什么作为理解的证据?
考虑理解在实际应用中的各种含义,在下面的空白处列出你的想法。

- "男人就是不理解女人!"
- "他知道这些史实,但是不理解它们的意思。"
- "虽然我不同意反方观点,但是我可以理解。"
- "直到我必须使用它时,我才真正理解了它。"
- "有人理解法语吗?"
- "那一刻,我完全理解她需要听到些什么。"
- "她知道答案,但是不理解为什么它是正确的。"
- "祖父讲了一个关于经济大萧条的故事,这个故事帮助我们理解了储蓄的重要性。"
- "我现在理解了,是我错了。"

理解了的人……

_____

_____

_____

_____

_____

_____

_____

真正理解的表现

第一部分 —— 你怎样定义"理解"?"真正理解"或者"我明白了"意味着什么?

> 理解:

第二部分 —— 真正理解一个主题的具体表现是什么(绝不仅仅是了解重要事实)?根据你的理解,什么可以用来评估理解?哪些事情只能由具备理解力的人来完成,而不能由只拥有知识(甚至很多知识)的人来完成?

理解的具体表现	没有理解知识的表现

可视化的"为理解而教"

我们希望在以"为理解而教"（而不是覆盖教材内容或活动）为基本准则的课堂上看到些什么？在下面的横线上列出可视化的评价指标（即苦苦寻找的评估证据）。

- _____
- _____
- _____
- _____
- _____
- _____
- _____
- _____
- _____
- _____
- _____
- _____
- _____
- _____

"为理解而教"的成功表现

为理解而教学和评估的日常表现是什么？教师将获得哪些理解，又如何将其表现出来？在下面的空白处按不同场景来区分具体的可视化成功表现。

课堂：

学校：

学区：

UbD 改革的条件评估：力场分析

使用下面的矩阵来评估支持改革计划的力和抵制改革计划的力。

	课程	评估	教学	教师发展	资源	政策	其他：_____
支持 (+)							
抵制 (−)							

评估人员是否做好准备、是否愿意、是否能胜任

在下面的空格中填入符合该空格描述的人员比例估算值。然后考虑不同小组需要采取的行动和策略。

	是否做好准备？	是否愿意？	是否能胜任？
是的			
还没			
不可能			

你发现了什么显而易见的规律？　　这说明了什么？

可能的行动：

_____

_____

_____

_____

_____

_____

_____

"是的，但是……"——回应可能出现的担忧

"为理解而教"的倡导者已经预见到，自己的同事难免会对理解为先模式表示担忧（他们会说："你说得没错，但是……"）。下面的练习可以帮你准备充分的理由来反驳他们的意见。

第一部分 —— 从下面的问题中选择一个（或者自己提出一个问题），并思考如何回答这一问题。在下面的方框内写下自己的答案。

第二部分 —— 找到和你回答了相同问题的人，分享各自的答案。

我也想为理解而教学和评估，但是……

1. 我应该根据州和地区的标准进行教学。
2. 这种方法会花费太多时间，而我的教学还要覆盖很多内容。
3. 我需要保证学生在基础知能测试中表现出色。
4. 我是一名教授技能的老师，学生首先需要掌握基本知能。

我也想用 UbD 框架来设计课程，但是……

5. 这种方法的要求太高了。我不可能用这种方法教授所有内容。
6. 课程开发本不是我的工作。更何况，我已经有了一本教科书。
7. 我不知道怎么做这样的教学设计。
8. 我已经在这样做了。
9. 其他问题：_____

你的回应：_____

行动计划表

所需资源	
人员责任	
具体行动	
成功证据	
预期结果	

开始采取行动

提示： 按照工作坊得到的结论，我应该……

➡ 开始做：_____

✗ 不再做：_____

< 少做：_____

> 多做：_____

最佳教学设计的特征

基于美国 K-16 学校的研究

预期结果
- 提供明确的学习目标和表现期望。
- 面向真实而有意义的表现制定学习目标。
- 围绕真实问题和有意义的挑战构建学习任务。
- 展示预期表现模型和范例。

教学过程
- 教师作为辅导员或教练,为学习者提供支持。
- 对学生进行针对性教学并提供相关资源,以使其实现预期表现。
- 教科书只是众多资源中的一种(即文本是资源,而非教学大纲)。
- 通过探索基本问题和知识与技能的实际应用,教师揭示核心观点和重要过程。

学习活动
- 通过各种活动和方法来适应个体差异(例如,学习方式、技能水平、兴趣,等等)。
- 学生可以选择多种多样的工作方式(例如,团队工作或独立工作的机会)。
- 学习应该是主动的、体验式的,以帮助学生建构意义。
- 采用"样例 — 尝试 — 反馈 — 精练"循环圈来稳定学习状态。

评估
- 表现的目标或标准并不神秘。
- 采用诊断性评估来检查原有的知识、技能和错误想法。
- 学生在真实情境(应用知识与技能的情境、与实体产品有关的情境、面向目标受众的情境,等等)中展示他们的理解。
- 评价方法与成就目标相匹配。
- 提供持续、及时的反馈。
- 学习者有试错、反思和修正的机会。
- 学生应该能够进行自我评估。

顺序和连贯性

- 从一个巧妙的问题开始,让学习者沉浸在真实问题、议题或挑战中。
- 在整体和部分之间不断重复,并逐渐增强复杂性。
- 在最近发展区内进行脚手架式学习。
- 根据需要进行教学;不在一开始就越过所有基础知识。
- 重新审视观点;让学习者重新思考并修正早期的想法和作品。
- 保持灵活性(例如,回应学生的需求;修改计划以实现目标)。

可视化的"为理解而教"

什么才是"为理解而教"?我们希望在"为理解而教"的课堂上看到什么?格兰特·威金斯、杰伊·麦克泰和艾略特·赛夫(Elliott Seif)设计了下面的可视化表现清单。

单元设计和课程设计

· 单元设计和课程设计反映出的设计原则是一致的。核心观点和基本问题明确地指导了评估、教学和学习活动的设计,并与其保持一致。

· 在设计中,设计者明确区分核心观点和基本问题,并明确指出需要的知识和技能,这些知能有助于理解核心观点和回答基本问题。

· 提供多种多样的评估形式,使学生可以用各种方式来阐释他们的理解。

· 教学和评估反映了理解的六个维度,并为学生提供了解释、释义、应用、洞察、移情和自知的机会。

· 对理解的评估以真实性表现任务为基础,要求学生能够展示他们的理解,并运用知识和技能。

· 教师、同伴和学生对自己的学习产品和表现进行评估。这些评估应该有明确的评价标准和表现标准。

· 单元设计或课程设计使学生能够回顾并重新思考核心观点,进而加深他们的理解。

· 使用各种教学资源。教科书只是众多资源中的一种(而非教学大纲)。

作为教师……

· 在单元或课程开始时告诉学生本单元或本节课的核心观点与基本问题、表现要求和评估标准。

· 当学生在检验和探究核心观点和基本问题时,巧妙提出问题以保持学生的兴趣。

· 采取多种策略与学生互动,以促进学生对主题的深入理解。

· 促进学生积极建构意义(而非简单"讲述")。

· 为学生提供打开思维的机会,以实现解释、释义、应用、洞察、移情和自知(即理解的六个维度)。

· 通过提问、探查和反馈来促使学生自省和反思。

· 教授基本知识和技能,帮助学生揭示核心观点和基本问题。

· 利用持续性评估中的信息来提供反馈,以引导学生重新思考并修正自己的教学。

· 利用持续性评估中的信息来检查整个过程中学生的理解情况和错误想法。

· 使用各种资源(不仅仅是文本)来促进理解。

作为学习者……

· 可以描述单元或课程的目标(核心观点和基本问题)和表现要求。

· 可以解释他们正在做什么,以及他们为什么这么做(即今天一天的学习如何与更大的目标联系起来）。

- 从一开始就对这个单元有兴趣，并一直积极参与。
- 可以描述评估其学习结果的标准。
- 积极参与那些可以帮助他们理解核心观点和回答基本问题的活动。
- 积极参与提高他们解释、释义、应用、洞察、移情和自知（六个维度）能力的活动。
- 证明他们正在为理解核心观点和回答基本问题学习必需的背景知识和技能。
- 有机会提出相关问题。
- 能够解释和释义他们正在解决的问题和他们的答案。
- 根据既定的评价标准和表现标准来进行自我评估和同伴互评。
- 根据标准和量规来指导和修正他们自己的作品。
- 根据反馈制定相关目标。

Process Sheets

过程单

UbD 的自我评估表

1. 提示： 下面的量表可以衡量你在各个方面的专业化程度，根据你的情况在符合描述的方框内打钩。

	新 手			专 家
内容教学	☐	☐	☐	☐
教授基于概念的探究课	☐	☐	☐	☐
设计基于概念的探究课	☐	☐	☐	☐
提出基本问题	☐	☐	☐	☐
设计基本问题	☐	☐	☐	☐
安排表现任务	☐	☐	☐	☐
设计表现任务	☐	☐	☐	☐
使用评分量规	☐	☐	☐	☐
设计评分量规	☐	☐	☐	☐

2. 提示： 请你根据自己的行事风格，在下面各条横线上做出标记。

学习与设计偏好

合作设计 ———————————————————————— 独自设计

按顺序和结构设计 ———————————————————— 非线性反复设计

吸纳专家和同伴的反馈 ——————————————— 相信自己的判断

参与者的自我评估问卷（1）

职位：_____   年级和学科：_____

总体评估

1. 你的从业年限：
   ☐ 0—5   ☐ 6—12   ☐ 13—20   ☐ >20

2. 作为设计人员，你对自我设计能力的评价：
   a. 我擅长设计信息丰富且有意义的教师主导课程/讲座/讨论。
      ☐ 非常擅长   ☐ 很擅长   ☐ 有点擅长   ☐ 不擅长
   b. 我擅长设计高效、引人入胜的活动，这一活动能够帮助学生学习，并由学生自己主导。
      ☐ 非常擅长   ☐ 很擅长   ☐ 有点擅长   ☐ 不擅长
   c. 我擅长针对目标设计效度和信度高的评估。
      ☐ 非常擅长   ☐ 很擅长   ☐ 有点擅长   ☐ 不擅长

3. 我有足够的专业知识来进行教学设计，在保证元素（目标、评估和课程）一致性的同时也能做到理解为先。
   ☐ 完全同意   ☐ 同意   ☐ 不同意   ☐ 完全不同意

4. 为了获得有关教学的反馈，我征求学生对活动、课程和学习任务的书面意见。
   ☐ 一周一次或更频繁 ☐ 每几周一次 ☐ 一年几次 ☐ 一年一次 ☐ 从不

5. 我会根据学生的评估和反馈结果来调整当前的教学内容，并修正之后的教学设计。
   ☐ 一周一次或更频繁 ☐ 每几周一次 ☐ 一年几次 ☐ 一年一次 ☐ 从不

6. 我知道怎样安排某一内容的"最佳练习"（通过教师之间的相互分享和课程导图等）。
   ☐ 非常了解   ☐ 知道   ☐ 知道一些   ☐ 不知道

7. 我知道怎样安排本学科的"最佳练习"。
   ☐ 非常了解   ☐ 知道   ☐ 知道一些   ☐ 不知道

8. 我对教育中的"最佳练习"由什么组成很感兴趣。
   ☐ 非常感兴趣   ☐ 感兴趣   ☐ 有点感兴趣   ☐ 不感兴趣

参与者的自我评估问卷（2）

关于设计观的评估

1. 如果你作为一名教师，了解自己的学科和学生，并且拥有熟练的技能，那么成为一名优秀的教学设计者并不重要。

☐ 非常同意　　☐ 同意　　☐ 不确定　　☐ 不同意　　☐ 非常不同意　　☐ 无所谓

2. 大多数教师都不是娴熟的设计者，他们总是陷入设计的两种误区（一是安排许多意义不大的活动，二是为了覆盖知识而教学，却没有明确目的或顺序）。

☐ 非常同意　　☐ 同意　　☐ 不确定　　☐ 不同意　　☐ 非常不同意　　☐ 无所谓

3. 外部任务（测试、责任制度等）限制了我们的能力，使我们不能很好地设计和"为理解而教"。

☐ 非常同意　　☐ 同意　　☐ 不确定　　☐ 不同意　　☐ 非常不同意　　☐ 无所谓

4. 教育工作者坚信外部任务制约了我们的设计方案和教学活动，但是不确定这种看法是否符合实际。

☐ 非常同意　　☐ 同意　　☐ 不确定　　☐ 不同意　　☐ 非常不同意　　☐ 无所谓

5. 我们的时间应该用来进行合作设计、小组研究和行动研究，但是大多数教育工作者并没有完成好这些工作。

☐ 非常同意　　☐ 同意　　☐ 不确定　　☐ 不同意　　☐ 非常不同意　　☐ 无所谓

6. 优秀的教学设计在实践中体现出的特征可以作为自我评估和同行评审的坚实的证据。

☐ 非常同意　　☐ 同意　　☐ 不确定　　☐ 不同意　　☐ 非常不同意　　☐ 无所谓

7. 我之所以在这，是因为我真的想在这。我希望能学到有价值的东西。

☐ 非常同意　　☐ 同意　　☐ 不确定　　☐ 不同意　　☐ 非常不同意　　☐ 无所谓

8. 我认为课程和评估设计的专业发展是很有必要的，不管我是否为此而感到高兴。

☐ 非常同意　　☐ 同意　　☐ 不确定　　☐ 不同意　　☐ 非常不同意　　☐ 无所谓

UbD 学习的路径图

参考 UbD 的模板，我们制作了如下所示的带标识（例如 U Q）的方框。每个椭圆形框中的概念代表了该设计阶段的一些核心观点。总之，下面的可视化路径图就是我们需要做的工作。

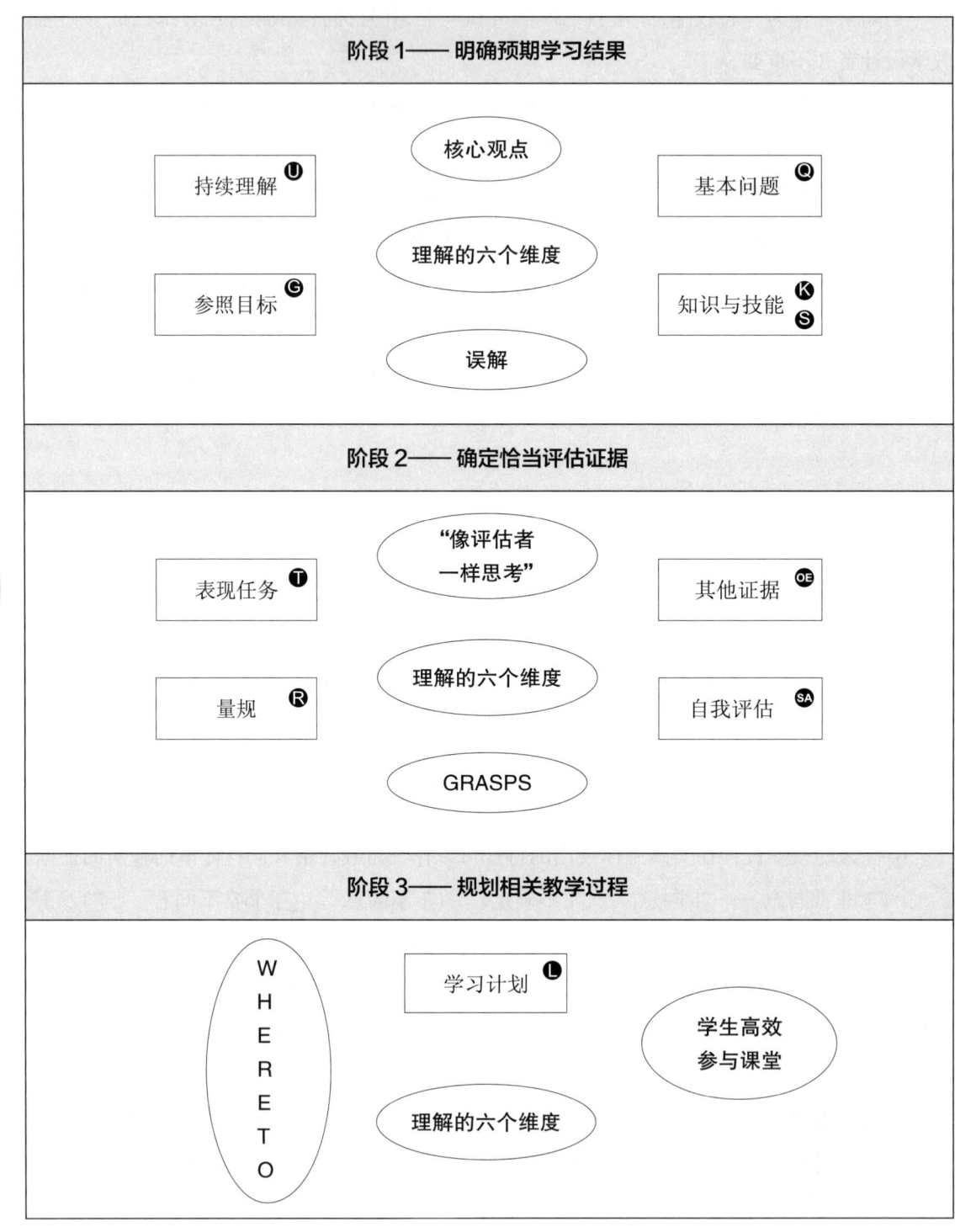

教学设计的切入点

重要话题或核心内容
- 这个话题是基于什么核心观点提出的？在学习的过程中又将产生哪些核心观点？
- 为什么它这么重要？

对照目标或内容标准
- 这个目标中蕴含着哪些核心观点？
- 学生需要知道什么，才能真正理解这个目标或标准？

重要技能或重要步骤
- 学习这项技能后，学生可以做什么？
- 学生需要明白什么，才能实现应用？

阶段1——预期结果

阶段2——评估证据

阶段3——学习计划

重要测试或重要评估
- 学生需要理解什么，才能在测试中表现优异？
- 还需要哪些评估证据？

- 我们究竟为什么让学生阅读这个文本或使用这个资源？
- 我们希望学生最终能够理解哪些核心观点？

重要文本或关键资源

偏好活动或回顾旧知
- 通过举办活动或回顾旧知，学生可以理解哪些核心观点？
- 理解的证据是什么？

进一步澄清 UbD

提示： 哪些表现符合 UbD 模式？哪些不符合？在下面两栏内填入自己的理解。

UbD 是	UbD 不是

相互联系的 UbD 核心观点

提示：按照你的理解，用线将 UbD 中的核心观点连接起来，并做好准备解释这些联系。

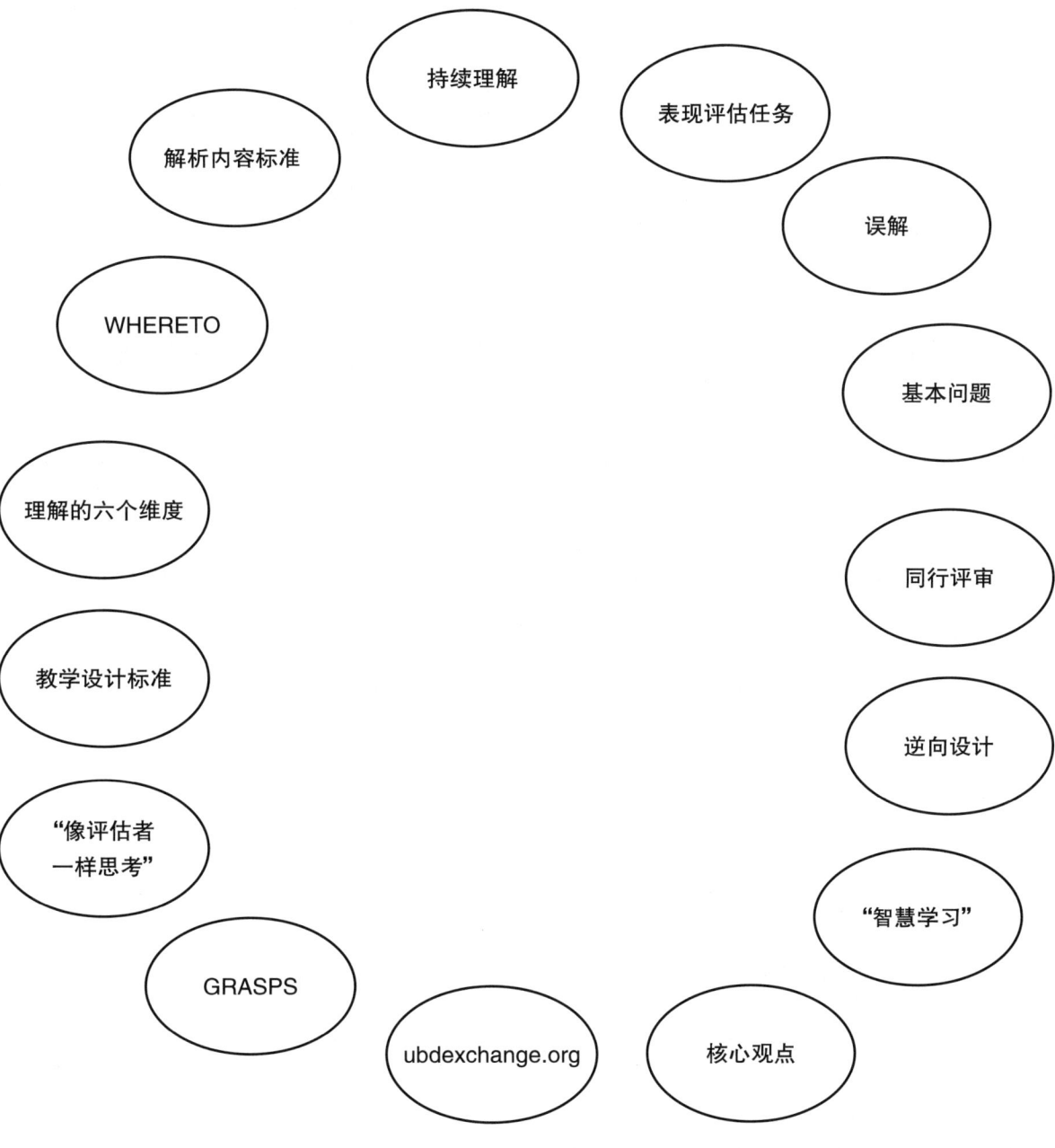

UbD 井字棋

提示： 选择同一排（行）上的三个观点，用这些观点归纳 UbD 的一般性原理。将你的想法记录在下方空白处。**变式：** 选择其中任意两个或三个主题。

核心观点	持续理解	基本问题
GRASPS	逆向设计	理解的六个维度
设计标准	ubdexchange 网站	WHERETO

一般性原理：_____

_____

_____

_____

_____

_____

抛砖引玉

提示：请你在第一个方框内，简要概括自己对＿＿＿＿＿＿＿＿的看法。然后同其他人分享各自的观点。在剩下的方框内记下其他人的想法。

UbD 和其他理论的比较

提示： 用维恩图将 UbD 与其他理论进行比较。例如，将理解的六个维度与布卢姆的教育目标分类学进行比较，将 UbD 与其他观点（如学习维度论）进行比较。

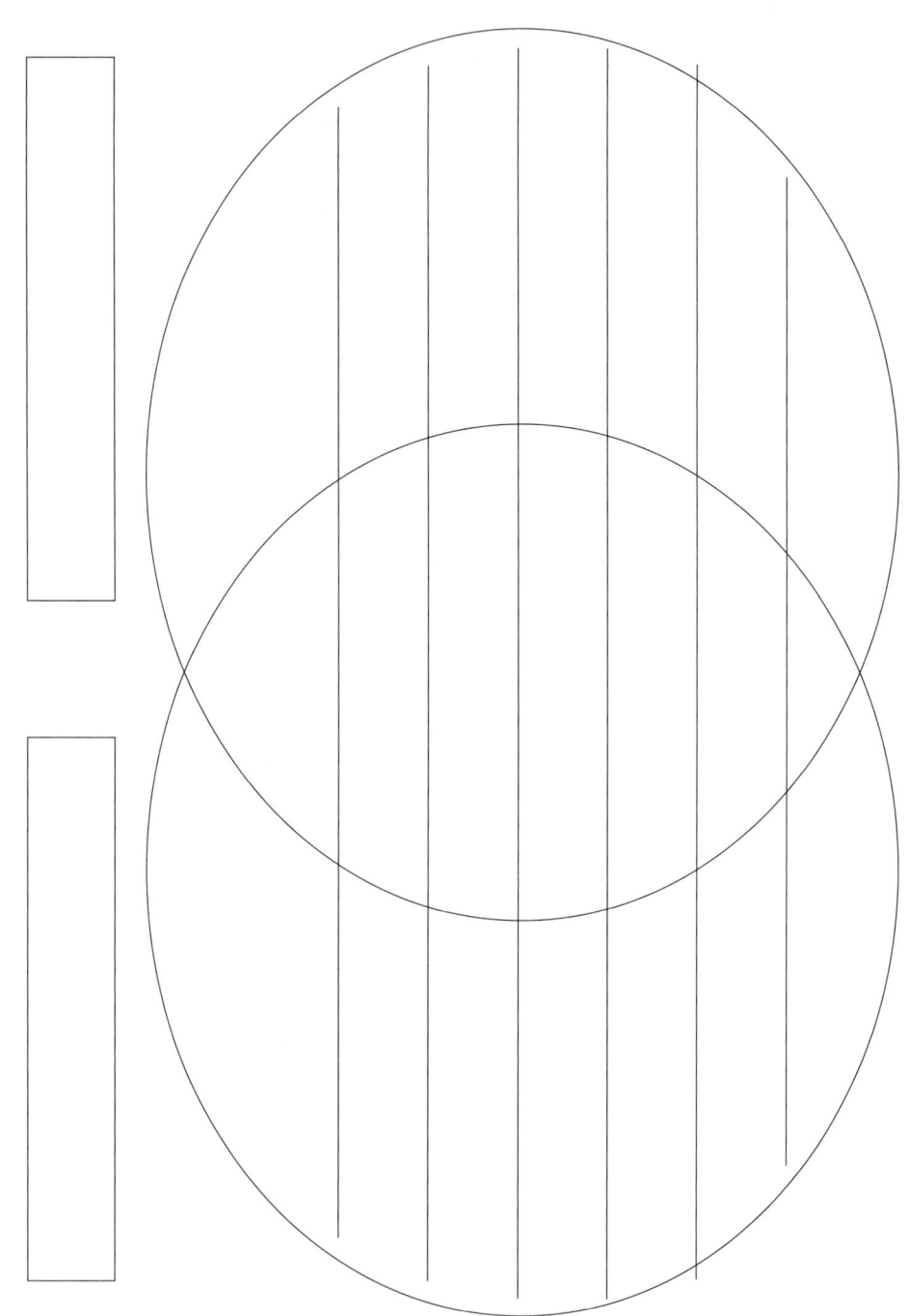

评估你对 UbD 的理解

提示： 请使用以下提示定期评估自己对工作坊内容的理解。

阶段 1

我真的理解了 _____
_____
_____

我目前还没理解 _____
_____
_____

阶段 2

我真的理解了 _____
_____
_____

我目前还没理解 _____
_____
_____

阶段 3

我真的理解了 _____
_____
_____

我目前还没理解 _____
_____
_____

© 2004 ASCD 版权所有 / 授权宁波出版社独家翻译出版

反思 UbD 模式（版本一）

我提出了哪些新问题？

我打算采取哪些行动？

我知道了哪些核心观点？

我有哪些感受？

反思UbD模式（版本二）

这个阶段的关键点或核心观点是什么？	你还有什么问题或担心的地方？

你在哪些方面增强了理解？	UbD对你的工作有什么意义？

反思 UbD 模式（版本三）

目前有哪些资源可以支持 UbD？

我需要回答哪些重要问题？

我已经为支持 UbD 做了哪些准备？

我下一步可以做什么？

整理并合成想法

提示

1. 个人活动：重温你的讲义、笔记和问题，回忆那些你参加过的工作坊。从中找到两三个有用的或有趣的想法作为收获。

_____
_____
_____
_____
_____

2. 小组活动：和你的组员分享你的意见和观点，并聆听他们的想法。把这些想法整合在下面的横线上。

_____
_____
_____
_____
_____

行动计划表

所需资源	
人员责任	
具体行动	
成功证据	
预期结果	

开始采取行动

提示： 按照工作坊得到的结论，我应该……

➡ 开始做：_____

✗ 不再做：_____

< 少做：_____

> 多做：_____

Glossary

术语表

术语表

UbD 术语详细说明

分析性量规（analytic rubric） 分析—特征法评分，即使用相互独立的标准（与整体评分和整体性量规相反）对表现打分。一般情况下，评估者会用不同的量规来对主要标准分别评分。实际上，同样的表现可能会根据不同的标准评价数次。例如，当使用分析性量规来评价一篇论文时，教师可能会考虑五个不同的特征：论文组织、细节运用、对受众的关注、说服力和惯例习俗。因此，分析—特征法评分和整体评分是相对的，后者形成的是对表现的整体性评价。

应用（application） 应用是理解的六个维度之一。理解的证据是在新的情境和不同背景下应用知识和技能的能力。

评估（assess，assessment） 评估就是根据具体目标和标准，彻底地、有条不紊地对学生的成就进行分析的过程。评估方法包括测试、展示、访谈、调查和观察。因为各种评估方法都有自身的局限性，都可能会导致错误的结果，所以有效的评估需要综合运用各种评估方法。

尽管评估和评价/评分存在细微的差别，但我们有时还是会把它们视为同义词。我们可能会认真评估学生的优缺点，但不会为其表现评级或评分。

真实性评估（authentic assessment） 真实性评估的目的是看到学生模拟或再现重要的、真实世界中的表现。真实性表现任务构建了一个包括真实目的、真实受众和真实约束在内的真实背景。因此，是评估的背景，而非任务本身，使学习任务变得真实；而所谓"真实"，也不仅仅是指任务基于表现或练习（实践）。

逆向设计（backward design） 逆向设计是一个教学设计过程，它要求设计者从目标出发，并为达到这一目标而去设计前面的环节。为什么这种观点看起来如此合理？因为许多教师的教学设计都是从教科书、兴趣课和历史悠久的活动出发的，而不是从应该达到的目标或标准出发的。在逆向设计中，终点是预期学习结果（目标或标准）。设计者要做的就是从终点出发，之后考虑评估，也就是寻找必需的证据来证明学生已经到达这个终点。通过明确学习结果和评估，设计者便可以确定必要的知识和技能，以及与学习结果相一致的教学活动。

核心观点（Big Idea） 核心观点指的是可迁移的概念、原理和理论。课程、教学和评估应该围绕核心观点展开，因为这些观点可以把各种离散的事实和技能联系起来。核心观点的提出一般通过以下一种或多种形式：概念（如适应）、主题（如人道）、问题或争论（如自由和保守）、悖论（如贫穷与富裕）、过程（如写作过程）、真实问题（如选民冷漠）、理论（如天定命论）、基本假设（如市场是理性的）或迥异立场（如恐怖分子与自由战士）。

评价标准（criteria） 评价标准指的是学习任务的表现和结果应该达到的质量。与"评价标准是什么"等价的是下面三个问题："我们应该在哪个地方检查学生的学习结果或表现，以了解他们是否成功""我们应该寻找什么证据"和"教师如何从众多任务中找到那些可以让学生接受的学习任务"。

不管多么复杂的表现，下列四种评价标准都可以发挥作用：内容（content）标准评价的是应用知识和技能时的适应性、充分性或准确性；过程（process）标准评价的则是在表现或准备表现时采取的手段、步骤、态度或方法。学习是高效的吗？这种方法在使用时顺畅吗？在使用前做好准备了吗？学生专注吗？质量（quality）标准关注的是细节、打磨和技巧。这篇论文的组织性如何？演讲完成得好不好？实验室的记录是否没有错误并且格式正确？影响（impact）标准评价的显然是我们通过表现想看到的内容的核心。例如，表现有用吗？不考虑努力、态度和方法的影响，表现的影响是什么，结果是什么，后果又是什么？设计者可以对不同类型的评价标准进行加权，以体现它们各自的重要性。

课程（curriculum） 课程是指一套经过开发的、明确而全面的计划，它与源于教学大纲的标准框架一致。因此，课程由独立的研究课程或项目课程组成，这些独立的课程又由多个单元组成。

设计（design） 设计是指规定物体的形式和结构，或艺术作品的样式或主题。在教育中，教师需要成为同时符合上述两种描述的设计者，以开发有目的的、连贯的、有效的和有意义的课堂、单元、课程和课堂评估，并最终达到预期学习结果。

诊断性评估（diagnostic assessment） 诊断性评估发生于教学之前，它可以检查学生的原有知识并确定学生的误解、兴趣或学习风格偏好。诊断性评估为教师提供信息，帮助他们进行教学设计和差异化教学。

持续理解（Enduring Understanding） 持续理解指的是重要观点或核心过程。它是一门学科的核心，也是可迁移的内容。它的价值远远高于课堂本身的价值。

教师在思考一个单元或课程的哪些观点需要学生持续理解时，应该问问自己："我们想让学生理解什么？当几年后，学生忘记细节时，这些理解还有用吗？"

移情（empathy） 移情是理解的六个维度之一。它指的是站在他人角度考虑问题的能力。通过移情，学生可以更好地理解他人的想法，并尽量不受自己情感的干扰。

基本问题（Essential Question） 基本问题反映的是某一研究领域历史上最重要的议题、问题和争论。例如，历史是否不可避免地存在偏见？证据是什么？是自然形成的还是人为造成的？通过研究这些问题，学生可以像专家一样思考（即"实践"这个主题）。基本问题是开放式问题，没有唯一正确的答案。提出基本问题的目的是随着时间推移，引发更深入的调查、争论和问题。随着时间的推移，人们将反复思考这些问题。对学生来说，基本问题是发人深省的，它们可以让学生持续而专注地探究，并在最后生成有意义的表现。

解释（explanation） 解释是理解的六个维度之一。它要求学生给出复杂而恰当的解释和理论，并为事件、行动和想法提供内容丰富而合理的说明。学生需要用自己的话做出解释，以展示他们的理解程度。

理解的维度（facets of understanding） 在 UbD 中，理解有六个不同的维度：解释、释义、应用、洞察、移情和自知。理解（或缺乏理解）可以用不同的方式相互促进。换句话说，我们越是看到学生能够针对某一个观点提出多个不同的解释、应用和看法，学生就越可能理解这个观点。

形成性评估（formative assessment） 形成性评估是一种持续性评估，它为指导教与学提供信息，以改善学习结果和表现。形成性评估可分为正式评估和非正式评估，具体来说包括测验、口头提问、观察和对初步成果的评审等。

引导性问题（guiding question） 引导性问题即引人入胜的焦点问题，它是基本问题在范围和内容上的具体化，确定了一个特定主题或学习单元的框架。

整体性量规（holistic rubric） 整体性量规是量规的一种。它测量的是有关学生表现的整体印象。整体评估一般只有一个分数。它和分析—特征法评分不同，后者会以构成表现的每个维度的标准单独评分。

释义（interpretation） 释义是理解的六个维度之一。它包括有意义地揭示事物含义、叙述情节和翻译。

迭代法（iterative approach） 迭代法指的是这样一种过程：不断地从头审视之前的工作。它的同义词包括递归、循环和螺旋等。教学设计的过程始终是迭代的：教师反复审视他们最初制定的目标，思考如何评估这个目标，并对设计中的每个元素进行深入研究，以确定他们应该如何教授这些元素。

提示性问题（leading question） 提示性问题不同于基本问题，它寻求的是直接而正确的答案。它可以用来辅助教学、澄清概念或评估知识。

表现标准（performance standard） 表现标准描述的是特定的结果或成就水平，它的特点是示范性和合理性。内容标准确定的是学生应该知道什么和能做什么，表现标准确定的则是需要多好的表现。

洞察（perspective） 洞察是理解的六个维度之一。它评价的是学生能否提出批判性的、富有见解的观点。当一个人理解时，他就可以从已知的事物中跳出来，从而避免陷入当前的观点和情绪。

必备知识和技能（prerequisite knowledge and skill） 必备知识和技能是指为实现有针对性的理解或成功达到表现标准所必需的知识和技能。

提示（prompt） 学习提示是一种介于真实性表现任务和简答题测试或测验之间的评估形式。学习提示需要学生完成开放式的纸笔任务，例如一个限时问答题。理论上讲，这种提示是不真实的。因为它们受到学校条件的限制，这些条件包括访问的资源、时间的分配，以及交流的人员。

测验（quiz） 测验即选择题或简答题测试（口头或书面）。测验的唯一目的是评估离散的知识和技能。

信度（reliable，reliability） 测量和测试的信度指的是分数的准确性。分数的误差是不是足够小？如果重新测试或者其他人也做同样的测试，那么（个人的和整体的）分数或等级可以保持不变的可能性是多少？错误是不可避免的，所有的测试，即便是最好的多项选择测试，也不可能达到100%的信度。我们的目的是将误差降至可容忍的水平。

在表现评估中,通常存在如下两类关于信度的问题:(1)我们在多大程度上可以从单个或少量学生的表现推广到学生的普遍表现?分数真的代表了学生的一般能力和结果的水平吗?(2)不同评估者通过相同方式看到相同表现的可能性是多少(评估者信度)?

量规(rubric) 量规作为评分指南,能够帮助评估者对学生作业和学生的自我评估做出可靠的判断。基于一连串表现的质量和分配好的各个可能得分点,量规确定了要检查和评估的关键要点或维度,并为每个分数等级(描述)提供关键的表现特征,以评估表现达到标准的程度。

自知(self-knowledge) 自知是理解的六个维度之一。它评价的是学生自我评估的准确性和对个人理解中的偏见的认识。这些偏见来源于学生偏好的探究风格、习惯性思维方式和未经检验的信念。自知的学习者明白他真正理解什么和不理解什么。

任务 / 表现任务(task, performance task) 任务是一项复杂的评估挑战,它需要学生运用知识和技能来有效地表现或得到结果。它表明了学生的知识理解程度或技能熟练程度。

模板(template) 模板是设计者的指南或框架。在理解为先模式中,我们使用半成品模板来处理逆向设计的各种元素,这些元素产生于单元的开发和改进过程。模板的每一页都含有关键问题,它会提示使用者考虑逆向设计中某个特定的元素。此外,页面中还包括一个图形组织器,供用户记录自己的设计思路。

迁移 / 迁移能力(transfer, transferability) 迁移指的是在新的或不同的背景下,有效而合理地运用先前学过的知识。

揭示(uncoverage) 揭示指的是以探究为基础的研究过程。在教师的帮助和精心设计的学习经验中,学习者能够发现、建构或推断意义。揭示需要学习者增强对非直观和抽象观点的理解。

单元(unit) 单元是单元学习的简写。虽然没有硬性和严格的标准,但是一个单元一般围绕着一个主题(例如,内战)、过程(例如,研究)或资源(例如,小说)展开,并且通常持续几天到几周。

效度（valid，validity） 效度是指在多大程度上评估者可以自信地从评估结果中推断出学生的学习情况。测试是否测量了本来就要测量的目标？评估是否与教师认为有效的其他表现结果相关？问题或任务样例是否与学生要做的、考察全部教学内容的测试准确相关？结果是否具有预测价值，即结果是否与未来在该学科取得成功相关？这些问题中的部分或全部必须回答"是"，才能使评估具有效度。

致谢

在过去的几年里,许多人都帮助过我们。大家一起开发和完善了《理解为先单元教学设计实例》中的想法和材料。我们要特别感谢其中一些人。首先,我们要感谢 UbD 骨干培训部的成员:约翰·布朗、安·坎宁安－莫里斯(Ann Cunningham-Morris)、马塞拉·恩贝格尔(Marcella Emberger)、朱迪思·希尔顿(Judith Hilton)、凯瑟琳·琼斯(Catherine Jones)、埃弗雷特·克莱恩(Everett Kline)、肯·奥康纳(Ken O'Connor)、吉姆·里德尔(Jim Riedl)、伊丽莎白·卢瑟福德(Elizabeth Rutherford)、珍妮·史密斯(Janie Smith)、艾略特·塞夫、迈克尔·肖特(Michael Short)、乔伊斯·塔图姆和艾莉森·兹穆达(Allison Zmuda)。他们拥有许多关于理解为先模式(UbD)的专业发展经验,并基于此提供了有用的反馈和指导。这些反馈和指导提高了本书语言的准确性、实例的清晰性和脚手架的支持性。我们要特别感谢艾略特和艾莉森在漫长的审阅和交流过程中给我们提出的有益建议。

我们衷心感谢参加了 UbD 工作坊和研讨会的数千名教育工作者。正是因为他们有用的反馈、对问题的剖析和在教学设计过程中付出的努力,我们才能确定并打磨好本书中的每一份材料。

和《理解为先教学》一样,如果没有 ASCD 的莎莉·查普曼(Sally Chapman)对我们的支持和付出,这本书就不可能完成。理解为先模式应该匹配全面的、成套的资源和服务,莎莉是第一个拥有这一想法的人。同时,他也是第一个对作者能够完成这项任务充满信心的人。我们对此表示感激。

此外,我们还要感谢主编戴斯·罗素(Darcie Russell)和平面设计师里斯·昆奴尼斯(Reece Quinones),是他们将一堆堆杂乱的手稿变成了精心设计的最终产品。戴斯和其他编辑们应该得到大家的特别赞扬,因为即便是对一直在修改和订正的我们,他们还是温柔地给予了我们以耐心和理解。能够灵活处事并且才华横溢的他们,让我们的书稿变得更加完美。

最后，我们再次感谢我们的家人。面对我们无休止的电话交谈，他们选择了容忍和理解。我们曾多次往返于马里兰州和新泽西州，并在这段路上选取和精炼从电话中获得的材料。我们一直相信，他们肯定是理解我们的。

译后记

理解为先教学设计模式（Understanding by Design，UbD）是当代美国中小学科研专家威金斯和麦克泰几十年研究与应用的成果，受到了美国视导与课程发展学会（ASCD）大力推崇。UbD之所以受到如此广泛的关注，是因为：

1. 遵循了教学设计所倡导的逆向设计原理，提出了"明确预期学习结果""确定恰当评估办法"和"规划相关教学过程"三阶段教学设计步骤，明确了"掌握知能""理解意义"和"实现迁移"三种教学目标互相印证，不要偏废。

2. 在备课计划表的设计上非常直观形象，同时又合理到位，在编写教学目标、落实评估方案和安排学习计划方面十分细致。尤其是在教学内容选择的三个层次，学业表现的方式和通过基本问题和核心任务来落实教学目标方面都是首屈一指的。

目前，介绍UbD理论与模式的书在国内已经出版了以下几本：

1. Jay McTighe & Grant Wiggins（2013）.*Essential Questions: Opening Doors to Student Understanding*, ASCD（《让教师学会提问》（俎媛媛译，中国轻工业出版社，2015）。这本书主要讨论如何设计单元基本问题。

2. Grant Wiggins and Jay McTighe（2005）.*Understanding by Design, 2nd Edition*, ASCD（《追求理解的教学设计》，闫寒冰等译，华东师范大学出版社，2017）。这本书主要深入解读UbD基本理论。

3. Grant Wiggins & Jay McTighe（2011）.*The Understanding by Design: Guide to Creating High-Quality Units*, ASCD（《理解为先模式——单元教学设计指南（一）》盛群力、沈祖芸、柳丰、吴新静、郑丹丹译，福建教育出版社，2018）。这本书主要讨论按照UbD逆向设计思维来掌握单元教学设计步骤。

4. Grant Wiggins and Jay McTighe（2012）.*The Understanding by Design: Guide to Advanced Concepts in Creating and Reviewing Units*, ASCD.（《理解为先模式——单元教学设计指南（二）》沈祖芸、陈金慧、张强译，盛群力审订，福建教育出版社，2020，

即将出版）。这本书主要深入讨论 UbD 单元教学设计中的高级问题。

我们现在引进翻译的《理解为先单元教学设计实例》（Jay McTighe and Grant Wiggins. *The Understanding by Design Professional Development Workbook*, ASCD, 2004），主要是通过展示各科实例的方式来帮助广大一线教师理解如何开展单元设计，本书案例丰富，模板多样，一册在手，可学可用可创新。我们相信，这本书会受到广大教师、教研员、校长、培训从业人员、师范院校学生等读者的关注，对提升教学质量和帮助教师专业发展起到独特作用。

参加本书翻译的主要是浙江大学教育学院课程与学习科学系的本科同学，涉及导论、模板、阶段 1、阶段 2、阶段 3、同行评审等章节，其中王陈烁、鲍锦霞、褚欣维、盛呈燕四位同学不仅参加了翻译，还承担了联络协调工作；张伟杰、初悦、毛月、尹碧函、阿优迪亚、杨佳欣、金昊月、章哲、吴盈莹、朱蕾、娜迪拉、王雅倩、吴浩之、陈宇怀等同学参加了翻译。浙江大学教育学院课程与教学论研究生张恩铭同学参加了练习、过程单、术语表、作者简介等章节的翻译。张恩铭同学承担了全书统校工作。盛群力教授承担了翻译策划和审校工作。

衷心感谢宁波出版社将本书列为"新班级教学译丛"；衷心感谢陈静编辑和邵晶晶编辑给予的帮助。欢迎读者对本书翻译中出现的错漏予以批评指正。

盛群力

2019 年 2 月 18 日于浙江大学